# グローバル化時代における
# リスク会計
# の探求

著◎姚俊

# 序

　本書『リスク会計の探求』は，近年の金融リスクなどリスク経済社会の台頭を背景として，リスク会計の認識・測定と開示について理論と実態分析を踏まえて体系的に究明し，リスクを基軸とした新たな会計のあり方を探求しようとするものである。

　このようなリスクに対する重要性の高まりにもかかわらず，会計研究におけるリスク問題に対する研究蓄積は必ずしも十分とは言えない。また，リスクに関する隣接諸分野において多様な学際研究が展開されており，その魅力に引きつけられたことも，本研究の大きな動機となった。

　資本主義の原動力は，発明家や起業家のリスクテイキング活動にあると言えよう。リスクを取らないと，現代技術の進歩や経済の発展に資する大きな成果は遂げられない。その反面，技術の進歩や経済のグローバル化は新たなリスクを生じ，たとえば，金融派生商品の開発応用，インターネットの普及などは両刃の剣のように，経済社会に大きな変化をもたらすとともに，時には重大な混乱をもたらす。

　また，人間のリスク対応能力が促進される一方，経済の連鎖化に伴い，災害や事故による経済に対する影響は著しく増大している。たとえば，1970年から現在までの統計データによると，日本や米国といった先進諸国に対する自然災害の影響が特に大きく増えているわけではないが，経済的損失額は容赦なく拡大してきた傾向が明白である。

　リスク現象は偶然に生起する事故のようなものではなく，経済社会の常態と見ざるを得ず，その重大性を無視できなくなっている。リスクに対する認識は，現代経済学に対する認識の深化を反映するものであり，リスク対応は企業経営や投資など経済活動に肝要な一環となっている。企業会計は，経済活動を描写する鏡として，リスクに対する配慮もその中に織り込まなければならないであろう。リスク問題は企業会計の単なる一つの課題を超えて，広く隣接諸分野に

わたって極めて発展可能性ある喫緊の研究課題をなす。本書をあえて『リスク会計』と表記したのは、リスクが常態化しつつある現下の時代的特徴を意識し、リスクの側面から、企業会計のあり方を探求しようという著者の気持ちを表すものである。

現行会計では、リスクに対する会計的対応として主に引当金や偶発債務の認識、ヘッジ会計、保守主義などアドホックに反映されているにすぎない。企業会計でのリスク対応の不備、あるいはリスク情報の欠如は、特に2007年のリーマンショック以降よく指摘されるところである。このような批判に対して、企業会計においていかに対処するかが今、まさに問われつつあるのではなかろうか。

会計情報がリスクを的確に反映するためには、まずリスクの本質を究明することから出発しなければならない。複雑多義にわたるリスクの本質を把握するためには、隣接関連諸分野のリスク研究成果を援用した学際的研究が特に肝要になる。このような学際的視点は、本書の第1の特徴をなすものである。そこでは、マネジメント、ファイナンス、心理学、行動経済学、社会学、統計学などのリスク概念の定義と見方を積極的に活用し、リスク会計のデザイン設定の原点に措定した。

それに基づいて、会計原則と会計プロセスという2つのレベルにおいて、つまり、リスク対応としての保守主義原則と具体的資産・負債の認識、測定の会計処理及び情報開示について体系的かつ詳細な分析を試みている点、また、特に伝統的保守主義概念に対して、新たな保守主義概念の特徴を浮き彫りにし、その展望を明らかにしようとした点に、本書の第2の特徴がある。

加えて、第3に、会計基準のグローバル化の潮流を受けて、各国の社会的、文化的、制度的差異および国際会計の導入の影響を考慮しつつ、国際会計基準（IFRS）の特徴（すなわち、原則主義と公正価値測定）や概念フレームワークおよび各国の会計環境と関連付けて分析を行うように努めた点も本書の特徴と考えられよう。

本書は、神戸大学大学院博士論文を基点としつつも、その後のいくつかのリ

スク会計研究プロジェクトの研究成果を加え，全面的に書き下ろしたものであり，数多くの先生方のご支援・ご助力の賜である。

　まず，大学院博士論文審査委員としてお世話になった古賀智敏先生（現，同志社大学；神戸大学名誉教授），國部克彦先生（神戸大学），與三野禎倫先生（神戸大学）のご指導に感謝申し上げたい。先生方からは，リスク会計について広く学際的視点をもつことを学ばせて頂くとともに，本書の執筆にあたって，絶えず励まして頂いた。また，財務会計研究会においては，瀧田輝己先生（同志社大学），河﨑照行先生（甲南大学），本田良巳先生（大阪経済大学），浦崎直浩先生（近畿大学），池田公司先生（甲南大学），安井一浩先生（神戸学院大学）など多くの先生からご教示を頂いている。

　本務校，立命館大学経営学部の浅田孝幸先生，原　陽一先生，西谷順平先生にはいつも研究に向けての温かい励ましを頂いている。加えて，経済産業省・経済産業研究所「最適開示プロジェクト」や，あらた監査法人「持続的企業価値創造プロジェクト」において，五十嵐則夫先生（横浜国立大学），安井　肇先生（あらた監査法人基礎研究所長），平塚敦之氏（経済産業省・前企業会計室長）他，多くの関係者の方々のお世話になった。

　海外においても，Ulf Johanson 先生（前ウプサラ大学；前マラデエーラン大学），Anne Wu 先生（台湾政治大学）などから親しくご指導頂いている。これらの先生方や関係の皆様に対して，記して謝意を表したい。

　また，本書の出版にあたって，ご支援とご協力を頂いた千倉書房取締役・川口理恵氏に特にお礼申し上げたい。出版事情が厳しい中，本書を刊行する機会を頂いたのみならず，とかく遅れそうになり，挫折しそうな折りにはいつも著者を勇気付け，励まして頂いた。心から感謝申し上げる。

　本書は「立命館大学学術図書出版推進プログラム」による出版物である。本学リサーチオフィスの峰山健次氏ほかスタッフの皆様の温かい支援に感謝したい。本研究には，平成23・24年度基盤研究（A）（與三野禎倫代表），平成24年度挑戦的萌芽研究（古賀智敏代表）の資金的支援を受けている。

　最後に，私事ではあるが，本書を故郷の湖北の地から静かに応援し続けてい

る父 姚万雄と母 鄭梅芳に捧げたい。また，本書を書くにあたって，時にはリサーチアシスタントとして，そして時には人生のよきパートナーとして支えてくれた妹 鄭莉に感謝の気持ちを込めて捧げたい。

  2013年（平成25年）3月吉日
  ——寒雪梅中尽，春风柳上归（李白）

                姚　俊

# 目　次

総括的展望 ……………………………………………………………… 1

## 第1部　リスクの本質とリスク会計のデザイン

### 第1章　リスク経済社会とリスク会計 ……………………………… 9
　　　　　──リスクと危機に対応して進化する会計──
　　第1節　経済危機と会計の進化 …………………………………… 9
　　第2節　経済危機と会計の役割 …………………………………… 11
　　第3節　「リスク会計」という言葉の登場 ……………………… 13
　　第4節　小　括 ……………………………………………………… 16

### 第2章　リスク概念の本質と特徴 …………………………………… 17
　　第1節　リスク概念の意義と多様性 ……………………………… 17
　　第2節　リスク概念の歴史的展開 ………………………………… 19
　　　（1）ルネッサンス時代〜20世紀以前の展開 …………………… 20
　　　（2）20世紀以後の展開：ナイトとケインズ以後のリスク研究 …… 21
　　第3節　リスクの本質 ……………………………………………… 24
　　　（1）リスク，不確実性と確率 …………………………………… 25
　　　（2）「主観的概念」としてのリスクと「客観的概念」としての
　　　　　リスク ………………………………………………………… 27
　　　（3）リスク，情報と人間の合理性 ……………………………… 28
　　第4節　小　括 ……………………………………………………… 30

### 第3章　隣接諸分野のリスク概念 …………………………………… 33
　　　　　──ファイナンス，マネジメントおよび会計のリスク概念──
　　第1節　ファイナンスにおけるリスク概念 ……………………… 33
　　　（1）標準ファイナンスにおけるリスク概念 …………………… 35
　　　（2）行動ファイナンスに基づくリスクの把握 ………………… 38

i

第2節　マネジメントにおけるリスク概念 ……………………………… 39
　第3節　企業会計におけるリスク概念 …………………………………… 44
　　（1）各国会計基準におけるリスクの定義 …………………………… 44
　　（2）企業会計におけるリスク概念 …………………………………… 47
　　（3）非伝統的リスクの拡大 …………………………………………… 49
　　（4）想定可能リスクと想定不能リスク ……………………………… 50
　第4節　小　括 ……………………………………………………………… 51
　補論　リスク要因の分類 …………………………………………………… 53
　　（1）金融市場のリスク ………………………………………………… 53
　　（2）プロダクト市場リスク …………………………………………… 55
　　（3）自然・社会環境リスク …………………………………………… 56

第4章　リスク会計の視点とグランドデザイン …………………………… 59
　第1節　リスク会計の視点 ………………………………………………… 59
　　（1）意思決定とリスク会計の体系図 ………………………………… 59
　　（2）リスク会計のグランドデザイン ………………………………… 63
　第2節　リスクの認識と測定 ……………………………………………… 66
　　（1）リスクを認識するか，開示するか ……………………………… 66
　　（2）リスクの認識と測定プロセス …………………………………… 69
　第3節　小　括 ……………………………………………………………… 73

# 第2部　リスクへの対応と保守主義会計の再認識

第5章　リスクと保守主義会計 ……………………………………………… 77
　　　　　──保守主義の基本概念とリスク・マネジメント機能──
　第1節　保守主義の過去と現在：会計はより保守的になったか ……… 77
　第2節　会計上の保守主義
　　　　　　：「条件付の保守主義」対「無条件の保守主義」………… 79
　　（1）「伝統的保守主義」と「新保守主義」の概念 ………………… 79
　　（2）「条件付の保守主義」対「無条件の保守主義」……………… 81
　　（3）条件付と無条件の保守主義の区分の必要性 …………………… 82

第3節　保守主義のリスク・マネジメント機能 …………… 86
　（1）営業キャッシュフロー・リスクと保守主義 …………… 87
　（2）倒産リスクと保守主義会計 ……………………………… 91
　（3）金融危機と保守主義 ……………………………………… 96
　第4節　小　括 ………………………………………………… 99

第6章　保守主義会計の国際比較 …………………………… 103
　　　　──文化，社会制度および資本市場の影響──
　第1節　社会文化と会計上の保守主義 …………………… 103
　（1）Hofstedeの文化次元に基づく会計の保守主義価値 …… 105
　（2）Schwartzの文化的保守主義と会計の保守主義 ……… 107
　第2節　社会制度と会計上の保守主義 …………………… 109
　（1）法体系と保守主義：「コモン・ロー諸国　対　大陸法諸国」………… 110
　（2）法律／司法制度：投資者保護，法律制度の公平性 …… 115
　（3）証券取引法と税法 ……………………………………… 115
　（4）その他社会的要因：政治的影響，家族経営の仕組み ………… 116
　第3節　資本市場の構成と会計上の保守主義 …………… 117
　第4節　小　括 ………………………………………………… 120

第7章　国際会計基準とリスク会計 ………………………… 125
　　　　──慎重性原則と保守主義会計の再検討──
　第1節　IFRSの強制適用と保守主義の低下 ……………… 125
　第2節　慎重性を削除すべきか：中立性と過度の保守主義の検討 …… 130
　（1）中立性の限定的有用性と慎重性の合理性：人間の限定的合理性の
　　　視点 ………………………………………………………… 131
　（2）過度の保守主義の危険性と保守主義の正当化：利益平準化の問題 … 134
　（3）慎重性はいつも必要か：リスク会計の視点 ……………… 136
　第3節　IFRSと慎重性・保守主義 ………………………… 138
　（1）原則主義と保守主義会計 ………………………………… 138
　（2）公正価値と保守主義 ……………………………………… 140
　（3）IFRSと2つの保守主義の相反関係 …………………… 143

第4節　IFRSにおける認識と評価の慎重性：リスク会計の視点 …… 145
　　（1）IFRSにおける慎重性の反映 ………………………………………… 146
　　（2）隠れ債務のオンバランス化によるリスクの顕在化 ……………… 148
　　（3）条件付保守主義の増加と資産再評価の判断 ……………………… 150
　　（4）無条件の保守主義と条件付保守主義の混合適用の問題 ………… 152
　　第5節　保守主義の最適水準
　　　　　　：リスク水準とカウンターシグナル理論 ……………………… 155
　　第6節　小　括 ………………………………………………………………… 157

# 第3部　リスク情報の拡充化とその有用性

　第8章　ボラティリティ，リスク・パーセプションと
　　　　　会計のリスク尺度 ……………………………………………… 165
　　第1節　投資意思決定とファイナンスのリスク尺度 ………………… 165
　　第2節　会計指標のリスク関連性研究とその意義 …………………… 166
　　（1）会計データに基づくリスク尺度 …………………………………… 167
　　（2）会計のリスク関連性研究の意義 …………………………………… 170
　　第3節　会計リスクに関する先行研究の特徴と限界 ………………… 171
　　（1）会計のシステマティック・リスクの関連性研究の特徴と限界 … 172
　　（2）会計変数のリスク・パーセプション研究の特徴と限界 ………… 173
　　第4節　小　括 ……………………………………………………………… 175
　　補論　　ファイナンスにおける市場データに基づくリスク尺度 ……… 176
　第9章　企業特有リスクの尺度と非財務情報の重要性 ………… 181
　　第1節　企業特有リスクの重要性に関する理論的・実証的証拠 …… 181
　　第2節　企業特有リスクの要因とその変化 …………………………… 184
　　第3節　市場競争の激化と企業特有リスクの時系列的推移 ………… 188
　　第4節　企業特有リスクの変化，情報リスクと非財務情報開示の
　　　　　　必要性 ……………………………………………………………… 190
　　（1）企業特有リスクの変化，財務情報の質の低下と会計改革への要請 … 190

（2）非財務情報の必要性とリスク情報の欠如 ……………… 191
　第5節　小　括 ……………………………………………… 193

第10章　知的負債とリスクの認識・測定の重要性 …………… 197
　第1節　知的負債概念の登場 ……………………………… 197
　第2節　知的資産の概念と資産性 ………………………… 199
　　（1）知的資産，知的資本概念の生成基点 ……………… 199
　　（2）会計基準の資産概念と知的資産の資産性 ………… 201
　第3節　リスク源泉としての知的資産 …………………… 202
　　（1）経済学および資本市場ベースの実証成果 ………… 202
　　（2）意思決定プロセス研究の結果 ……………………… 204
　第4節　知的負債の意義と認識 …………………………… 207
　　（1）知的負債に関する定義の多様性 …………………… 207
　　（2）知的負債と会計 …………………………………… 210
　　（3）知的負債認識の重要性 …………………………… 212
　　（4）知的負債の認識と測定のフレームワーク ………… 213
　第5節　小　括 ……………………………………………… 216

第11章　投資リスクの判断と非財務情報の有用性 …………… 221
　第1節　研究目的と課題 …………………………………… 221
　第2節　研究方法 …………………………………………… 223
　第3節　非財務情報項目の選定 …………………………… 224
　　（1）理論整理と文献レビュー …………………………… 225
　　（2）IR優良企業のリスク情報の集計 …………………… 228
　第4節　アンケート調査内容の構成 ……………………… 229
　第5節　調査結果と分析 …………………………………… 231
　　（1）調査結果 …………………………………………… 231
　　（2）調査結果の分析 …………………………………… 239
　第6節　小　括 ……………………………………………… 244

第12章　新興国投資のリスク判断と非財務情報の役割 ……… 247
　第1節　新興国市場，投資の拡大と産業構造の変化 …………… 247
　　（1）新興国市場と投資の拡大 ……………………………… 247
　　（2）新興国の産業構造の変化 ……………………………… 248
　第2節　投資プロセスにおける不確実性の評価と情報の重要性 …… 250
　　（1）投資リスク，投資の国際化と情報の重要性 ………… 251
　　（2）新興国投資へのバイアスと情報の非対称性 ………… 252
　第3節　新興国企業の特有リスクと主なリスク要因 …………… 254
　第4節　新興国における財務情報の限界と非財務情報の有用性 …… 256
　第5節　新興国投資における非財務情報の利用：A社のケース …… 257
　　（1）研究方法 ………………………………………………… 257
　　（2）調査結果の分析 ………………………………………… 258
　第6節　新興国の投資リスクの認識と
　　　　　非財務情報の有用性に関するアンケート調査 ………… 263
　　（1）研究方法 ………………………………………………… 263
　　（2）調査問題の構成 ………………………………………… 263
　　（3）調査結果と分析 ………………………………………… 265
　第7節　小　括 ……………………………………………………… 272

# 第4部　リスク開示の影響要因とあり方

第13章　リスク情報開示の影響要因と理論 …………………… 277
　第1節　リスク開示の内容・特徴と現状 ………………………… 277
　　（1）リスク情報とは何か …………………………………… 277
　　（2）リスク情報の特徴 ……………………………………… 280
　　（3）各国におけるリスク情報の開示の現状 ……………… 281
　第2節　リスク開示の理論と影響要因：7つの理論 …………… 282
　　（1）エージェンシー理論とシグナル理論 ………………… 282
　　（2）正統性理論，ステークホルダー理論と制度理論：系統的視点 …… 284

（3）帰属理論と政治コスト理論：心理学理論その他 …………… 286
　　（4）リスク情報開示の影響要因 ……………………………………… 288
　第3節　規制とインセンティブ
　　　　　：リスク情報開示に関する2つのモデル …………………… 292
　　（1）リスク開示の欠如と規制上可能な対応 ……………………… 292
　　（2）裁量的開示モデルとチープトークモデル …………………… 293
　第4節　小　括 …………………………………………………………… 296

# 第14章　統合的レポーティングにおけるリスク開示のあり方 …… 299
　第1節　リスク開示に対する批判と統合報告の台頭 ………………… 299
　第2節　統合報告におけるリスク開示の実務実態 …………………… 301
　　（1）統合報告の分量とリスク開示量 ……………………………… 302
　　（2）リスク情報の内容 ……………………………………………… 304
　　（3）リスク開示の場所 ……………………………………………… 307
　　（4）リスク情報の深度と将来的概観性 …………………………… 307
　　（5）リスクマネジメントの開示 …………………………………… 311
　第3節　日本の統合レポーティングへの示唆 ………………………… 311
　第4節　小　括 …………………………………………………………… 313

参考文献 …………………………………………………………………… 317

# 総括的展望

　人間社会は何千年もの歴史があるが，何千年もの歴史と我々が生きている現代とが一線を画する画期的なアイデアは，リスクに対する認識である(Bernstein 1996)。リスクは，人間社会の至るところに存在するものであり，新技術やイノベーションの進展によって，新しいリスクがまた次々と現れている。特に，今や金融市場の激動や経済危機の頻発など，経済社会の不確実性・不透明性が急激に高まりつつあるとともに，気候変動，人権，安全，水など天然資源の枯渇や環境汚染など様々なリスクは枚挙にいとまがない。これらのリスクの拡充化が，企業や経済社会の存続に脅威をもたらすのみならず，IT技術の発展並びにグローバル化による経済の連鎖は，一国で生じたリスクを世界ワイドで拡大させる。まさに「リスク経済社会」の到来であり，その意味では，現代経済社会の本質的な特徴は，リスクとリスクに対応する人間の叡智の戦いであると言っても過言ではないであろう。

　会計の進化の略史を辿ると，歴史上，会計問題が金融危機の引き金を引くことはよく見られ，会計は経済社会に繰り返して生起した経済危機に対応しつつ，進化・発展するものである。それでは，リスク社会の到来は，会計に対してどのような要求をなしてきたか，また，そのようなリスク社会の到来に対して，広く企業の情報システムとしての企業会計は，どのように対応すべきかは極めて重要かつ意義ある問題である。これが本書での研究の認識基点となっている（第1章）。また，経済の連鎖化やIFRSが広く台頭しつつある現在，この問題はグローバル化の時代背景の中で的確に捉え，究明されなければならない。このような問題意識のもとで，「リスク」に焦点を当てつつグローバル化時代の企業会計のあり方を探求しようとすることが，本書の主たる目的をなすものである。

　このような研究目的を解明するために，本書では，次のような4つの具体的

課題を論じようとするものである。

(1) リスクの本質とリスク会計のデザイン

リスクは普遍的に存在するものであるが、リスク概念自体は複雑で多種多様である。リスク会計のあり方を探求するためには、リスクの本質を明らかにすることが研究の第一歩でなければならない。リスク概念の歴史的発展には、数学、統計学および心理学の発展と応用が深く関わっている。リスクには未来に向けての人間の感覚やパーセプション、知識、判断が含まれ、その中には、過去に対する認識、依存、反省なども含まれている。そこで、リスクの本質を把握するために、「事後性（過去のパターンに依存する）と事前性（将来の予測に依存する）」、「リスクの主観性と客観性」、「情報の重要性と人間の合理性」など各側面を詳細に検討・識別しなければならない（第2章）。また、会計はファイナンスとマネジメントとが隣接する分野であり、会計におけるリスク概念は、この2つの隣接分野のリスク概念を包含すると考えられる。隣接諸分野のリスク認識に基づき、会計のリスク概念には、①客観的結果のボラティリティ（事後的リスク概念：過去の結果によって将来のリスクを予測する）、②企業の損害、損失（リスクの顕在化した結果）、③企業の健全性と発展可能性に脅威を与えるすべての要因と潜在的影響（想定可能リスクと想定不能リスクの両者）、④判断のミス（将来に向けての判断ミス、リスクの主観性に関連）など4つの視点から論及される（第3章）。上記の4つの視点を念頭に置き、リスク会計は伝統的なリスクのみならず、新規に登場した多様なリスクにも対応すべく、会計原則と会計の認識・測定および開示プロセスにおける各課題を考究しなければならない（第4章）。

(2) リスクへの対応と保守主義会計の再認識

保守主義は、長い歴史の中でリスクと不確実性に対処する経営者、監査人、投資者など企業の利害関係者の知恵を最もよく反映した会計プリンシプルとして成立したものであり、近年の国際会計基準（IFRS）の拡充化に伴うリスクの

増加とともに，新たに脚光を浴びるようになった会計概念である。しかしながら，世界の2大潮流をなす会計基準，すなわち，アメリカ会計基準と国際会計基準の最新の概念フレームワークでは，慎重性・保守主義原則が排除されている。その是非を検討するために，まず，長い間混乱している保守主義の基本概念を整理し，その基本的なリスク対応機能を明らかにしなければならない（第5章）。また，会計上の保守主義の度合いは，各国の社会的価値観，社会制度，また資本市場と企業の特徴によって影響される。IFRSの導入によって，これらの文化的・社会的・政治的要因の影響力が低下するとしても，リスクの拡充化のもと，リスクに対応する保守主義の意義は再認識されることが必要であろう。各国の文化的・社会的・政治的差異に対する理解は会計上の保守主義の差異を把握し，自国の保守主義を改善する鍵となっている（第6章）。さらに，IFRSの強制適用は，保守主義会計へ様々な影響をもたらしているが，それはなぜか。そもそも慎重性・保守主義が必要かどうか。リスク会計の目的に適した慎重性と保守主義の最適水準は，いかに決定されるか。これらの問題や論点は，リスク会計のあり方を解明するために肝要かつ不可欠である（第7章）。

## （3）リスク情報の拡充化とその有用性

すでに馴染んでいる伝統的リスクよりも非伝統的リスクが，いかに企業の資産・負債に影響を及ぼすかは，簡単には決定できないケースが多い。貸借対照表上で認識されていないリスク（オフバランス・リスク）の認識と測定は，リスク会計のもう1つの重要な課題である。たとえば，無形資産ないし知的資産に付随するリスクは，会計上，どのように対応するか，知的負債はどのような意義を持つか，その認識と測定に関する諸問題の解明はリスクの認識と測定の研究に新たな視点と洞察を提供するものであろう（第10章）。また，ファイナンス，マネジメント，および会計において様々なリスクの尺度が開発されてきた。これらの隣接諸分野のリスク尺度の関連性，たとえば，ファイナンスのリスク尺度と財務会計のリスク尺度の関連性，これらの尺度の有効性と限界（第8章），また新たなリスク尺度の開発と非財務情報の蓄積の重要性（第9章）は，

先行研究によって解明されてきた。これらの研究結果も，知的負債の認識と測定の必要性を強く裏付けている。リスク概念の「主観性」によって，非財務的リスク情報の有用性は，投資者がリスクについてどのように認識しているか，彼らのリスク・パーセプションによって影響される。したがって，非財務情報の有用性は，主要な情報利用者としての投資者のリスク判断，特に投資リスクが高いと思われる新興国株の投資リスク判断において検証すべき重要な論点である（第11章，第12章）。

（4）リスク開示の影響要因とあり方

最後に，リスク開示のあり方については，「強制的レポーティングか，任意的レポーティングか」，「単独レポーティングか，統合レポーティングか」など議論が分かれる。会計行動と会計情報の質は，会計制度のみならず，経営者のインセンティブにも大きく影響される。この十数年間，各国のリスク規制の整備によって，リスク情報の開示は着実に拡充化されてきた。しかし，開示情報の質の改善はまだ十分であるとは考えられない。情報の形骸化，抽象化などの問題が浮き彫りにされる。リスク開示行動とその影響要因を解釈・予測するためには，エージェンシー理論，シグナル理論，制度理論，また心理学理論としての属性理論など7つの理論的基盤が提示され，その特徴が明らかにされなければならない。これらの理論は，裁量的開示モデルやチープトークモデルと併せて，開示規制と経営者のインセンティブがどのように絡んでリスク開示に影響を及ぼすかを説明し，リスク開示制度の策定に大きな示唆を与えている（第13章）。しかも，企業の統合経営が提唱される今日，リスク情報がいかに他の経営情報と統合されるかは現代経営の喫緊の課題となっている。各国の統合レポートのリスク開示状況を緻密に比較分析することによって，日本企業のリスク開示の問題点（深度と将来的概観性の欠如，開示モデルの画一性等）およびリスクマネジメントの欧米との差異が明らかになった。これは今後の統合レポーティングにおけるリスク開示のあり方にとってデータ価値は大であると考える（14章）。

（5）本書の特徴

　以上，本書は，近年の経済的・社会的不透明性とリスクの拡充化を背景として，リスクに対する社会的要請と期待の高まりに対して，会計的側面から何をなすことができるか，その処方箋を「リスク会計」の名のもとに究明し，その可能性と論点の解明に向けて探求しようとするものである。

　本書は，次の3点において特徴を持つように努めた。

　まず，第1に，リスク会計のあり方を隣接諸分野との学際的・総合的視点から体系的に把握し，多様な学際的研究を目指していることが，本書の大きな特徴と考えられる。リスクは経済学，経営学に最も関連性の高い核心的概念として，その研究は，数学，統計学，心理学，社会学の進展に大きく影響されている。リスクの認識・測定には，客観性と主観性，想定可能性と想定不可能性，人間の合理性と限定合理性など対峙する多様な概念が存在する。したがって，リスク会計をテーマとして本書を展開するために，1つの研究方法に留まらず，広く標準ファイナンス，行動ファイナンス，経営学など隣接諸科学や国際経営・国際会計の研究成果をも参考にしつつ，インターディシプリナリーな研究アプローチが強く求められるところである。これはリスク会計を取り扱う類書には未だ十分に試みられておらず，本書の特徴的視点と考える。

　第2に，保守主義について海外の最新の研究成果を渉猟し，その克明な分析に基づき慎重性・保守主義の意義と必要性を再認識する点である。最新の概念フレームワークが意思決定有用性指向のもとで，慎重性・保守主義を排除する潮流の中，リスク対応に対する会計的ツールとしての保守主義の歴史的知の結晶としての意義を検証し，それを再認識したことは，IFRS時代の会計観をめぐる議論とも相まって，次世代の会計のあり方を考察する上で極めて重要ではないだろうか。ここに本書のもう1つの特徴がある。

　第3に，保守主義を基軸として，リスク開示の拡充化によるリスク会計の構想のもとに，経済社会のグローバル化やIFRSの知見を広く援用しつつリスク会計のデザインを描き，各国におけるリスク情報開示の実務実態のエビデンス

を踏まえて，リスク開示の拡充化に向けての示唆を提供する点である。それを既存のコミュニケーション・ツールのみならず，いま注目されつつある統合報告をも取り扱ってリスク開示のあり方を論じている点にも留意されたい。

このように，本書はリスク会計という1つのコンテクストの中にせよ，リスクの眼を通じて現代社会の特徴的側面を分析し，IFRS時代，統合報告時代に向けての会計の認識・測定と開示のあり方を探求しようとするものであり，多様な価値観と学際研究に裏付けられたダイバーシティある経済社会に対応した会計研究の必要性が示唆されるであろう。

# 第1部
# リスクの本質とリスク会計のデザイン

# 第1章　リスク経済社会とリスク会計
——リスクと危機に対応して進化する会計——

## 第1節　経済危機と会計の進化

　会計の発展と進化は経済的，政治的，文化的要因など様々な要因によって影響される。一般的に，進化のプロセスは徐々に展開するものである。経済の発展，たとえばプロダクト型経済から，ファイナンス型経済または知識創造社会への転換は何十年を経て遂げられてきたので，それに対応して生じた会計の変化も緩慢であった。

　しかし，生物の進化の研究が示すように，生物は環境の変化に応じて非常に迅速に進化する。特に，極端な気候変化は，動物集団に強い選択の圧力を与え，比較的大きな遺伝的変化をもたらす。同様に，会計の発展は，しばしば経済危機などの外部の圧力[1]によって，不連続性を有することで特徴づけられている（Waymire and Basu 2007）。経済危機の対策として，より厳格な会計規制が求められることは，歴史を見ても明らかである[2]。会計実務も，会計制度や金融市場の反応などによって直接的か間接的に経済危機に影響される（Waymire and Basu 2007）。

　たとえば1720年の南海泡沫事件[3]（South Sea Bubble）は，経済危機の会計に対する影響を示す早期の例である。その結果，会計監査制度が誕生することになった。また，19世紀イギリス会社法の改訂，1934年アメリカの証券取引法や2002年のサーベンス・オクスリー法（Sarbanes-Oxley Act），また，日本でも1990年代の会計ビッグバンなど制度の設立と改革は枚挙にいとまがない。次の図表1-1では，歴史上会計の進化に大きく影響した経済危機や不祥事とそれに対応した会計の変化を要約的に一覧表示した。

## 図表　1-1　経済危機・不祥事と会計の進化

| | |
|---|---|
| 1720 | 南海泡沫事件：この事件は会計士が投資者を保護するために監査を行った史上最初の例と思われる（TAR July 1954, "Historical Dates in Accounting"）。 |
| 1817 | 会計士がイギリスの裁判所での企業の倒産裁判において補助的役割を果たし始めた（TAR July 1954）。 |
| 1844 | 1844年の株式会社法はイギリス会社法の雛形とみられ，経済危機による大規模な企業倒産の後に法律として成立。Littleton (1933) によれば，これが会計における客観性原則の源泉となる。鉄道マニア崩壊後，イギリスの鉄道会社は任意に現金主義から発生主義へ転換し，貸借対照表の開示を増加させた（McCartney & Arnold 2002）。 |
| 1909 | 1907年の株式市場の暴落後，1909年 John Moody が鉄道投資に関する分析を公表した。これは債券と株式がどれ程魅力的かについての定量的評価を掲載した最初のアメリカの投資家による出版物である。 |
| 1927 | William Ripley が自らの著書『メインストリートとウォールストリート（Main Street and Wall Street）』を出版し，本書においてアメリカの企業レポーティングに対して辛口な批判を行った。本書は1929年の株式市場の暴落後に設立した取引法の基本的考えの源泉となった。 |
| 1932 | 1929年ニューヨーク株式市場が暴落した3年後，ニューヨーク証券取引所は上場企業に監査を受けることを要求した。 |
| 1933 | 有価証券の公募を規制するためにアメリカ証券法が可決された。1年後に議会が証券取引法を承認し，SEC が有価証券の二次販売および証券取引を規制する機関として確立された（TAR July 1954）。 |
| 1970 | 規制緩和と金融商品の活用によって70年代にかけて頻繁に生起した金融危機がヘッジ会計の確立の背景になる。 |
| 1996 | バブル崩壊の後，日本で1996年から2001年度にかけて大規模な金融制度改革が行われた。その一環として行われたのが，会計ビッグバンと呼ばれる会計基準の大規模な改定であった。 |
| 2000 | IT バブルの崩壊。 |
| 2001 | Enron 事件。 |
| 2002 | WorldCom の会計不祥事。 |
| 2002 | サーベンス・オクスリー法（Sarbanes-Oxley Act：SOX 法）は，7月30日にブッシュ大統領の署名により成立。SOX 法は，原則主義の会計基準の採用を勧奨した。 |
| 2007 | リーマンショック。 |
| 2008 | リスク会計の提唱。 |
| 2010 | Basel III。 |

（注　Waymire and Basu 2007, TAR1954, その他を参考にまとめた。）

企業の倒産，一連の不祥事や経済危機などを経て，企業会計の現状に対する批判がますます強くなり，社会的な関心が会計に大きな変革をもたらすようになった。会計実務の変革，たとえば，ヘッジ会計の導入や会計原則の変容（現金主義から発生主義へ，細則主義から原則主義への転換など）が図られ，会計基準の設定と改定（監査制度の誕生，開示制度の拡大，会計ビッグバンなど），さらに，関連する法律（会社法，証券取引法，SOX法などの制定など）も行われた。このように，企業会計は外部の刺激に対して反応しつつ，リスクや危機に対応して劇的変化や進化を遂げたのであった。

## 第2節 経済危機と会計の役割

以上の歴史的概観から，会計制度や会計実務は危機や株式市場の崩壊などによって大きく影響されることが示唆される。しかし，会計と金融危機との相関関係については，われわれの理解はまだ浅い。ここで1つの疑問として，会計情報は金融危機や経済危機においてどのような役割を果たしてきたのであろうか。また，脆弱な会計制度は金融危機の引き金になるか。

この問題については，2つの考え方がある。1つは，会計が金融危機に主たる役割を果たしているという考えである。これに対して，もう1つの考えは，会計が金融危機において従属的役割を果たすという考えである（Waymire and Basu 2007）。たとえば公正価値会計は金融危機をより深刻な状況にさせたという時価会計に対する批判が第1の考え方である（SECは2008年にこれらの批判を整理している）。公正価値会計は，景気循環に応じて，企業の資産と負債の評価損益を変化させるからである。経済が拡張するときに，リスク資産の評価益が収益を膨らませるので，公正価値会計はリスクテイキング行動を促す。その一方，不況の時に，リスク資産の大規模な評価損は金融機関の最低資本要件の違反につながるので，公正価値会計は資産の売却を促進する。したがって，経済のボラティリティが大きく増幅される。

しかし，Barth and Landsman（2010）やLaux and Leuz（2010）の理論研究

によって，会計は金融危機においてただ従属的役割しか果たしていないことが示された。特に Barth らは銀行業に焦点を置き，公正価値，資産の証券化やディリバティブ，貸倒引当金の会計などの金融危機における役割を検討し，公正価値会計は，金融危機でほとんど，あるいはまったく役割を果たしていないと結論づけた。それにもかかわらず，彼女たちも投資者に対して，情報の透明性や投資者が銀行の資産と負債の価値を評価するための情報開示，特に資産の証券化やディリバティブに関する開示が十分ではないことを指摘した。

会計情報の従属的役割に関する理論上の検討は，ある程度実証研究でも裏付けられた。Waymire (2008) は，この問題についての実証研究をレビューした。概して，実証研究の結果は，会計データが市場の暴落に関する情報を持つという仮説を支持しない。しかし，より良い会計方針を採用している企業は，危機により適時に対応できるという証拠が提供された。どの会計方針が良いか，あるいはどの財務報告の質が高いかについては，損益計算書の透明性，貸借対照表の透明性，監査人，保守主義会計の採用などによって判断される (Barton and Waymire 2004)。概して，会計の質と報告の透明性は，危機における企業の株式の価格とつながっており，会計は企業のリスク対応に重要な役割を果たすことができる。

経済危機の原因は極めて複雑であるが，会計の視点から経済システムの失敗（市場の下落，バブルの崩壊）を分析し，経済危機など様々なリスクへの対応を考えることは 1 つの可能性を持つ。しかし，会計は従属的な役割しか果たしていないと見られ，また，会計規制は会計実務，会計情報の質にどのような影響を与えるかに対してもわれわれの認識は限られており[4]，さらに，会計の質と投資者の行動との因果関係も十分に理解できておらず，経済学における経済危機の研究においても，会計問題に論及されることがほとんどない。これについての研究結果の蓄積も十分ではない。

にもかかわらず，会計は経済危機における役割を無視することができるわけでもない。歴史上，会計問題[5]が金融危機の引き金を引くことはよく見られる。ここでの会計問題は不正会計など倫理の問題のみならず，会計制度やディスク

ロージャー制度の不備などによる情報の非透明性，有用性なども指す。会計情報の中で企業のリスクの実態が即時に反映できず，ネガティブ要因が蓄積され，一旦企業がこれらのリスクを吸収する限界を超えると，企業の突然の倒産や株価の暴落などが引き起こされる。このような状態が通常となった場合は，大規模な企業倒産や株式市場の暴落へまで至る。したがって，企業にとって，市場にとって，経済危機の防止やリスクの対応に会計が重要な役割を演じている。したがって，会計のリスク対応機能のメカニズムを詳細に論究し，解明することは，会計制度の改善，会計理論の発展及び会計実務の促進に極めて重要な意義を持つのではなかろうか。

いずれにせよ，現代会計の多くの慣行は，過去の経済システムの崩壊や企業の倒産などの教訓を得て確立されてきた。たとえば，1930年にアメリカ公認会計士協会（AICPA）とアメリカ会計学会（AAA）が同時に会計原則（Accounting principle）とはどのようなものかを決定するプログラムを作成したのは，1929年の株式市場の暴落が主たる背景にある。客観性原則（objectivity），原価会計，収益と資本の区分など様々な会計慣行は危機後に会計規制などによって強化された（Waymire and Basu 2007）。

当然ながら，すべての会計原則や会計方針，会計実務が経済危機を契機として定着したかどうか，それによって会計がどのように進化したかについては，われわれの知識は未だ不足している。しかしながら，多くの会計実務が1720年以降繰り返された経済危機の試練に耐え，会計慣行として維持されたことは，歴史の研究から窺えるところである。また，新たな危機の衝撃を受けた後，現在の会計システム，あるいは会計慣行，会計原則の不十分さを検討することによって，新しい会計原則や会計処理方法が明らかになり，新たな会計制度が構築されるであろう。

## 第3節　「リスク会計」という言葉の登場

「リスク会計」という言葉も，第2次世界恐慌と呼ばれる金融危機の後に登

第1部　リスクの本質とリスク会計のデザイン

場した。2007年のアメリカの住宅バブル崩壊に端を発し，2012年現在に至るまで続いている国際的な金融危機に対して，学者や実務家が様々な対策を提案した。2009年，マサチューセッツ工科大学スローン・マネジメントスクールの教授Andrew Lo は，ウォール街雑誌のインタビュー[6]において，「リスク会計」という言葉を提示した。何が危機を起こさせたか，どうして多くの一見賢そうな人が経済危機に不意打ちを受けたかと聞かれたときに，彼は次のように答えた。

「非常に多くのスマートで経験豊富な企業のリーダーが惑わされたという事実は，危機が少数貪欲なCEOのミスのせいにすることはできないことを示唆している。私の見解では,現在のコーポレート・ガバナンス構造や，企業経営の言語に根本的な間違いがあるように感じる。私達には，典型的な企業が今日直面している様々なリスクについて，有意義な議論をするために適切な語彙がない。会計原則（GAAP）（経営管理の言語）のこの欠陥を補うために，「リスク会計」という新しい分野を開拓する必要がある。」(p.R2)

Lo のコメントについては，論争を引き起こしやすいところが多い[7]。たとえば，人間の貪欲，人間の合理性が金融危機の原因になるかどうか。これを問わないとしても，リスク会計という言葉の使用は重要な意義を持つ。つまり，彼がいう「リスク会計」は，2007年からの金融危機によって露呈した会計システムを含む経済システムの弱点に対する，会計上の対応と考えられる。リスク会計の概念は，会計が金融危機にどのような役割を果たしているかという基本的問題を再び提起した。当然，彼は会計の役割を重視している。しかし，Loは「リスク会計」に関して，定義をせず，また詳細な説明も行っていない。ただ明らかな点は，このリスクは金融リスクを中心としたリスクであるということである。

しかし，近代化の発展によって，金融リスクのみならず，経済社会は新領域のテクノロジー，金融の相互依存性，資源の枯渇，そして気候変動などに関連した様々なリスクに晒されるようになった。いわゆるリスク社会が到来した。

実際に,「リスク社会」という言葉は,そもそもチェルノブイリ事故という世界最悪の原発事故の余波で,生態系の危機や環境リスクに注目した研究者たちによって作られ,90年代に登場し,流行したものである。

ドイツの社会学者Ulrick Beck (1992) によると,リスク社会は「近代化自体によって誘導された危険性や不安に対処するための体系」である (p.21)。しかし,現代経済社会は,規制緩和,テクノロジーやグローバル化によって従来よりも複雑になり,相互依存性が高まってきた。それにつれて,環境リスクのみならず,社会経済リスクなど,従来重視,あるいは意識さえされなかったリスクが世界経済に大きなダメージを与える力を持ち,その影響の範囲が大きく,持続時間も長い実に注目するものである。リスク社会のリスク概念がより拡大され,気候変動,人権,安全,水など資源の枯渇,イノベーション,環境汚染など企業や経済社会の長期的存続にかかわる様々なリスクのことを意味するようになった。この言葉も現代社会がどのように多種多様なリスクに対応するか,その社会構成やメカニズムを説明するために,リスクマネジメントの研究者や経営者および投資者などによく利用されている。このリスク社会の到来によって,幅広いリスクを認識,測定および管理することが不可欠となってきた。

リスク社会のことを意識し,Grodyらは「リスク会計」が新たなリスクの測定基準を包含した財務会計の拡張を意味することであると主張する (Grody, Hughes et al. 2009)。伝統的リスクの測定指標に加えて,KRI (Key Risk Indicator) などビジネス活動におけるリスクや,企業業績評価の新指標も会計の測定・報告に含まれるべきである。規制緩和による競争,グローバル化による経済の連鎖,イノベーションおよびIT技術の進歩によるビジネスモデルの転換,自然災害の頻発によるサプライ・チェーンの断裂,自然資源の枯渇など持続的発展を脅すことなどによって特徴づけられるリスク経済において,リスクの認識,測定とコミュニケーションは,内部経営管理にしても,外部投資判断や与信判断,また,その他企業の利害関係者の意思決定にしても,ますます重要となっている。

このようなリスク社会において,会計は1つの重要な情報システムとして,

極めて重要な役割を果たすことが期待されるであろう。したがって，本書では，この「リスク会計」という言葉を用いて，会計が如何にリスクを認識，測定，報告の各機能を促進するかに焦点を置き，グローバル時代の会計のあり方を探求しようとするものである。

## 第4節　小　括

会計は，経済社会に繰り返して起こった経済危機に対応しながら進化・発展するものである。会計は金融危機の決定的要因ではないが，より適切な会計方針の採用や，より質の高い会計情報の提供は企業がリスクを予防し，対応することに役立つ。本章では，金融危機の対応という視点から会計の進化の略史を辿りつつ「リスク社会」と「リスク会計」に対する新たな視点を提示することによって，本書の課題に関する背景を浮き彫りにしようとした。

注
（1）　会計実務に影響する外部の要因としてグローバル化の展開，IFRSの導入，特に極端な状況，つまり，会計不祥事または経済危機などがあげられる。これらの外部要因によって，会計規制と会計実務を迅速に変えることが可能となった。
（2）　もちろん，経済危機は会計以外の規制改革も促進する。
（3）　南海泡沫事件は1720年春から秋にかけてイギリスで起こった常軌を逸した投機ブームによる株価の急騰と暴落，およびそれに続く大混乱を指す。
（4）　会計情報の質は会計制度のみならず，経営者のインセンティブや裁量行動など他の要因にも影響される。
（5）　もちろん，会計問題の背後には実態経済の問題がある。会計情報は実態経済が健全か否かを反映すべきであるので，会計情報は実態経済の問題を開示できない場合には，この情報に基づく意思決定は当然実態経済に大きくネガティブな影響を与える。
（6）　Wall Street Journal, 2009, "Understanding Our Blind Spots", p.R2
（7）　この点については熱い論争があるが，合意された結論がまだない。人間の貪欲，人間の過剰的楽観主義，人間の感情的行動などはすべて市場が熱狂する原因という行動ファイナンスの研究結果がある。本節では，この見解が正しいかどうかについて議論しない。

# 第2章　リスク概念の本質と特徴

## 第1節　リスク概念の意義と多様性

　リスクは経済社会の至る所に存在するものである。現代の経済社会において，われわれの日常生活も，ビジネス活動も，すべてリスクと切っても切れない関係にある。投資顧問の経験が豊かな専門家の一人，P・L・バーンスタイン（Peter L. Bernstein）が自らの著書『リスクの驚くべき物語——神々への反逆』の中で，次のようにリスクの認識・測定の重要性を指摘した。
　　「何千年もの歴史と我々が生きている現代とを区別するものは何だろうか
　　……現在と過去との一線を画する画期的なアイデアは，リスクの考え方に
　　求められる」(p.1)。
　それでは，リスクとは何か。「リスク」概念を巡っては多様な解釈が示されており，社会科学の各分野においても，リスクはそれぞれの視点から論じられている。たとえば，人類学ではリスクを文化的現象と考え，芸術ではリスクを感情的な現象，法学ではリスクを司法現象，心理学ではリスクを行動と認知に関する現象，また，経済学ではリスクを意思決定現象として認識する。本書は，経済活動に関わるリスクをどのように会計の中で取り扱うかに関するものであるので，「意思決定」という視点を中心にリスクをどのように認識・定義し，またリスクをいかに測定，報告するかを究明しようとする。
　これは決してリスクに関する他の考えを否定するわけではなく，むしろ，各分野の交流や，社会科学の研究手法と知見を経済学に導入することによって，文化的視点，行動科学や認知心理的視点，法的視点から，リスクのもとでの意思決定に関する研究も盛んに行われている。その結果，われわれのリスクに対する認識はより深化し，リスクの内容と見方が一層豊富になった。一方，リス

クの認識,測定および報告,つまりリスク・コミュニケーションがより複雑なものとなった。

　人間がどのようにリスクのもとで意思決定をするかは,確かに難問である。意思決定は将来に向けての一種のギャンブルなのか,合理的な予測に基づいたものなのか。つまり,将来が予測できるかどうか,過去の事実が将来のことを教えてくれるかどうか,人間は合理的な判断ができるかどうか等といった問題に対する答えは,リスクに対する理解が深まるにつれて,変わってきた。現在でも,異なる分野のみならず,同じ分野,たとえばファイナンス・投資の分野においても,リスクに対して統一された見解がない。投資の世界は極めて不確実性の高い世界であり,リスク・不確実性の中で,投資者は情報を収集して将来のキャッシュ・フロー,収益,および株価を予測するとともに,投資リスクも判断したうえで投資意思決定を行う。リスクに関する情報は,投資意思決定を行う際に極めて重要であり,投資者はリスクを回避したいとの共通の意識を持つが,リスクとは何かについては必ずしも合意ある理解は得られていない。特にリスクをどのように把握し,測定するかについては意見が分かれている。これについては,Blume (1971) の次の指摘を参照されたい。

　　「リスク概念は金融界において広く普及された概念なので,投資分析においてリスクを考慮する必要性については誰でも理解している。論争になるのは,リスクが一体何から構成され,リスクをいかに測定するかということである。」(p.1)

　リスクをどのように測定し,どのように判断するかはリスク概念に大きく影響され,判断を行うコンテクスト（文脈）に依存する。財務報告においても,どの程度リスキーな意思決定に有用な情報を提供すべきか,また,どのような情報をどのように提供すれば,リスク判断に有用な情報となるであろうか。そもそもリスクとは何か,リスク情報はどのような特徴を有し,またリスクの本質は何かを明らかにしなければならない。リスクを理解・把握・制御することが,未来に向けて一層合理的な意思決定をする時に極めて重要なことである。

　リスク概念には多種多様な側面があり,それ自体は極めて複雑である。リス

ク問題の本質を究明するために，本章では，まずリスク研究に重要な示唆を与えた理論を簡潔に整理し，リスク概念の歴史的展開の経緯を明らかにしたい。もちろん，歴史上のすべての理論と分析ツールを網羅することはできないので，以下では最も重要と思われる理論のみを提示し，①リスクの予測可能性やリスクと不確実性との関係，②リスクの主観性と客観性との相対立する観点，③意思決定における人間の合理性の論点について，リスク概念の本質を理論的に整理することにしたい。

## 第2節　リスク概念の歴史的展開

　人間社会は何千年もの歴史があるが，本格的なリスクの研究が始まったのは，15〜16世紀のルネッサンスの頃である。それまでの間，リスクの考え方はほとんど関心を持たれることはなかった。未来に向けて人間は全く無知・無力と考えられてきた。人々にとって，「未来は予測不可であり，神様の気まぐれといわれる存在である」(Bernstein 1996)。リスクの考えがギャンブルに起源し，リスクを計測したり，制御したりすることを可能にしたのが，確率論や平均への回帰など数学と統計学の理論の発見であった。20世紀以前のリスクに関する萌芽的研究では，数学，統計など自然科学のツールが人間の主観的意思決定に導入された。しかし，経済学の歴史において，リスクの問題が真正面から取り込まれるようになったのは，20世紀の前半，つまりナイト（Knight）とケインズ（Keynes）のリスクに対する研究からである（酒井 2010）。ナイトとケインズの研究に関しては，後述することにしたい。

　したがって，以下では，主に Bernstein (1990) と酒井 (2010) の研究を参考にリスクの史的展開を大きく20世紀以前のリスクの萌芽的研究段階と，それ以後に分けて，リスク研究に関する重要な発見と理論のみを簡潔に論述することにしよう。数学と統計学の理論は，リスク理論の発展に極めて重要な役割を果たしたが，本書では，具体的計算方法や計算原理の説明を省略し，そのリスク研究上の意義のみの説明にとどめたい。

第1部　リスクの本質とリスク会計のデザイン

## （1）ルネッサンス時代～20世紀以前の展開

　ルネッサンス全盛の1654年，ギャンブルが好きなフランス人貴族ジュヴィリエ・ド・メレ（Chevalier de Méré）がフランス人数学者のブレーズ・パスカル（Blaise Pascal）にパズル解きの挑戦をした。パスカルがピエール・ド・フェルマー（Pierre de Fermat）に助けを求め，その結果としては，確率論の発見へと至るのである[1]。確率論は未来を予測する上で重要な道具であり，保険，生物学，農学，医学，経済学など様々な分野で爆発的に応用が進んでいた（Todhunter, I. 2002）。

　その後の1703年には，科学者であり数学者でもあるヤゴブ・ベルヌーイ（Jakob Bernoulli）が「大数の法則」を確立し，統計的サンプリングの方法を考案した。「大数の法則」は，なぜリスクという概念が存在するのかを考える最初の手掛かりを提示し，リスク研究にとって深い意味を持っている。つまり，大数法則は歴史が繰り返すかどうか，どのように繰り返すか，過去が未来を予測できるかどうかなどの問題について，「自然は事象の原点へと回帰するパターンを確立したが，それも大半の部分についてのみである」という答えを出した。これはリスク概念の本質に関わる部分，すなわちリスクを予測できるかどうかということである。このような限定条件がなければ，万物はすべて予測可能であり，すべての事象は過去の事象と同じになり，何らかの変化も生じないことになる（Bernstein 1996）。

　1730年には，アブラアム・モアヴル（Abraham De Moivre）が正規分布の構造を提示し，標準偏差の概念を発見している。これらの2つの概念は「平均の法則」として広く知られている法則の基礎を形成し，これらはまたリスクを計量化する現代的手法には不可欠の要素でもある（Bernstein 1996）。

　それから8年後，ダニエル・ベルヌーイ（Daniel Bernoulli）は，リスクという観点からだけでなく，人間行動という観点からも，リスクのもとでの意思決定の体系的なプロセス，たとえば，なぜ人々がリスク回避的になるのかを初めて明らかにした。ベルヌーイの研究について，Bernstein（1996）は次のように

評価した。確率論が選択を提起する一方で、ベルヌーイは選択をする人間の動機を規定した。これは全く新しい学問領域であり、理論体系でもある。その後250年間、ベルネーイの説明は合理的行動の中心的パラダイムとして存在し続け、現代的証券投資理論の基礎として位置づけられてきた。

1760年前後、トーマス・ベイズ（Thomas Bayes）がベイズ定理、すなわち、リスクのもとでの意思決定における情報の役割を明らかにした。つまり、新たな情報と古い情報とを数学的にブレンドすることによってより情報の富んだ意思決定をなしうる。

1875年には、フランシス・ゴールトン（Francis Galton）が平均への回帰現象を発見している。「平均への回帰」は多くの意思決定の哲学的基盤となっている。株式市場では、特にその原則が適用されることが多い。悪い状態は永遠に悪くなり続けたり、良い状況は良くなり続けたりすることがない。「平均への回帰」という信念を持って、底値で買って高値で売ることによって、成功した投資者の例が数少なくない。

20世紀以前の研究では、リスクを測定するためにツールを次々開発した。現代社会のリスクの認識、測定、管理に多くの示唆を与えた。「不確実性の世界において、計算向きで不確実性に果敢に挑む人間が存在しなければ、経済社会のダイナミズムは衰え、死滅に至るだろう」（酒井 2010,p.130）。

（2）20世紀以後の展開：ナイトとケインズ以後のリスク研究

数学と統計の測定手法の合理性やその背後にある仮定は、人間の合理性である。20世紀のナイトとケインズ以前のリスクの研究において、人間は常に合理的とみなされた。しかし、実際に、人間と自然とは同一の存在ではない。確率は確実に計算できるものであり、人間社会は、不確実性が溢れており、たとえば、株式市場、為替市場のボラティリティ等は常に存在し、不意に出現したサプライズ、たとえば株式市場の暴落もしばしばみられる。経済学の歴史上初めて、リスクと不確実性の問題に真正面から取り込んだのが、ナイトの著書『危険・不確実性および利潤（risk, uncertainty and profit）』である（酒井 2010）。本

書は不確実性下での意思決定過程を明示的に扱った最初の重要な研究であり，不確実性は人間の特性に見られる不合理性の結果として認識される（Bernstein 1996）。

　ナイトと同時代の経済学者の1人ケインズは，1936年に出版した代表作である『雇用，利子および貨幣の一般理論（the General Theory）』で，測定の普遍的応用可能性を否定している。ケインズの経済学は，究極的には不確実性を中心に展開していた。ケインズによって，ビジネス活動を行う企業が，新らしい建物や機器，新しい技術や生産様式にどれほど投資するかに関する意思決定は経済の推進力となる。しかし，これらの意思決定が本質的に不可逆であり，計画通りに行うかどうかの確率計算に対する客観的指針が欠如しているため，これらの決定を極端にリスクの高いものとしている。ケインズは，確率法則と不確実性の計量化を機械的に応用することに反対してきた。

　ケインズの後に，リスクと不確実性の理解における重要な進歩が，戦略ゲームの理論の出現であった。ゲーム理論以前の理論は，不確実性を人生の宿命として受け入れ，その源泉を特定しようとはしてこなかった。たとえば，ベルヌーイの効用理論では個人は孤立して選択を行い，他人の行動を感知することがないのに対して，ゲーム理論では，2人以上の人間がそれぞれの効用を同時に最大化しようとし，各々の行動を互いに関知している。ゲーム理論では不確実性の真の原因は他人の意思にあるとされる。

　また，投資リスクが注目を集めた背景には，1926年から1945年まで（1929年のウォール街大暴落，世界大恐慌と第二次世界大戦など含む）の株式市場のボラティリティがある。その後，投資リスクをマネージするツールとして，1952年には，ハリー・マーコビッツ（Harry Markowitz）は分散投資モデルを提示し，分散投資をすることが最もフリー・ランチに近い戦略であるかを数理的に明らかにし，この知見が世界の証券投資，企業財務，あるいは経営意思決定に一大革命を惹起する知的活動の引き金になった。マーコビッツの方法論は，1760年前のリスクの考え，つまり確率論，標本抽出論，正規分布および平均への回帰などの総括である。「ポートフォリオ選択」は，リスクを期待収益率と同程度の重

要性を持たせることにより，投資管理を根本から改革することになった（Bernstein 1996）。

　1950年代および60年代には，特に経済学とファイナンスの分野において，合理性の研究が拡大した。1970年代までに合理性，測定，そして予測に数学を利用しようとすることが主流であった。証券に投資する場合のリスクの計量化は実務に浸透しており，現在のグローバル化した投資の世界では，投資者が日常的に直面する問題である。

　1970年代初めまで，為替レートは法律上固定されていた。また原油価格も小さい範囲内でしか変動しなかった。一般物価もそれほど上昇することがなかった。しかし，1971年ドルが金本位制から解放され，自由に変動するようになると，外国為替市場でボラティリティが激しくなり，その後の石油危機，ウォーターゲート事件，持続的なインフレ要因の出現およびチェルノブイリでの惨事などの災害が相次いだ。また，金融の規制緩和などによって，金利，商品市場も激しい変動を生み出した。これらの新たな不確実性とリスクは投資者に大きな損失をもたらした。分散投資は決してその重要性を失っていなかったが，新たしい環境下でのボラティリティと不確実性に対処するには，リスク管理技法があまりに原始的であり，十分ではなかった。したがって，新しいリスク・マネジメントの理論と実務を求めるようになった。その状況の中，リスクをヘッジする手段としてディリバティブの利用が急増した。実際，1990年代以来，ディリバティブの活用は普及している。

　しかし，本来，ヘッジ手段としてのディリバティブは，20世紀の90年代と21世紀に突然大企業の倒産や株式市場の暴落などの形で大混乱をもたらした。一連のディリバティブ取引で生じた深刻な問題，またその他の伝統的な理論では説明できなかった市場での異常状況について，新たなリスク理論によって解釈を提供された。

　リスクに関する新しい理論の創出，リスクと不確実性を管理する方法について最も強い影響を及ぼした研究は，ダニエル・カーネマン（Daniel Kahneman）とエイモス・トベルスキー（Amos Tversky）の研究である。彼らが提唱した

プロスペクト理論は，不確実状況下での人間の意思決定が合理的な解から逸脱するケースが数多くあることを示し，合理的意思決定の提案者達が考えもしなかったような行動パターンを明らかにした。KahnemanとTverskyは，これらの行動パターンは人間が持つ2つの欠陥に由来するとした。第1に，感情はしばしば合理的意思決定に不可欠な自制心を損なわせることがある。第2に，人々は，自分が何に対処しているのかを完全に理解できないことが多い。彼らは心理学者の言う認知的困難に陥っている。

そのような非合理的な金融市場の諸事象をプロスペクト理論など行動的意思決定研究の成果をもとに積極的に解析するファイナンスの分野として注目されているのが行動ファイナンスである。現在まで，この分野でたとえば曖昧性の回避，心の会計[2]（mental accounting），サンクコスト効果，賦与効果（endowment effect）など様々な理論を発見し，伝統的リスク理論によって解釈できない現象に対して合理性ある解釈を提供している。

## 第3節　リスクの本質

前節で述べたように，リスクは常に不確実性と関連づけながら議論されてきており，リスク概念の歴史とは，不確実な状況を意識し意思決定に取り入れてきた歴史でもある。また，リスクと不確実性とを区分するときに，確率がキーワードになる。リスク問題の本質を理解するためには，まずリスクと不確実性との相関関係，および確率を理解する必要があるであろう。数学と統計学の発展はリスクを計測するツールを提供してきたが，心理学の発展と，それを導入した経済学研究は，リスクのもとでの意思決定の研究に新たな方向性を提供した。そこで，最善の意思決定が計量化手法（数学と統計学）と過去の観察されたデータに裏付けられて行われる場合と，意思決定が不確実な将来に関するより主観的信念（心理学）に基づいて行われる場合とがあり，リスクの認識と測定に関しても2つの相対立する考え方が存在する。したがって，リスクの本質を理解するためには，「客観的リスク」の考え方と「主観的リスク」の考え方

第2章　リスク概念の本質と特徴

を理解する必要がある。さらにリスクを主観的概念として捉えるときには，特に情報の役割，および情報を利用した人間の合理性が重要な要素として考えられる。そこで，以下では「リスク，不確実性と確率」，「客観概念としてのリスク」対「主観概念としてのリスク」，および「リスク・情報および人間の合理性」という3つの視点から，リスクの本質を明らかにしよう。

(1) リスク，不確実性と確率

意思決定に関する文献において，リスクが不確実性と関連づけて議論されることが多い。リスク概念を理解するためには，不確実性をまず理解しなければならない。ここで不確実性とは，社会的な文脈の中で，未来に関する事象ゆえに確実には予測できず，「将来が予測できないことから発生する未確定の状態」をいう（古賀 2003）。この意味で，不確実性の概念には「将来的」，「事前的」，「未確定的」の特徴を有する。ナイトは経済学における不確実性問題の根底には，経済プロセス自身が持つ未来志向の性質があると指摘した。

他方，リスクは，不確実性に対応するために存在する概念とはいえ，リスクの概念には，「事前的」概念としてのリスクと「事後的」概念としてのリスクが存在する。人間は不確実性の状況の中，将来に備えるために，将来に対する認識を行う際にリスクという概念が生じる。これが事前的概念としてのリスクである。「事後の概念」としてのリスクは事象が確実に発生した後，その結果を示すことによって判明することを意味している（ただし，この場合，この過去の結果に基づいて将来に対する予測を行うことができる）。事前的リスクであれ，事後的リスクであれ，いずれの見方にしても，リスクの概念には「将来に向けての予測」を含むという点で不確実性と共通している。このように，リスクは不確実性を確実性に転換するという人間の対応を反映するものと考えられるであろう。

ナイトの分析は，リスクと不確実性の区別の上に立脚している。すなわち，「不確実性は，周知のリスク概念とは根本的に異なった概念で捉えられるべきであるが，これまで，リスク概念から切り離して考えられたことはなかった。

測定可能な不確実性，あるいは「リスク」そのもの……は，想定不能な不確実性とは全く異なっており，実質的には少しも不確実ではない，ということがはっきりするだろう」(p.205)。つまり，リスクを統計的に確率が既知であるもの，不確実性を確率さえ未知であるものとして分離して区別している。Kohler (1970) も，不確実性と測定問題とを結びつけて考察した。彼によれば，厳格な結果を計算できず，または，いくつかの可能な結果の発生確率を決定し得ない時，不確実性が存在する。その意味で，リスクの測定問題は，結果の計算および結果の発生確率の決定にかかわる問題である。

したがって，「確率」に対する理解が重要である。確率は歴史的順序で大きく4つの解釈がある：①古典説，②頻度説，③主観説，および④測度論である。上記①と②は数学と統計学でなじみのものであり，①はサイコロを投げた時にある目の出る確率，②は事故の発生確率を考えればよい。すでに状況が起こるべき場合の数が判明しているか，あるいは既に事象が過去に十分多数生じており，その頻度が明らかになった場合に①と②の確率が用いられる。上記③の主観説による確率は情報が不十分であっても，あるいは新規状況についても，適用することが可能である。上記④測度説は，上記①から③を包括したものである（広田 2006）。

しかし，ナイトは確率に対して不信感を持っていた。数学的確率と確実性よりも，不確実性の方がはるかに可能性が高いと考える。彼によれば，将来の予測に依存するような意思決定システムでは，「サプライズ」という要因がつきものである。ビジネスの世界では「サプライズ」が当然になっている。何故ならば，経済環境は常に変化するため，すべての経済データは，それぞれの期間に固有のものである。その結果，これらのデータから一般化するとしても，その適切性は疑わしい。Bernstein が指摘するように，「経営者は通常，過去から未来を推測するが，経営環境が悪い方からより良い方向へ，あるいは良い方から悪い方向へ変わり始める循環を認識し損なうことが多い。事後になって初めて，これらの転換期を確認できるというのが実情である。差し迫った変化を経営者がよりよく感知できれば，しばしばみられる急激な企業利益の変化は決

## 図表2-1 リスクと不確実性

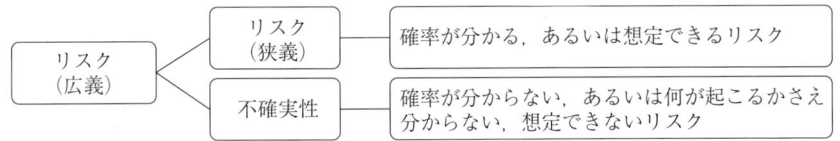

- リスク（広義）
  - リスク（狭義）：確率が分かる，あるいは想定できるリスク
  - 不確実性：確率が分からない，あるいは何が起こるかさえ分からない，想定できないリスク

して起こらないはずである」(Bernstein 1996)。

　ケインズはリスクと不確実性とを明確に区分していないが，ナイトとともに意思決定の指針として，数学的確率法則や確実性の仮定を基礎とした古典派理論を信用しなかった。現在でも，リスクと不確実性とを区別せずに扱う研究者が多い。しかし，確率が測定できるか，あるいは想定できるものと，確率が測定できないか，あるいは想定できないものとの区分はリスク・マネジメントにおいては極めて重要である。この両方を含むリスクの概念を本書では「広義のリスク」とし，確率が分かるリスクを「狭義のリスク」と規定する。リスクは不確実性として捉えることにする。本書の「リスク会計」におけるリスクは広義のリスクを指す。リスクと不確実性と一緒に述べる場合には，リスクは狭義のリスクを意味する。

### （2）「主観的概念」としてのリスクと「客観的概念」としてのリスク

　リスクが「事前」的概念と「事後」的概念として区分される場合，次にそれが主観的な概念なのか，客観的な概念なのかという問題が生じる。確率論においても，確率は客観的（古典説と頻度説）と主観的（主観説）なものに区分されることがある。リスクを「事後」的概念として規定する場合に，それは客観的な結果を表すという意味でリスクは客観的概念とされる。さらにこの結果について，リスク概念として「不利な結果」だけを含むか，あるいは「不利な結果」と「有利な結果」（潜在的機会）の両者が含まれるかという2つの見解がある。伝統的意思決定理論において，リスクは客観的概念として，将来の結果の大きさと確率の分布に焦点を合わせている。それに対して，「事前」的概念として

のリスクは，人間の判断と予測にかかわるから，必然的に主観的な要素が介入する。行動理論に基づく意思決定研究では，リスク概念に主観的な要素も含めることを主張する。たとえばリスク問題を行動理論の視点から研究する著名な学者，Slovic (2000) は，リスクについて次のように述べている。

> 「リスクは本質的に主観的である……人間はリスクという言葉を用いて，生活の中の危険と不確実性を理解し，対応している。最も簡単なリスク評価は，仮説に基づく主観的構造をもつ理論モデルに基づいて行われる。この理論モデルのインプットは，人間の判断によるものである。」(p.xxxvi)

したがって，意思決定者の心理的な要因，必要な情報と知識の欠如や不足などがリスク概念にも含まれる。行動理論に基づく意思決定研究では，リスクの主観性を主張し，主観的視点の導入はリスク研究の扱う状況を大きく拡大した。

また，リスク測度の主観性によって，人間の合理性が重要な問題となる。20世紀のナイトとケインズ以前は，確率を自然の目で捉え，人間は常に合理的とみなされ，人間の活動が自然と同じ程度の規則性を持つと考え，人間の行動を自然と同じように，またはそれ以上に予測可能であるとした。この見方によって，経済や社会の現象を説明するのに自然科学の用語，自然科学の方法が導入されるようになった。これは一方，嗜好やリスク回避といった主観的な事柄の計量化が何の疑いもなく当然のように行われる（Peter 1926）。ナイトやケインズがリスク研究に大きく貢献したのが，以上の見方に対する批判である。彼らによって，不確実性とは人間の特性に見出した不合理性の結果であり，決定や選択の分析はもはやロビンソン・クルーソーのような孤立した環境にある人間に限定されるものではないことを意味する。

## （3）リスク，情報と人間の合理性

情報と意思決定との関係について，最初に考察したのが，トーマス・ベイズ (Thomas Bayes) である。ベイズ理論は，新たな情報と古い情報とを数学的にブレンドすることによって，より情報の富んだ意思決定をなしうることを指摘した。つまり，与えられた情報に基づいて事前確率を事後確率に改訂していく

というものである。事前確率は妥当性の高い情報が少なく，主観的に定められる場合が多いので，主観確率を用いたアプローチとなっている。

　また，ダニエル・エルズバーグ（Daniel Ellsberg）の「曖昧性回避」理論によると，人間は未知の確率より既知の確率に基づいてリスクを取る方を好む。したがって，情報が大切である（Bernstein 1996）。

　近年，リスクを評価モデル，すなわち従来の線型モデル，たとえば証券投資理論のCAPMモデルからカオス理論による非線型モデル，さらにここ数年，遺伝的アルゴリズム，神経ネットワーク等リスクを計量化する新しい方法が次々と開発された。これらの方法は主としてボラティリティの性質に焦点を合わせ，高性能コンピュータを利用することが特徴づけられている。非線型モデルやコンピュータ能力に基づく予測ツールは従来の確率理論と同じように過去のデータに左右される。モデルが線型であれ，非線型であれ，データは意思決定メカニズムの燃料である。

　確率法則が要求しているデータは，独立観測値の集合体である。しかし，人間社会の相互依存性が高まりつつあり，実際の経験上の過去データは，独立の観測値の集合体というよりは事象の連続体である。戦争,不況,株式市場のブームと崩壊，民族紛争等が起きては消えていった。しかし，それらはいつも不意に訪れるように見える。線型モデルにせよ，非線型モデルにせよ，それらは現実世界の複雑さを見抜く上で重要なツールと視点を提供したが，金融市場において新しいサプライズが常に起きる原因と結果について何も証明されていない（Bernstein 1996）。将来に関する情報が提供されなければ，このようなサプライズが生じることは当然であろう。

　一方，情報が多ければ多いほど，直面するリスクをよりよく管理できると思いがちである。しかし，心理学者は追加的情報が時々意思決定を歪め，その結果，「不変性の失敗」[3]を誘発し，人々が進んで取ろうとするリスクを操作する機会を作ってしまうという。プロスペクト理論の一例として，タラーとデボントは，次のような状況を説明している。新しい情報が来るたびに投資家は自らの考えを改めるが，それはベイズが示した客観的方法によるものでなく，新し

い情報を過大に評価し，以前からの情報を過小評価するためである。つまり，彼らは過去の確率分布に基づく客観的計算ではなく，むしろ「印象による分布」に重きを置いて確率計算をしているのである。人間の情報の利用もいつも合理的であるとは言えない。

## 第4節　小　括

　リスクは普遍的に存在するものであるが，分野によって，組織によって，また個人によってその意味するところは異なるかもしれない。たとえば，社会科学においては，「リスクは人間の生命，健康，財産および環境について，望まれていない結果をもたらす可能性があることを意味」(Kaplan and Garrick 1981) するものであり，マネジメントの領域では，「新規事物やイノベーションはリスクの状態と考えられ，リスクとイノベーションとは同等物とされることもある」(Bowman 1980など)。このように，リスクは「科学の領域においても，大衆の理解においても，万人が受入れる統一性あるリスク概念は存在しない」。

　では，リスクは把握できない概念であろうか。リスク概念の歴史的発展には，数学，統計学および心理学の発展と応用に深く関わっており，リスクに対する理解は，次の問題に対する答えへの探求によって深まってきた。つまり，歴史が繰り返すかどうか，どのように繰り返すか，過去が未来を予測できるかどうか，意思決定は過去のパターンと過去の客観的データに依存するものか，あるいは不確実な将来に関するより主観的信念に基づくものか，リスク事象は独立した現象かあるいは相互依存しているものか，リスクのもとで意思決定を行う人間は合理的なのか，そうではないか，情報が意思決定にどのような役割を果たしているか。

　大数法則によって，歴史は部分的にしか繰り返さない。したがって，過去によって未来は完全に予測的ではない。変化は普遍的である。統計学と数学は未来を不完全に予測する理論とモデルを提供し，行動科学の研究はこれらの理論とモデルを批判，あるいは改善・補完し，リスキーな意思決定の現実をより合

理的に解釈をした。

　広義のリスクは確率が分かるリスク（狭義のリスク）と確率，または何が起こるかさえ分からないリスク（不確実性）に分けられる。この分類はリスクを認識，測定，管理するのに重要である。

　また，リスクは単なる客観的測度で評価される方法，および主観的測度も加えて評価される方法という2つのアプローチがあるが，リスクは本質的に主観的である。人々は過去のデータと主観の信念に基づいて意思決定を行う。新しい情報が入ってくると，リスクに対する判断と意思決定は変わってくる。人間は不確実性より，確実性を好む。したがって，情報がリスキーな意思決定にとって極めて重要である。

　しかし，人間はいつも情報を合理的に利用し，「平均への回帰」の法則に基づいて，合理的意思決定を行うわけではない。特に，人間社会は従来より相互依存しつつあり，リスク事象の間の相関関係が複雑になり，リスクに対する認識と把握がより困難となっている。人間の意思決定はより大きな挑戦に遭遇し，非合理的行動や想定外の要因による市場のボラティリティが増大し，「サプライズ」や「ショック」などが相次いでいた。リスクに対応するために，リスクの各側面，つまり「想定可能リスクと想定不能リスク」，「リスクの主観性とリスクの客観性」，「情報の重要性と人間の合理性」を把握しなければならない。

注
（1）　確率論の確立は1654年を含む1660年ごろの10年間を確率論の誕生とし，1812年Laplaceが「確率の哲学の試論」で極限定理を示したのを数学的基礎の完成とみなす（Todhunter, I. 2002）。
（2）　「精神的会計」とも訳されている。
（3）　不変性の失敗（failure of invariance）とは，同一問題の異なる状況下での矛盾した選択を意味している（Bernstein 1996）。

# 第3章　隣接諸分野のリスク概念
―― ファイナンス，マネジメントおよび会計のリスク概念 ――

　歴史的には，会計は起業家や経営者の意思決定を支援することを目的とするものであった。その意味では，おそらく最初に会計情報が求められるようになったのは管理会計であり，組織の目標を満たすだけでなく，従業員やエージェントなどを監督したり，評価したりするために利用されてきた（Waymire 2009）。したがって，株式の所有者と債権者への報告は，企業の規模が拡大し，その構造と経営活動が複雑になった場合にのみ出現する，会計に対する第二または第三の需要である[1]。会計の中核機能は，生産とその後の顧客との取引を通じて価値を創造することにより，企業の存続と繁栄を促進することである。リスク管理は当然に会計の機能に含まれている。では，会計においてリスクとは何であろうか。

　会計はファイナンスとマネジメントとが隣接する分野であり，経営者の経営管理と外部関係者の投資意思決定に有用な情報を提供するという情報提供機能を持つ。したがって，会計におけるリスクの概念はこの2つの隣接分野のリスク概念が重なる部分であると考えられる。会計は企業の内部管理と外部の投資者や，債権者との間の掛け橋をなし，ファイナンス分野とマネジメント分野のリスク概念の多様性に大きく影響されるであろう。会計が取り扱うリスクを解明するためには，ファイナンスとマネジメントにおけるリスクの概念と測定手法を明らかにする必要がある。そこで，まずファイナンス領域とマネジメント領域におけるリスク概念を検討しよう。

## 第1節　ファイナンスにおけるリスク概念

　本来，投資意思決定や貸出の意思決定は企業の経営状況を分析した上で行わ

れるものである。その場合には，ファイナンス分野とマネジメント分野のリスクについての考え方が異なると，コミュニケーションがうまくできないであろう。Bettie は，1983年の研究において，ファイナンスと経営戦略との間のコミュニケーションに困難性が生じる点を指摘している。たとえば，「リスク」という用語は，ファイナンス理論において将来のマーケットリターンの確率の分布として定義づけられているが，戦略マネジメントにおいて，「リスク」という用語は単一の意味ではなく，ある場合には経営者が意思決定の結果を示す分散（variance）や信頼性ある予測ができないことを指し，また，ある場合には，イノベーションと新規に創造されたものに注目する。このように，「リスク」に対するファイナンス上の理解とマネジメント上の理解との相違は，投資者が経営者から情報を収集・利用することを妨げる要因の1つになる可能性がある。しかも，ファイナンスにおける「リスク」概念も，Bettie が指摘したようには単純ではない。

　また，ファイナンス分野の中でも，40数年前にリスク概念と測定指標の多様性が注目されたが，いまでも学者や投資専門家の間にリスク概念に関して統一的な見解は確立されていない。Ricciardi（2004）のレビュー論文は，ファイナンス研究において，リスクの認識アプローチとして次の2つを提示した。1つは，伝統的ファイナンス理論または標準ファイナンス理論であり，リスクは歴史的な確率分布とされる。もう1つは，行動理論の観点から，心理学の実験研究などによってリスクを探究する方法であり，リスクは関係者のリスク・パーセプションとして把握される。標準ファイナンス理論のリスク概念は投資実践を行っている人に批判されており，ファイナンスのリスク研究が進んでいる現在，新しいリスク概念とリスク尺度も提示されてきた。しかし，標準ファイナンスのポートフォリオ理論は最も重要な理論として，特に現在までの財務指標のリスク関連性研究に対して重要な影響を与えている。したがって，以下では，まず，この分類に基づいて，ファイナンスにおける研究者や専門家のリスクに対する見方を整理することにしよう。

## （1）標準ファイナンスにおけるリスク概念

まず，標準ファイナンス理論におけるリスク概念は客観的概念であり，リスクの標準的定義は統計学と数学に基づき，単なる客観的な指標と数字によって特定化される。客観的リスクは，歴史的リスク（ベータ，標準偏差），あるいは他の長期的データ，統計的手法と金融モデルに基づいて特定の期間内の特定の金融商品のリスクを算定するものである。

標準ファイナンスにおいて，Markowitzは，最初に投資ポートフォリオがリターンとリスクの両方から評価されることを提案した。彼の理論に基づいて行った研究のほとんどは，リターンのボラティリティをリスクの変数として用いている。リスクとリターンのトレードオフによる効率的株式のポートフォリオ決定は，標準ファイナンス理論でのリスク概念の発展を示すものである。ポートフォリオ理論におけるリスクは「将来収益率のボラティリティ」を意味する。「ボラティリティ」は証券などの価格の変動性であり，収益率が予想通りになる度合いを示す（つまり，ボラティリティが高ければ，期待収益率から大きく外れる可能性が高い）。このボラティリティは「分散」で表される。ここのリスクはファイナンスとマネジメントにおけるリスク概念をなす。

Knight（1926）によると，「市場にとって最も的確であるとされた価格が真の現在価格である」。株式および債券価格のボラティリティは，期待されていることが起こらず，投資者が間違っていることが明らかになる頻度の証拠である。ボラティリティは不確実性の代替物であり，投資リスクの測定で考慮すべき対象でもある。

したがって，標準ファイナンスにおいて，リスクの定義は「コインの両サイド」，すなわち，収益が予想された収益以上になる上方リスク，および収益が予想された収益以下になる下方リスクにかかわる。

また，ポートフォリオ理論はリスクを市場リスク，あるいは「システマティック・リスク」と非市場リスク，あるいは「非システマティック・リスク」に区分する。長期間にわたる投資実践を指導するのは，現代ポートフォリオ理論

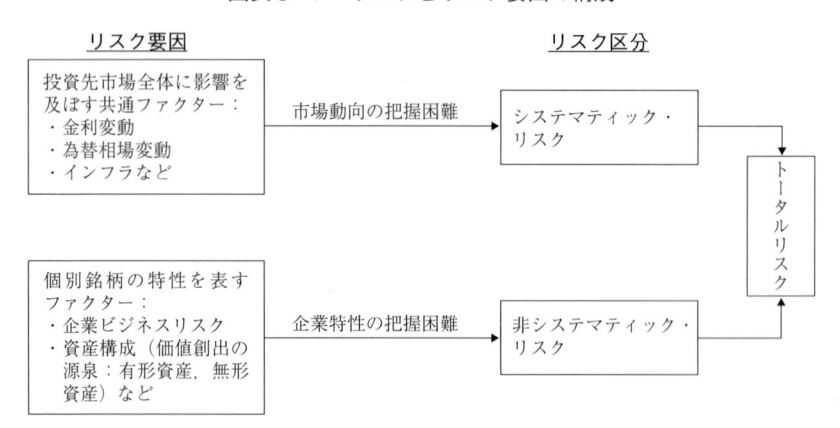

図表3-1　リスクとリスク要因の構成

| リスク要因 | | リスク区分 | |
|---|---|---|---|
| 投資先市場全体に影響を及ぼす共通ファクター：<br>・金利変動<br>・為替相場変動<br>・インフラなど | → 市場動向の把握困難 → | システマティック・リスク | → トータルリスク |
| 個別銘柄の特性を表すファクター：<br>・企業ビジネスリスク<br>・資産構成（価値創出の源泉：有形資産，無形資産）など | → 企業特性の把握困難 → | 非システマティック・リスク | ↗ |

　（Modern Portfolio Theory）である。現代ポートフォリオ理論を普及し発展させたシャープ（Sharpe, W.）は，単一指標モデル，ないし対角線モデルとしての市場モデルを提示し，ポートフォリオ選択の「平均—標準偏差」アプローチを大規模ポートフォリオ問題に適用する道を開いた。

　この市場モデルによれば，証券の投資収益率は，市場全体の動きと連動した部分，つまり，「市場関連的収益」あるいは「システマティック・リターン」（systematic return）と，市場とは独立した当該証券に固有の動きをする部分，つまり「非市場関連収益」あるいは「非システマティック・リターン」とに分割される。前者のシステマティック・リターンは，すべての証券の収益率に共通に影響を及ぼす一般的ファクターと関係している部分であり，その関係の仕方と度合は証券ごとに異なる。後者の非システマティック・リターンは，技術革新の成功，多角化戦略の成功，組織の革新など会社に固有な要因に依存する部分である。

　このように，証券の収益率がシステマティック・リターンと非システマティック・リターンとに分解されるとすれば，証券の投資収益率の予想の不確実性も2つの源泉を持つことになる。システマティック・リターンの不確実性に起因

する投資リスクは「システマティック・リスク」とよばれ，市場全体の動向（および，その影響力を持つ要因の動き）を正確に読めないことに結びつくリスクであるから，市場リスクとも呼ばれる。したがって，投資市場の市場リスクは証券市場リスクに影響する。それに対して，非システマティック・リターンの予測が不確実であることに起因する投資リスクは，「非システマティック・リスク」または企業特有リスクと呼ばれる。

図表3-1に示したように，証券の投資リスク全体としてのトータル・リスク（total risk）は，システマティック・リスクと非システマティック・リスクとから構成されることになる。

CAPMによって，非システマティック・リスクは十分なポートフォリオ分散投資によって削減できるから，投資する際の妥当なリスク要素とされない。それに対して，システマティック・リスクは分散できないから，ポートフォリオは市場と経済の変動に付随して変動する。したがって，投資者はシステマティック・リスクだけを考慮すれば十分である。

以上の現在ポートフォリオ理論は，市場が効率的であるという仮説に基づいて構築されている。市場の効率性の仮説によれば，上記のように，非システマティック・リスクを利用して，超過リターンを獲得することはできない。近年のファイナンス研究は市場のアノマリー[2]を発見し，現代ポートフォリオ理論が依存する市場効率性の前提に対して疑問を投げかけた。「分散」や「ボラティリティ」としてのリスク概念にも批判を浴びせた。しかし，研究者はこのモデルを批判したり，改善したりしつつ，いまだこの理論モデルまたは改善されたモデルに基づいて研究を行っている。ポートフォリオ理論，およびそのリスク概念は，依然として学術研究上において重要な役割を果たし，多大な影響を与えている。しかも，実践上，アクティブ投資などの投資戦略などは，非システマティック・リスクを考慮しなくてもよいという主張に反対しても，その考え方の出発点は，リスクをシステマティック・リスクと非システマティック・リスクとに区分することである。

また，上述の線型モデルの有効性を批判し，カオス理論が非線型モデルを提

唱した。ここ数年，また遺伝的アルゴリズム，神経ネットワーク等，将来を予測する新しい方法が次々に開発された。これらの方法は主としてボラティリティの性質に焦点を合わせ，高性能コンピュータを利用することで特徴づけられている。これらのモデルは，現実世界の複雑さを見抜く上で重要なツールと視点を提供したが，金融市場において新しいサプライズが常に起きる原因と結果については何も証明されていない。

(2) 行動ファイナンスに基づくリスクの把握

上記の標準的ファイナンスの理論に対して，一部の会計学者とファイナンス学者は，心理学の理論と方法を採用してリスク問題と意思決定を研究している。彼らの研究は，伝統的ファイナンスとそれに基づく会計研究とは異なりマクロの視点と方法をとらず，実験研究やサーベイ，アンケート調査を通じて個人（専門家と素人）や組織のリスク判断を考察した。

認知心理学と実験心理学分野の学者は，数年前に古典的意思決定理論（classical decision theory）は妥当ではないと主張した。なぜならば，意思決定を行う個人は完全には合理的ではなく，彼らの誤りは予測できるからである。心理学分野は行動的意思決定理論を支持する。行動的意思決定理論の基礎になるのが，「限定的合理性」（完全な推論能力や情報処理能力を備えているという意味の合理性に対し，限定された能力しか持たないことをいう），認知限界，ヒューリスティクスなどである。リスクの測度としてよく使われているのが予想値，つまり意思決定者のリスク・パーセプション[3]である。

この場合，リスクは主観的かつ定性的用語であり，リスクの概念には主観的な（感知）要素を含む。すなわち，特定の状況においてリスクに対する考え，態度と感情を究明する。たとえば，MacGregor（1999）の研究は，投資意思決定は専門家のリスク，リターン，およびリスク・リターンに対する認識と関連し，「心配，変動，知識」によって専門家のリスク・パーセプションの98パーセントを説明できるという。また，Mear（1988）は，リスクに関して次のように述べている。

「ベータの代わりに、リスクの測度として使われるのが投資専門家の主観的リスク・パーセプションである。この測度は、1グループの投資顧問やポートフォリオ・マネジャーの主観的リスク・パーセプションの平均値をもって算定される。」(p.336)

標準ファイナンスが客観的リスクを強調するのに対して、行動ファイナンスでは、投資者の主観的に感知されたリスクを意思決定の重要な側面とする。伝統的客観的リスクの測度に加えて、個人のリスクに対する認識という主観的性質を認めることによってリスクに対する理解を深め、リスクの判断（測定）を促進することができるであろう。しかし、留意すべきことは、リスク・パーセプションは研究を目的として論じられてきた概念であり、実際のリスク尺度として利用することが困難であるという点である。個々人のリスク・パーセプションを集めて平均値を計算することは市場のリスク評価インフラ、たとえばレーティングシステムや産業が十分に発達した場合以外、現実には利用しにくい。

ファイナンス学者と投資専門家は、個人がいかにリスクを認識するかが株価に影響すると考える。Farrelly (1984) によれば、投資者のリスクに対する認識とその後のリスクに対する反応が株価に影響する。言い換えれば、実際のリスク（客観的リスク）が唯一の側面ではなく、投資者がいかにリスクを認識し、反応するかも株価に影響する重要な要素となる。

投資者によって認識（感知）されたリスクは、「事前的」リスクの測定値であるが、この事前的リスクの測定値は、過去のリターンやファンダメンタル分析、現在の直感およびすべての他のポートフォリオ・マネジャーやアナリストが適切と考える情報に基づいて決定される（McDonald and Stehle 1975）。

## 第2節　マネジメントにおけるリスク概念

マネジメントと組織の研究者や経営者もリスク問題に注目している。リスクに対する認識もリスク管理の視点から3つの段階で進化してきた（Lam 2003）。
(a) 1970年代から80年代のリスク管理の第1段階では、リスクを損失として捉

え，リスクマネジメントは下方リスクの予防が中心であり，その目的は損失を最小化することにあった。

(b) 第2段階の1990年代では，リスクはボラティリティとして注目され，リスクマネジメントはビジネスや金融業界を取り巻くボラティリティの管理に焦点が当てられている。リスク管理者がボラティリティを管理しようとするにつれ，リスク移転商品が人気を博することになった。しかしながら，ディリバティブは適切に使えなければ大きなリスク・ファクターにもなる。この段階で，ディリバティブの損失や株式市場の暴落が目立ち，最終的に，世紀の変わり目にインターネット・バブルと企業の会計スキャンダルを招くことになった。ボラティリティの新しい源泉が多数出現し，もともとあった要因によるボラティリティも拡大してきた。一方，投資者は収益のボラティリティに対して寛容ではなくなっていった。企業がボラティリティの拡大という課題に立ち向かうようになると，リスク管理の実践は経営陣が潜在的損失を予測し，起こりうる結果の範囲を縮小する，つまり，ボラティリティの増大を管理するのに役立つよう進化した。

(c) 第3段階では，「リスク」は，ビジネスの目標を達成したり，その戦略を成功に導いたりする組織の能力に正にも負にも影響する不確実性を管理して，株主価値を創造したり，防衛または促進するものとして捉え，あらゆる種類のリスクを統合する手法としてリスク管理を進化させる。リスク管理は潜在的な下方リスクや損失の可能性を検証するだけでなく，上昇の機会や利益の可能性を増加させるものでもあり，価格設定や資源配分，事業の意思決定などを支援し影響を与えることで，事業パフォーマンスを最適化するものである。しかし，リスクは「不利な結果」，あるいは「不利な結果」と「有利な結果」の双方を示すことができるが，「不利な結果」がより注目されがちでいたという点では，リスクは非対称性を持つ概念であるといえよう。

このように，マネジメント研究は，ファイナンスのリスク概念と測定に対して，同じ視点を取るところもあれば，それと異なる特徴もある。図表3-2は，このリスク概念の多様性について，マネジメントとファイナンスの異同点を体

## 図表3-2 ファイナンスとマネジメントのリスク概念の比較

| 視点 | ファイナンス | | | マネジメント |
|---|---|---|---|---|
| | 標準ファイナンス（主にポートフォリオ理論） | 行動ファイナンス | | |
| | 主にトップダウン・モデル測定の問題に焦点を置く | リスクに対するパーセプション意思決定プロセスリスク・テーキング行動 | | 主にボトムアップ・モデル[1] 様々なリスク要因（たとえば、イノベーション、知識不足、情報の欠如、環境の変化など）の事前的発見、測定、管理に注目 |
| 有利の結果・不利の結果 | ボラティリティという形で不利な結果と有利な結果の双方を含む | 不利な結果と有利な結果の双方を含む[2] | | 不利な結果を重視する |
| 事前性・事後性 | 事後的尺度：歴史的データに基づいて算定する | 事前的尺度：事前に形成された認知的イメージによって決定する（ただし、この事前的イメージの形成は歴史的データや将来的情報、および個人的心理、知識、経験などの要素に影響される） | | 事前的・事後的尺度 |
| 客観性・主観性 | 客観的アプローチ統計的客観的データによって測定する | 主観的アプローチリスク・パーセプションによって把握する | | 客観的・主観的アプローチ |
| 測定手法と尺度 | 統計的手法による算定分散（株価の分散、収益の分散などシステマティック・リスク）下方リスク指標（ベータ） | リスク・パーセプションをアンケート調査などの方法で測定する | | 統計的手法、主観判断の手法市場リスク指標、会計データに基づく財務指標、内部管理用の指標（様々な指標） |
| 「市場リスク」「企業特有リスク」 | 市場リスクを重視する、企業特有リスクは重要ではない[3] | — | | 企業特有リスクをより重視する |

注:
(1) 企業のリスク管理においても、トップダウン・モデルとボトムアップ・モデルを一緒に利用するケースも多いが、近年ボトムアップ・モデルにしたがって、個々のリスクの要因を監視、追跡する方法がより重要視される傾向がある。
(2) ただし、行動ファイナンスの理論において、投資者の損失と収益、つまり不利な結果と有利な結果に対する非対称的な認知と反応の研究がある。
(3) 実務上、企業特有リスクを重視する個人投資家や、アクティブ投資家などがいる。

系的に整理したものである。

　まずBowman（1980, 1982, 1984）の研究は，企業レベルのリスク・リターンの相関関係とポートフォリオ理論によるリスク・リターンのポジティブな相関関係との理論，および実証的矛盾を指摘した。特にBowman（1984）は，リスクとリターンの間にネガティブな相関関係が存在することを実証し，行動理論がこのような企業のリスク・リターン関係を合理的に解釈できることを指摘した。彼の研究の後，Fiegenbaum（1988），Fiegenbaum（1990），およびJegers（1991）らは，行動理論（プロスペクト理論）を利用して，経営者のリスク回避とリスク追求の行動に関する仮説を検証した。

　また，一部の研究者（たとえばRuefli［1990］）は，「分散」が統計上の「加工物」にすぎず，企業のリスク・リターンの行動的関係を有効に検証できないと反論した。これらの研究者は，上記のBowman等の研究結果がどの程度有効であるかについて，疑いの目で見た。ファイナンス理論は「分散」をリスクの測度とするが，それは経営者に関与するリスク概念の特徴を十分に捉えていないので，「分散」を組織のリスクの測定とみることに対して疑問を呈した。

　その問題を意識し，Miller & Leiblein（1996）は，リスクを下方の結果および分散として定義し，それぞれについて，リターンとの相関関係を検証した。この検証を通じて，リスクは分散としてではなく，その本質は業績目標を達成できないという下方リスクであるという観点を強く主張した。それはMao（1970）の研究結果と一致する。すなわち，企業の行動理論によって業績と経営者の願望が経営者のリスク概念に影響する。Mao（1970）の研究結果によれば，経営者がリスクの特徴を「分散」より「目標を達成できないこと」としている。March（1988）の研究では，80パーセントの経営者はリスクを想定する時，ネガティブな結果だけを考えるとの結果を示している。

　また，Bettis（1982）は，経営戦略におけるリスクの役割について次のような問題を提起している。現代ファイナンス理論では，資本市場は非システマティック・リスク（企業リスク）を考慮していないが，非システマティック・リスクは経営戦略の中核をなすものである。Peavy（1984）は非システマティッ

ク・リスクがどの程度ベータを高く評価するかに影響するので，ファイナンスと経営戦略理論の双方が非システマティック・リスクを管理すべきという点で一致する。

　さらに，マネジメントの研究は，環境の不確実性によるリスク概念に対する影響も分析している。Duncan（1972）は，経営者による不確実性に対する理解に注目した。彼の論文によれば，経営者は(1)意思決定の環境要素に対する情報が欠如する時，(2)意思決定が誤った際，会社にどのぐらいの損失をもたらすかが分からない時，(3)環境要素が意思決定の成功にいかに影響するか，その結果の予測に対する自信がない時に不確実性を感じる。この研究およびリスクの認識に関する研究における「情報の不足」は，リスク概念の一要素と考えられる。それに加えて，可能な損失の金額や不確実性，またはリスク・パーセプションにおける「半分散」（semi-variance）の重要性をDuncanは強調している。

　リスク管理の文献では，リスクの測定に関して，トップダウンとボトムアップという2つのモデルを提示した。トップダウン・モデルでは，会社が直面するリスクの一般像を描くために，比較的簡単な計算と分析が行われる。例としては，収益変動モデル，経済価値評価モデル（たとえばCAPM）があげられる。それに対して，ボトムアップ・モデルは損失の要因を利用して予想損失を導き出す。英国銀行協会，ISDAなどにより実施された1999年11月の調査によれば，トップダウン手法に対して，リスクベースのボトムアップ・アプローチがますます選好されるようになっている。つまり，事業におけるリスク要因を確定し，各リスク要因について，以下の指標を測定している。

① エクスポージャー[4]：最大どれくらいの損失にさらされるか。
② 確率：あるリスク事象が実際に起こる可能性はどの程度か。
③ 重大性：損失はどの程度深刻なものになりうるか。
④ 相関関係：リスク要因は互いにどのような関係にあるか。
⑤ 経済資本（economic capital）：想定外損失を埋め合わせるために，資本をいくら蓄えておくべきか。

　以上のように，マネジメント研究によって，経営者が「目標を達成していな

い」,「経営者の不確実性に対応する能力」(知識, 情報の不足など), しかも損失をもたらす各要因が, リスク概念に最も重要な要素であることが明らかにされた。

## 第3節　企業会計におけるリスク概念

　会計は企業の外部関係者と内部関係者の意思決定に有用な情報を提供するシステムであり, その役割は隣接諸分野, 投資活動の理論や実践の研究を扱うファイナンス分野並びに管理活動を研究するマネジメント分野とも密接に関わっている。リスク問題が会計学の重要な問題になったのは, 投資とマネジメントにおけるリスク管理の重要性が増加したことに一因があり, ファイナンスとマネジメントのリスク研究の進化は会計にも大きな影響を与えた。では, 会計においては, リスクはどのように認識されているか。次はまず会計基準におけるリスクの定義を考察することから始めたい。

### (1) 各国会計基準におけるリスクの定義

　実は会計の分野でも, リスクに対する統一的な定義はない。会計実務を規定する各国の会計基準では, リスク概念について多種多様な規定がある。

　アメリカの会計規制において, リスクを既に会社に影響を与えているか, または将来的には会社に影響を与える可能性がある種々の機会や見込み, またはすべての危険, 有害, 脅威またはエクスポージャーとして広く定義し,「良いリスク」も,「悪いリスク」も「不確実性」も含む包括的概念である。カナダ証券管理局 (CSA) は MD & A ガイドラインにおいて,「リスクがビジネス活動のすべての要素および開示フレームワークに充満しており, リスクが否定的な結果 (マイナスの面ないし下方リスク) へのエクスポージャーと, 肯定的な結果 (「機会」) が見逃される可能性を網羅するものである」と規定している。さらに, 2012年に, リスクは「リスクの重大な結果や達成可能性に関する不確実性」, また「結果の変動」をみなすものとするという記述を加えた (CICA

2009：2012)。また，イギリス会計基準は，リスクを不確実性とほぼ同様に扱っている。ドイツの会計基準はリスクを上方リスクと下方リスクに区分し，下方リスクに焦点を置いている。

　日本の会計基準では，リスクに関する明白な定義がない。しかし，2003年にディスクロージャー制度に関する「内閣府令」および「ガイドライン」の改正によって，有価証券報告書および有価証券届出書の「事業の状況」に「事業等のリスク」の項目を新設した（開示府令第三号様式等）。その中で，リスクについて「事業の状況，経理の状況等に関する事項のうち，財政状態，経営成績及びキャッシュ・フローの状況の異常な変動」，「特定の取引先・製品・技術等への依存」，「特有の法的規制・取引慣行・経営方針」，「重要な訴訟事件等の発生，役員・大株主・関係会社等に関する重要事項等，投資者の判断に重要な影響を及ぼす可能性のある事項」などいくつか例示している。

　また，国際会計基準の中でもリスクを明白に定義されていないが，概念フレームワークの中で，リスクと不確実性情報の開示を要求している。また国際会計基準 IAS32号，IAS39号，IFRS 4 号や IFRS 7 号は金融リスク（financial risk）の会計処理を規定している。IAS37号はその他偶発債務や偶発資産を引き起こす可能性としてリスクを取り扱う。**図表3-3**は，各国会計規制においてリスクを取り扱う規則，リスクの概念，リスク対応の要点を簡潔にまとめたものである。

　各国の会計基準におけるリスク概念とリスク対応の要点から，リスク概念の多様性が明らかである。ごく大まかに言えば，会計基準では，多くの国はリスクを不確実性と考え，下方リスクに注目している。規制するリスクの種類からみると，会計基準が金融リスク（financial risk），市場リスク（market risk），および偶発項目に焦点を合わせている。近年の開示制度の充実化によって，リスクの開示も拡大し，いくつかの国では，金融リスク以外のリスクも開示の対象となっている。しかし，全体としては会計規制の中で，リスクの概念に対して統一的な定義は明確ではないと言える。取り扱うリスクの種類も少なく，また開示規制の中でも「リスクとは何か」についての記述は異なる。したがって，

図表3-3 各国の会計規制におけるリスクに関する規定

| | アメリカ | カナダ | イギリス |
|---|---|---|---|
| 主な会計規則 | ・米国財務会計基準 SFAS5, 131, 133<br>・アメリカ公認会計士協会のポジション・ステートメント SOP 94-6<br>・アメリカ証券取引委員会（SEC）財務報告リリース FRR48<br>・証券取引委員会（SEC）規則 S-K（Regulation S-K），第305（c）項 | ・カナダ証券管理局情報開示基準（CAS National Instrument）51-102号<br>・MD＆A ガイドライン | ・イギリス会計基準 FRS13, FRS29 |
| リスク概念 | ・様々なリスク，不確実性に焦点 | ・不利な結果へのエクスプロジャーと機会の見逃，不確実性，結果の変動；下方リスクに注目 | ・様々なリスク，不確実性に焦点 |
| 規制する主なリスク | ・金融リスク，市場リスク，偶発事項 | ・財務諸表に影響するリスク，金融リスク，帳簿外項目など | ・金融リスク，市場リスクと偶発事項 |

| | ドイツ | 日本 | 国際会計基準 |
|---|---|---|---|
| 主な会計規制 | ・ドイツ国内会計基準 GAS5, GAS20<br>・商法<br>・ドイツ会計基準近代化法（BilMoG）[1] | ・企業会計基準第10号<br>・企業会計基準適用指針第19号<br>・企業会計原則注解18<br>・開示府令第三号 | ・国際会計基準 IAS1, IAS37, IAS39<br>・国際財務報告基準 IFRS4, IFRS7 |
| リスク概念 | ・上方リスクと下方リスク；GAS5は下方リスクに焦点 | ・明白に提示されず，いつくかのリスクを例示 | ・様々なリスク，不確実性に焦点 |
| 規制する主なリスク | ・すべてのリスク，特に金融リスク | ・金融商品リスク，事業リスク | ・金融リスク，偶発事項 |

注(1) 2009年に BilMoG が成立し，商法典の改正がなされた。

現存の会計規制はリスクに十分に対応できていないとの批判が，研究者・実務家において指摘されている。

### （2）企業会計におけるリスク概念

それでは，企業会計の中で，リスクをどのように考えればよいであろうか。1800年代初頭以来，会計システムは，投資判断の結果を管理したり，利害関係者への企業経営の業績を報告したりするために使用されている（Dempsey 2003）。「リスク会計」がいかにしてリスクを捉えるかは，リスクの本質，またはファイナンスやマネジメントのリスク概念を参照しながら考えるべきであろう。

ファイナンスにおいて，リスクは常に信用力（creditworthiness），市場の変化，より一般的に言えば，不確実な事象，想定外の出来事などによる将来価値のボラティリティに関連づけられ，事後の結果の変動に注目している。それに対して，マネジメントにおいては，リスクを単なる下方リスクあるいは損失から，ボラティリティへ，または／および「機会と脅威」の両方へと焦点を移し，企業の目標を達成できないすべての要因に注目する。しかし，このような特徴づけは少なくとも，単純にすぎるであろう。ファイナンスやマネジメントと全く無関係の分野は少なく，ファイナンスにおけるリスクの考え方とマネジメントにおけるリスクの考え方も一部重複している。マネジメントにおけるリスクのトップダウンの測定方法は，ファイナンスにおいて開発された方法を活用している。企業会計はファイナンスとマネジメントとの2分野のリスクに対する認識を含みつつも，会計独自の特徴も持っている。

第1章で分析したように，リスクは将来に向けての判断と意思決定におけるものなので，会計におけるリスクに関しては以下のようなものを含めると考えられる：

① リスクと不確実性[5]を反映するボラティリティ（過去）
② 内部原因と外部原因による企業の損害，損失（リスクの顕在化した結果）（現在）

③ 将来の収益，損失，および最終の支払い能力に関する不確実性，あるいは企業の存続や発展可能性に脅威を及ぼすすべての要因と潜在的影響（将来）
④ 判断の過ちや間違った会計処理による情報のリスク

　まず，ボラティリティはリスクを過去のデータに基づいて計量化したものである。リスクの計量化を支持する人は，よくボラティリティを不確実性とリスクの代替物として利用する。過去のパターンが将来に対してどの程度説明力を持つかが，リスクの問題の本質にある。過去の価値のボラティリティが将来の価値をどの程度予測できるかは，不明確である。すでに指摘したように，経済環境は常に変化するため，すべての経済データはそれぞれの期間に固有のものである。状況が変われば，結果も変わる。しかし，過去の状況がそのまま将来において重複することはありえないが,部分的に反映されるであろう。ボラティリティはリスクを計量化したものとして，将来の予測に何ら役立たないのではなく，一定の情報を提供するといえる。したがって，ファイナンスとマネジメントにおいても，また会計においても，ボラティリティは一般にリスクとして考えられる。

　ここで，注意すべき点は，企業の特有の原因によるボラティリティ（企業特有リスク）と，市場によるボラティリティ（市場リスク）に区分することが重要である。たとえば，市場ボラティリティが企業特有のボラティリティより大きい場合は，分散投資によってリスクを削減することができない。市場の変動によるディリバティブなどの金融商品の価格の変動も，企業の資産や負債の価値に大きく影響する。

　また，現在の損失は顕在化されたリスクの大きさを示す。これらの損失は最終的に財務諸表の特別損益ないし純損益に反映され,将来の収益やキャッシュ・フローの予測に影響を与える。

　最後に，将来に向けてのリスク判断と意思決定には，上記①と②の過去または現在のリスク要因は参考になるか,あるいはそれらを把握することによって，差し迫った変化や企業に脅威を与える潜在的要因を経営者がよりよく感知でき

れば，よくみられるような急激な企業利益の変化は，決して起こらないはずである。

しかし，過去の結果のボラティリティと現在すでに発生している損失に関して，それを測定，報告することは相対的に容易であり，会計における対応も相対的に簡単である（第3章を参照されたい）。企業の将来の業績に影響する潜在的リスクを会計の中でどのように扱うかは難問である。

そこで，上記③の将来的リスク要因については，以下のように，リスクの範囲とリスクの測定可能性との2つの視点から考える必要がある。
・非伝統的リスクの拡大
・「想定可能リスク」対「想定不能リスク」

(3) 非伝統的リスクの拡大

金融の緩和，グローバル化，イノベーションや技術の飛躍的発展によって，現代社会は多くの従来にないリスクにさらされるようになった。たとえば，戦略リスク，イベント・リスク，リーガル・リスク，レピュテーション・リスク（reputation risk）などがあげられる。「気候リスク」はもう1つの例である。気候リスクは企業の経営と業績に影響するリスクとして，最近多くのグローバル企業の経営者に認識されてきた。設備の物理的損傷から，規制コストや製品とサービス市場の変化まで様々な短期的，長期的影響は企業に及んでいる。これらのリスクは伝統的リスクマネジメント手法，たとえば分散投資または多角化経営，ヘッジ，あるいは保険などによって対応しにくいので，「非伝統的リスク（untraditional risk）」と呼ばれる。非伝統的リスクは常に発生の頻度が低く，しかし発生すれば，企業に致命的衝撃を与える可能性があるか，あるいは短期的には把握できないが，長期的にはいつどのように企業に影響するかが分からないものである。したがって，新しく登場した非伝統的リスクは，企業にどのような影響を与えるかは簡単に測定できない。

また，非伝統的リスクは，全く新しい未遭遇のものでもない。従来存在しても，伝統的リスクより複雑で影響の強度が大きいリスクも，新たな非伝統的リ

スクと考えられる。それは経済の連鎖によるリスクの移転の加速によるものである。グローバル化や規制緩和などによって，地域経済，各企業間の相互依存が増大しつつある。地球の一端にリスクが起これば，早速に何千キロも遠くの場所に広がる。いわばハワイの蝶の羽ばたきが，カリブ海のハリケーンを引き起こす。たとえば，2011年にタイで起こった洪水は，タイの経済に大きな損失をもたらしたのみならず，世界の経済にも大きな影響を与えた。タイは世界シェア30％に及ぶ第2位のHDD生産拠点であり，HDDメーカー大手であるシーゲイト・テクノロジータイ，レンズメーカーのHOYAなどは，タイの国内に生産拠点を抱えている。そのため，タイの大規模洪水は電子機器の部品調達網（サプライチェーン）に暗い影を落としていた。HDDの出荷不足により，米アップルなど大手コンピューターメーカーにも影響が波及した。現在のビジネス世界は，すでに伝統的，経済的，金融的リスクが，新しい自然災害リスクとつながっていることも認識している（Doran and Quinn 2009）。

　しかし，このような非伝統的リスクは，私たちにとって未知のことが多い。すでに述べたように，不確実性とリスクは，私たちの知識と情報の不足を反映している。これらのリスクを会計の中でどのように扱うかは，リスク会計の重要な課題となっている。

（4）想定可能リスクと想定不能リスク

　伝統的リスクであれ，非伝統的リスクであれ，すべてのリスクを認識，測定，管理すべきである。会計は測定の科学といえ，リスクの測定可能性は，会計上の扱いに極めて重要である。第1章で論じたように，リスクは確率と深い関係を持っている。すべてのリスクは同じような確率で起こるわけではない。ところで，確率は私たちがリスクを予想できるかどうかの制約要因となる。リスクは予想できる程度によって，「想定可能リスク（expected risk）」と「想定不能リスク（unexpected risk）」とに大きく分けられる。想定可能リスクとは高頻度・低衝撃度の事象である。データが蓄積しやすく，確率を計算することが可能である。それに対して，想定不能リスクは低頻度・高衝撃[6]の事象であり，デー

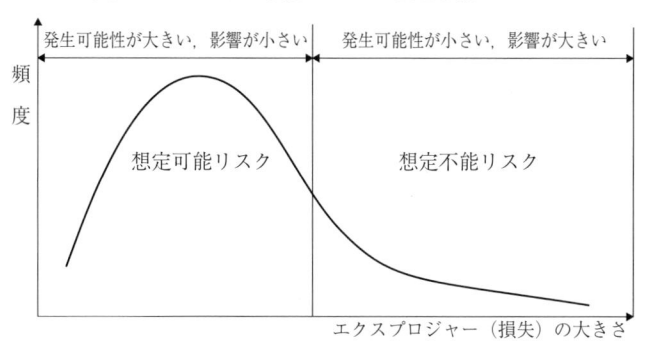

図表3-4　想定可能リスクと想定不能リスク

（注　Chorafas（2011）に基づき筆者が修正したもの）

タの入手が困難であり，確率も確定しにくいかあるいは把握できない（図表3-4参照）。その意味で，想定不能リスクは不確実性の高い事象である。たとえば，百年に一回の大地震は，私たちが想定不能な中で起こったものである。事前に誰も予測できなかったが，ひとたび生じると経済的損失が非常に大きい。そのため，日本の株式市場が2011年の3月下落して，経済も大きなダメージを受けた。

　心理学の研究によって，想定可能なリスクに対して，人間は発生頻度があまり高くないが，結果が深刻なリスクによく注意を払いがちである。このような百年に一回，もしくは何百年に一回の震災，およびその他私たちの予測，想像もつかないリスク，あるいはショック，ないしサプライズに対して，会計はどのように対応するかは，リスク会計のもう1つの重要な課題である。

## 第4節　小　括

　アメリカの管理会計史の基本書では，リスクを次のように定義し，説明している。すなわち，リスクは損害，損失，特に，ある種のハザード，判断の過ち，間違った会計処理などを意味する。会計においても，リスクには概念には様々

な要素と側面が含まれている。本章では，会計と隣接するファインナンスとマネジメント分野のリスク概念および各国の会計規制におけるリスク概念を比較分析し，会計におけるリスク概念を整理し体系づけようとした。

　標準ファイナンス理論におけるリスク概念は客観的概念であり，リスクの標準的定義は統計学と数学に基づき，単なる客観的な指標と数字によって特定化される。つまり，リターンのボラティリティをリスクとし，歴史的なデータに基づいてリスクを事後的に評価する。行動ファイナンスはリスクの主観的測度の観点を採用し，リスクはパーセプションという概念と併用されて事前的に測定される。「事前的」概念としてのリスクと，「事後的」概念としてのリスクの対峙関係について，リスクは「事前」に重要な概念であるが，それが主に実証的に測定されるのは「事後」にならざるを得ないというジレンマをBowmanは指摘した。

　それに対して，マネジメントにおいては，リスクを単なる下方リスクあるいは損失から，ボラティリティへ，また／および「機会と脅威」の両方へと焦点を移し，企業の目標を達成できないすべての要因に注目する。

　ファイナンスにおけるリスクの考え方とマネジメントにおけるリスクの考え方には重複している部分もあれば，意見が分かれている部分もある。たとえば，標準ファイナンスのポートフォリオ理論では，非システマティック・リスクを重視しないことに対して，マネジメントの分野は，非システマティック・リスクに対して大きな関心を持つ。投資実践（アクティブ投資）や70年代からのファイナンス研究も，非システマティック・リスクに注目してきた。また，ファイナンスのリスク尺度がリスクの一般像を描くのに対して，リスク管理におけるリスク尺度は，近年，むしろ個々の具体的リスク要因を把握するのを重視する傾向を示している。

　会計はファイナンスとマネジメントが相互に隣接する分野であり，会計のリスク概念は①客観的結果のボラティリティ（事後のリスク概念，過去の結果によって将来のリスクを予測する）；②内部原因と外部原因による企業の損害，損失（リスクの顕在化した結果）；③企業の健全性と発展可能性に脅威を与えるすべての

要因と潜在的影響（事前のリスク概念，将来に影響するリスク要因）；④判断のミス（将来に向けての判断ミス，リスクの主観性に関連）など4つの視点のリスクを含む。

　リスク会計の対象としての上記②の様々なリスクには近年新たに出現した非伝統的リスクに注目すべきである。しかし，これらのリスクが従来のリスクより複雑であり，われわれはこれらのリスクに対する認識がまだ十分ではない。たとえば知的資産に付随するリスク，気候リスク，戦略リスクなどである。また，これらのリスクは発生の頻度と影響の強度によって，想定不能リスクと想定可能リスクとに区分される。非伝統的リスクの多くは想定不能リスクである。非伝統的リスクや想定不能リスクをどのように扱うかが，リスク会計の重要な課題となる。

## 補論　リスク要因の分類

　リスクについて，それぞれの視点によって，様々な分類がある。以下は3つの視点から，個々のリスク概念を定義しておきたい。1つ目は融資投資活動を行う金融市場のリスクである。2つ目は企業のプロダクト市場におけるビジネスリスクである。3つ目は前述の金融市場やプロダクト市場の両方に影響を与える自然・社会環境リスクである

### （1）金融市場のリスク

　企業の金融市場を取り巻くリスクには，市場リスク，決済リスク，流動性リスクなどがあげられる。外国投資市場を含む場合は，カントリーリスクも考慮に入れなければならない。
① 　市場リスク：株式投資した場合，株価はその企業の業績だけでなく，市場全体の動向に左右されることが多い，市場の変動に伴って被る損失を市場リスクと呼ぶ。特に，価格とか金利の予期しない変動に伴う市場価格の変動リスクが代表的である。

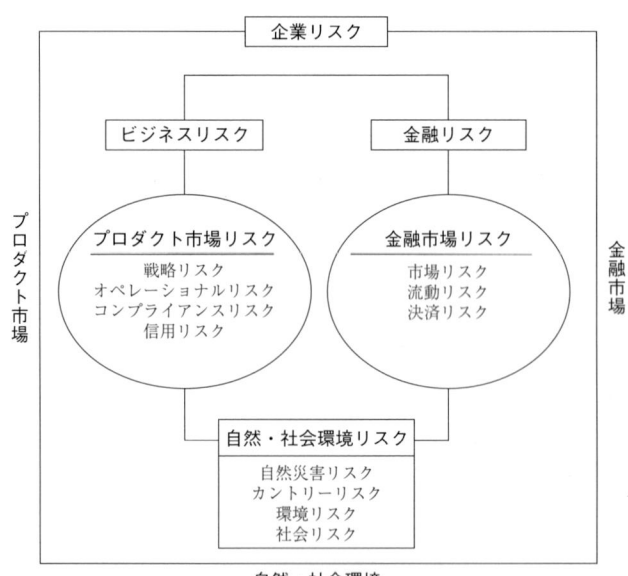

第1部　リスクの本質とリスク会計のデザイン

図表3-5　企業リスクの分類

```
┌─────────────────────────────────────────────┐
│                  企業リスク                  │
│        ┌──────────┐    ┌──────────┐         │
│        │ビジネスリスク│    │ 金融リスク │         │
│        └──────────┘    └──────────┘         │
│プ         ╱⎺⎺⎺⎺⎺╲      ╱⎺⎺⎺⎺⎺╲         金│
│ロ       ╱プロダクト市場╲  ╱ 金融市場リスク╲       融│
│ダ       │   リスク    │  │   市場リスク  │       市│
│ク       │ 戦略リスク   │  │   流動リスク  │       場│
│ト       │オペレーショナル│  │   決済リスク  │        │
│市       │コンプライアンス│  ╲⎽⎽⎽⎽⎽╱        │
│場       │ 信用リスク   │                    │
│         ╲⎽⎽⎽⎽⎽╱                         │
│            ┌────────────┐                  │
│            │自然・社会環境リスク│                  │
│            │  自然災害リスク  │                  │
│            │  カントリーリスク │                  │
│            │  環境リスク    │                  │
│            │  社会リスク    │                  │
│            └────────────┘                  │
│                自然・社会環境                │
└─────────────────────────────────────────────┘
```

(a) 為替リスク：外貨建ての資産または負債について，為替相場の変動の影響によって損失を被るリスク。
(b) 金利変動リスク：債券は保有期間中市場金利が上昇すると，取引価格が下落する。また，満期まで保有せずに途中換金する場合には，市場価格（時価）での売却となるので，市場価格の変化によって購入価格との間でリスクが生じる。市場金利は景気や政策など様々な要因によって変化するために，市場価格もそれに応じて変化する。
② 流動性リスク：各種の情報開示が進んでいない場合，手持ちの証券を即座に売却できない場合，注文が殺到して値段がつかない場合，などに関するリスクを指す。この結果，金融ポジションの調整コストが実質的に増加するか，企業が資金調達の手立てを失うリスクである。
③ 決済リスク：ある市場で生じたショックや信用リスク，流動性リスクは取

引者間だけでなく，取引・決済の関係を通じて，他の市場や決済システムの参加者に次々と波及し，世界各地の市場システム全体を不全状態に陥らせることがある。このリスクを市場規模の流動性や，連鎖的デフォルトの結果として被るリスクである。

(2) プロダクト市場リスク

　Parker によれば，企業リスクは大きくプロダクト市場リスクとキャピタル市場リスクからなる（Parker 1995)。プロダクト市場のリスクにはリーガルリスク，信用リスク，不正リスクなど多くのリスクが含まれる。異なる視点や立場から見ると，種々の分類がある。本研究は Ernst & Young が2007年において行った調査の分類方法に従って，戦略リスク，オペレーショナル・リスク，コンプライアンス・リスク，財務リスクと大きく4つに分ける。当該調査は12ヶ国の企業のリスク管理担当者を対象にして，900以上のインタビューを通じて，経営者にとって重要と思われるリスクを明らかにした。このような膨大な調査データに基づいての議論は説得力を持つと思われる。また，レピュテーション・リスクは近年経営者や投資者が注目する他の1つである。
① 戦略リスク：市場ダイナミックス，利害関係者，計画及び資源配分並びにガバナンスと関連するリスクは戦略リスクと呼ぶ。代表的な戦略リスクとしては政治リスクや市場または競争リスクがあげられる。ここで言う政治リスクは政変，制度の変更などで思わぬ損失を被るリスクである。市場または競争リスクは前述した投資市場における市場リスクとは異なり，市場状況，競争企業及び顧客ニーズの変化によって起こるリスクである。
② オペレーショナル・リスク：バリューチェーン，実物資産，人，知識，ITなど企業業務活動と関連する。業務活動に直接的な原因を求めることのできるリスクである。価格設定リスク，労働力リスク，安全性リスク，サプライチェーン，知的財産権リスクなどがある。
③ コンプライアンス・リスク：法律,規制及びビジネス行動の基準に関連する。法令違反等法律がらみで思わぬ損失を被るリスクまたはその他不正行動によっ

て損失を被るリスクはコンプライアンス・リスクである。コンプライアンス／リーガル・リスクや不正，贈収賄及び腐敗リスクを列挙する。
④ 財務リスク：流動性及び信用力，資本構造，及び会計報告に関連するトレード信用リスク，為替リスクまたは繰延べ資産，固定資産の減損リスクなどがある。
⑤ レピュテーショナル・リスク：企業のブランドやレピュテーションに起因して，経営にダメージを与えるリスク。

## （3）自然・社会環境リスク

　企業の経営活動や金融活動を行う自然・社会環境におけるリスクは企業のみならず，製品やサービスの取引を行うプロダクト市場と資金繰りや投資を行う金融市場にも大きな影響を及ぼす。自然・環境リスクは主に自然災害リスク，カントリー・リスク及び持続発展可能性リスク（sustainability risk）を含む。
① 自然災害リスク：津波，地震，洪水など自然災害リスクなどを指す。
② カントリー・リスク：株式への投資を行う場合に生じるリスクの1つで，外国株式などの海外投資を行う際に，投資対象が属している国家の事情により資金の回収が不可能となり，あるいはその影響による価格変動で損失が生じることをいう。国家の事情とは政治，経済，風土など様々であり，すべての国にカントリー・リスクが存在するといえる。ただし，このリスクは一般的に発展途上国において高くなると考えられている。カントリー・リスクの要因として具体的にはインフレーション，債務不履行，税制の変更，外資規制，革命，内乱，ストライキなどがあげられる。政治リスク，転移リスク，債務不履行などを含む。
③ 環境リスク（sustainability risk）：地球規模の気候変動環境汚染，水や自然資源の不足などリスクは環境リスクと呼ばれる。
④ 社会リスク：人権，製品安全，職場安全，またその他社会問題にかかわるリスク。NPOなどの社会団体は様々な社会問題に注目するによって，政府部門や規制機関がこれらの問題を解決する法規制を設定したり，その他解決策を

作ったりする可能性が増える。これは将来企業がこれらの問題を対処するコストを増加することになるかもしれない。

**注**
(1) しかし,国際会計基準にしても,米国会計基準にしても,そのフレームワークには,投資者の投資意思決定に有用な情報を提供することが会計の最も重要な役割としている。
(2) アノマリーについて,伝統的ファイナンスと行動ファイナンスとでは異なる解釈を提示している。具体的な内容は本書では取り扱わない。
(3) 会計やファイナンスの分野では,1984年から,特に1995年以後,アメリカやヨーロッパの有名な学者がリスク・パーセプションの研究を行っていた。たとえば,Farrelly and Reichenstein (1984),Mear and Firth (1988),Weber, and Milliman (1997),Lipe (1998),Olsen and Troughton (2000),Shefrin (2001),Ricciardi (2004),Koonce (2005) などがある。リスク・パーセプションの研究の重要な部分は個人やグループの判断である。
(4) エクスポージャーは一般的には「起こりうる」最悪の事態として定義されるが,重大性は「実際に被るであろう」被害金額である。重大性はボラティリティのような他のリスク・ファクターに依存することが多い。
(5) 第2章において,リスクと不確実性とを区別するときに,Knightの理論を引用した。つまり,不確実性は測定が不可能,想定不可能なものである。それに対してリスクは測定可能な不確実性である。かなりの人は不確実性とリスクを交換で使用する。厳格に言えば,ボラティリティは狭義のリスクを反映する過去の統計結果である。
(6) 低頻度,低衝撃の事象は会計の重要性原則によって考慮外にする。

# 第4章　リスク会計の視点とグランドデザイン

## 第1節　リスク会計の視点

　これまで述べてきたように，会計は伝統的リスクのみならず，新たに出現したリスク，また予想できるリスクと予想外リスクに対応しなければならない。伝統的な企業会計の定義では，会計は企業の経済的活動や経済事象を認識・測定しその利害関係者の意思決定に有用な情報を伝達するシステムである。それを受けて，リスク会計とは，広くリスクに焦点を置き，その認識・測定・開示問題を主たる考察対象とする会計の領域をいう。以下では，不確実性とリスク状況における意思決定とリスク会計の体系図に基づいて，リスク会計の命題を考察し，リスク会計のグランドデザインを行う。

### (1) 意思決定とリスク会計の体系図

　意思決定は不確実性とリスクの環境下で行われることから，投資者は意思決定を行う前に，企業や環境のリスクと不確実性に関する判断を行う。この場合，リスク判断とは，一般に管理すべきリスクを特定し，その大きさを定量的，定性的に測定することによってリスクを評価するプロセスとして規定しておきたい。リスクを特定し，定性・定量的に把握するためには，どこに，どのようなリスクがあるかを明らかにすることがまず重要である。

　前述のように，不確実性は「将来発生する未確定の状態」であり，「不確実性は知識の欠如を反映することではなく，むしろある範囲内の知識の不足を指す。この場合ある程度の知識の不足は，さらなる情報の提供によって改善できる」(Mock and Vertinsky 1985)。投資者はさらなる情報を利用して，リスクを判断，すなわちリスク発生の可能性と影響を判断することができる。また，リ

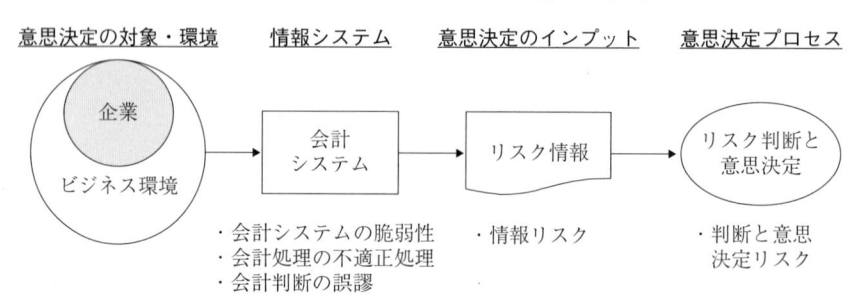

第1部 リスクの本質とリスク会計のデザイン

図表4-1 意思決定とリスク会計の体系図

| 意思決定の対象・環境 | 情報システム | 意思決定のインプット | 意思決定プロセス |
|---|---|---|---|
| 企業<br>ビジネス環境 | 会計<br>システム | リスク情報 | リスク判断と<br>意思決定 |
| | ・会計システムの脆弱性<br>・会計処理の不適正処理<br>・会計判断の誤謬 | ・情報リスク | ・判断と意思<br>　決定リスク |

スク概念の歴史から，意思決定における人間の「合理性」対「限定的合理性」，未来を「過去の経験，過去のパターン」によって予測する場合には「事前の判断，主観的判断」によって推測するかどうかの大きな論争があり，不確実性は知識や情報のみならず，人間の心理，人間の合理性にも強く関連づけられるものである。このように，情報がいかに，またどのような役割を果たし，リスク評価の結果がどのように意思決定に影響するか，不確実性とリスク環境下での意思決定の全体図を提示しようとしたのが，**図表4-1**である。

　この図は，意思決定の対象企業とその経営環境，会計システム，会計システムのアウトプットと意思決定のインプットとしての情報，および意思決定プロセスとアウトプットの体系図を体系的に示すものであり，①会計システム，②情報リスク，および③リスク判断／意思決定リスクの3つが生じることを示したものである。

　まず，リスク判断を行うには，情報が必要である。情報は意思決定のインプット・レベルでの要素として，投資戦略，投資者などの他の要素と結びついて，リスク評価プロセスに活用される。具体的には，たとえば，株式市場の相場の変動情報は，投資者が投資先企業の株価の動きを予測するのに役立つ。ある国の金融政策の変動情報は，その国の株式市場の全体的な将来の動向分析に影響を及ぼす。また，企業がR＆Dに多額の資金の投資をした情報に基づき，投資者はその企業に対する期待を変更することもある。投資者はまた，公開情報

ソースや私的経路から投資先市場や投資先企業の利益やキャッシュ・フロー予測に関する情報を入手して，投資先市場や個々の投資先企業の全体像を描いて，リスク評価と投資意思決定を行う。その中で，最も重要な情報が会計システムによって提供される。

また，投資意思決定のアウトプットとして，投資者が適正な意思決定を行うかどうか，つまり意思決定の結果は，適切な意思決定プロセスをとるかどうか，意思決定プロセスにおいて必要な情報が得られるかどうかに依存する。たとえば，投資者の情報の質に対する要求として，目的適合性（relevance）と表示の忠実性（faithful representation）がある。目的適合性と表示の忠実性が適切に満足されていないとすれば，間違ったリスク評価と利益予測を行い，結局，不利な意思決定に至ることになる。その場合生じるのが，「情報リスク」である。会計システム自体の脆弱性は情報リスクが生じる重要な原因となる。

さらに，企業リスク情報や企業価値創造に重要な無形資産情報などは，企業の競争秘密になる可能性もあるから，開示されないことが多い。投資者は必要な情報のすべては入手できないかもしれない。たとえすべての情報が得られるにしても，投資者は自らの知識や経験，および心理的な原因によって，情報を十分に解釈できず，重要な情報を見失ったり，無視したりすることもあるであろう。そのため，投資リスクを正しく分析できなくなり，適切な投資意思決定を行わないことになる。このように，投資者自身が原因となって生じたリスクを「投資者リスク」という。アウトプットとしての「意思決定リスク」は，このような情報リスクや投資者リスクからもたらされるのである。

したがって，会計システムが極めて重要になる。以下は，リスク会計の目的，対象，プロセスと結果をそれぞれの側面から，リスク会計を特徴づけようとするものである。

① 「リスク会計の目的」

企業の経営と企業の業績に影響するすべてのリスクを認識，測定し，意思決定に有用なリスク情報を意思決定者に提供することはリスク会計の目的と考えられる。企業と企業の経営環境に関わるリスク要因は最終的に企業の財務諸表，

資産，負債，および資本に反映し，企業の将来のキャッシュ・フローの創出能力に影響する。この企業経営と業績に関するリスクと不確実性は会計システムを通じてコード化され，最終的に情報として提供される。

② 「リスク会計の対象」

リスク会計の対象となるリスクは広義のリスク，つまり確率が分かる想定できるリスクおよび確率さえ分からない想定外のリスク（不確実性）であり，企業と企業が所在する市場の関わるすべてのリスクである。これらのリスクの分類は第3章の「補論」を参照されたい。

③ 「リスク会計のプロセス」

会計には2つのレベルがある。1つは広い会計原則（broad principal），1つは具体的会計処理（specific accounting procedure）である。会計原則には，リスクの問題を想定し，認識と測定の会計処理を指導する原則である保守主義の再検討が重要である。それに対して具体的会計プロセスにおいて，最も重要なのは認識と測定である。具体的会計の認識・測定については，新しい非伝統的リスクと予想外リスクの取り扱いが重視される。

④ 「リスク会計の結果」

リスク会計のアウトプットとしての情報開示にあたって，伝統的会計では貨幣的価値に基づく定量的情報が支配的であるのに対して，大部分のリスクは貨幣的評価が困難であるので，非財務情報・定性的情報が著しく重要になる。

この場合に，リスク会計の研究にあたって特に留意すべき点は，以下のとおりである。

(a) リスク情報の有用性は，意思決定モデルにおいて考慮すべきである。情報は，コミュニケーションのツールとして，企業と投資者や他の情報利用者の企業に対する理解を深める役割を提供する一方，情報利用者の理解と解釈も情報の有用性を決定する。第1章で述べたように，リスクは本質的に主観的性格を有するので，利用者のリスクパーセプションは，リスクの重大性やリスク情報の重要性を左右する。第3章第1節の行動ファイナンスの研究結果は，それを裏付けている。

(b) 情報を作る会計システムの弱み，たとえば新しいリスクに対する認識と測定の不足，意図的または意図的でない間違った会計処理（前者は会計粉飾であり，後者は会計ミスという），原則主義会計による主観的判断の過ちによって，情報リスクが生じる。この情報リスクは，情報利用者のリスク判断と意思決定を誤導するかもしれない。意図的に誤った会計処理は本書では議論せず，会計システム自体（第7章）や会計原則によって行われる判断のミス（第9章）が本書の主たる考察対象となる。

以下では，会計システムに焦点を置き，リスク会計の全体像についてグランドデザインを試してみたい。

## (2) リスク会計のグランドデザイン

まず，上記の「会計の対象（入口）— 会計の処理（システム）— 開示の範囲（出口）」という構造に基づいて，リスク会計の基本命題とリスク会計の仕組みを説明したい。リスク会計理論について，以下の4つの基本命題が提示されよう。

命題(1)：リスク会計は，まずリスクの本質，また対応すべきリスクの特性を十分に考慮するものでなければならない。

命題(2)：リスクの認識にあたっては，新たに出現した経済事象のリスクについて可及的にオンバランス化や開示の充実化を促進しなければならない。

命題(3)：リスクの測定に関して，基底をなすリスクの特性なり構造に対応して最適な測定手法や，リスク指標の開発が図られなければならない。

命題(4)：リスクの開示は，企業のコミュニケーション・ツールを提供するとともに，リスクマネジメントの利用実態を広く利害関係者に伝達するものでなければならない。

それぞれの命題についての具体的な論点と課題は，**図表4-2**に提示されている。

命題(1)は，リスク会計の対象に関するものである。リスクは多種多様であり，統一した定義がないので，リスクの本質を認識することがリスク会計の大きな課題となる（本書の第1・2章を参照されたい）。命題(2)～(4)は，会計プロセス

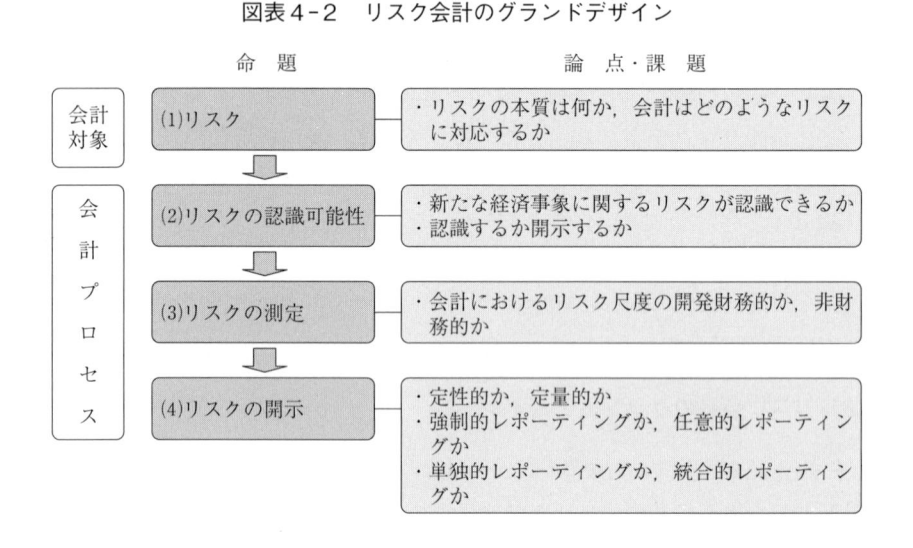

第1部　リスクの本質とリスク会計のデザイン

図表4-2　リスク会計のグランドデザイン

| | 命　題 | 論点・課題 |
|---|---|---|
| 会計対象 | (1)リスク | ・リスクの本質は何か，会計はどのようなリスクに対応するか |
| 会計プロセス | (2)リスクの認識可能性 | ・新たな経済事象に関するリスクが認識できるか<br>・認識するか開示するか |
| | (3)リスクの測定 | ・会計におけるリスク尺度の開発財務的か，非財務的か |
| | (4)リスクの開示 | ・定性的か，定量的か<br>・強制的レポーティングか，任意的レポーティングか<br>・単独的レポーティングか，統合的レポーティングか |

と会計の結果に関するものである。それぞれについて，より具体的に説明を加えたい。

　第1に，リスクの認識について，様々なリスクは最終的には財務諸表に反映される。この場合，すでに馴染んでいる伝統的リスクよりも，非伝統的リスクがいかに企業の資産，負債，または製品・サービス市場の推移や，規制の変化に（これらの推移と変化は，間接的に企業の各会計要素に影響するが）影響を及ぼすかは，簡単には特定できないケースが多い。特定できたとしても，その影響は短期的か，長期的か，発生の頻度はどれくらいかも把握しにくい。たとえば無形資産の活用に関するリスク，気候変動リスクなど近年懸念されているリスクのケースを想起されたい。これらのリスクの影響について，財務諸表に認識するか，財務諸表外に開示するかは，リスクの認識についての第1の課題となる。理論的にはリスクの発生は，将来負債を増加させるか，資産を減額させる。しかし，伝統的会計の資産・負債の計上は，主に過去の取引ベースなので，リスクをバランスシート上で認識できるかどうか，その認識基準が検討されるべ

第4章　リスク会計の視点とグランドデザイン

きである。
　第2に，リスクの測定については，財務的尺度か，非財務的尺度かという議論がある。リスクの概念は多種多様であるので,ファイナンス,マネジメント，および会計において様々なリスクの尺度が開発されてきた。たとえばバリュー・アット・リスク（VaR）[1]は，金融機関のリスク尺度として，財務諸表の注記に開示されることもある。会計もファイナンスのリスク尺度に関連して様々な尺度を提供してきた。しかし，信用リスクなどの伝統的リスクに対して，オペレーショナル・リスクや戦略リスクなどは貨幣測定が一層困難となり，非財務的にしか把握できないことが多い。リスク管理協会（RMA）[2]は，財務機関に向けて重要リスク指標(KRI)を開発した。様々なリスク尺度の有効性と限界，また新たなリスク尺度の開発は，リスク会計のもう1つの重要な課題である。
　第3に，命題(4)のリスクの開示のあり方については，「定量的レポーティングか,定性的レポーティングか」,「強制的レポーティングか,任意的レポーティングか」,「単独レポーティングか，統合レポーティングか」という3つの問題が提起される。

(イ) 定量的レポーティングか，定性的レポーティングか
　リスク情報は，大きく定量的情報と定性的情報に分けられる。たとえば想定される取引先リスク（assumed counterparty risk）は数字で計算されるのみならず，様々な定性的要因，たとえば，取引や取引先の特徴も考慮すべきである。リスクに対してかなりの判断が必要なので（たとえ最善な判断にしても，事象の曖昧さや環境の不確実性に影響されるなど）リスクを理解するためには，定性的要因が不可欠である。しかし，現在，日本企業のリスク情報の開示はほとんどが定性的情報であり，諸外国の開示に関する先行研究も定量情報の開示の不足が指摘されている。この問題は，当然，上記の測定の問題ともつながり，企業の開示行動にも大きく関わっている。

(ロ) 強制的レポーティングか，任意的レポーティングか
　伝統的財務諸表は強制的・定量的レポーティングであるのに対して，リスクについては，現在各国において，強制的に開示するか任意的に開示するか，制

度が分かれている。強制開示は，必ずしもリスク情報の質を高めるわけでもない。しばしば情報の量を増加させる一方，情報開示の形骸化ももたらす。開示制度がいかに有効であるか，強制力（enforcement）のみならず，企業のインセンティブにも影響される。強制開示か任意開示か，もう1つ検討すべき問題である。

(ハ) 単独レポーティングか，統合レポーティングか

　各国のリスク開示のコンテンツ分析によって，リスク情報は様々な形で，様々な場所で開示されている。独立したリスクレポートを要求している国（たとえば，ドイツ）もあれば，CSR情報，企業戦略など統合レポートの中で開示することを求める国（たとえば，南アフリカ）もある。また，リスクを注記，有価証券報告書の「事業リスク」セクション，アニュアルリポートなどに開示するという多様な開示形態がある。リスクは独立の事象ではないので，企業の統合経営が提唱される現在，リスク情報をいかに企業の将来性の判断に役に立てるかは，リスク情報がいかに他の経営情報と統合化されるかによる。将来期待されるリスク情報の開示がどのようなものとなるかは，新たな論点となる。

　以下，知的資産の認識・評価を新たなリスク要因の例として，リスクの認識と測定問題をより具体的に論述しよう。

## 第2節　リスクの認識と測定

### (1) リスクを認識するか，開示するか

　様々なリスクは最終的には財務諸表のどこかで反映される。損益の認識と測定は実現主義に基づくものであり，実現されてから，つまり，キャッシュ・フローへの転換が確定または確定可能となってはじめて認識できる。それゆえ，費用と損失は，確実性のあるものである。リスクは将来的性質を持つものなので，リスクが資産負債として扱われるかどうかはリスクの認識問題である。多くのリスクは資産負債として計上することができないのが現状である。現在の

資産負債として認識できないリスクが，将来，損益計算書の中で顕在化し，巨額の金額の費用や損失の計上，あるいは資産の減少や負債の増加をもたらすかもしれない。したがって，このようなサプライズを起こさないように，潜在リスクを可及的に資産負債として認識するか，あるいは事前に他の形で開示すべきであろう。

　過去には存在しないか，あるいはあまり注目されていないが，経済の発展やビジネス環境の変化などによって，新たなリスクが登場し，企業への影響力を高めつつある。これらのリスクについて，資産負債として認識できるかどうか，また，どのような項目で認識するかを検討するにあたって，資産，負債などの会計要素の認識基準を満たすかどうか，リスク事象の原因と影響を具体的に分析しなければならない。たとえば，急激な経営環境の変化，新たに台頭しつつある技術革新に起因する不確実性とリスク，および熾烈な競争が，PCソフトウェア業界の特徴といわれている。技術革新のリスクが，どのように企業の経営と業績に影響するかは，実際には把握しにくい。このようなリスクは財務諸表上でどのように反映されるか，あるいは他の報告において開示されるか，どのような基準で認識か開示かを決定するか重要な問題である。ここで，次の２点に留意すべきである。

　まず，リスクは非対称性を持つ概念であるという点である。リスクは企業の目標達成に対して正にも負にも影響する不確実性，つまり，「潜在的な下方リスクや損失の可能性」と「上昇機会や利益の可能性」の両者を包含する概念だが，企業経営者や投資者は，「不利な結果や損失の可能性」に注目することが多い。企業会計は「有利な結果の可能性」と「不利な結果の可能性」に対して区別した対応をとるべきであろうか。

　有利な結果は，将来の便益の企業内への流入をもたらし，資産としての計上可能性を示す。一方，不利な結果の可能性は，将来の便益の流出を導き，負債や資産のマイナスとしての計上可能性を示す。会計における保守主義原則，国際会計基準の概念フレームワークの慎重性原則は，これらの資産・負債，収益・費用の認識と測定において，非対称的な処理方針を示している。しかし，最近

の国際会計基準の概念フレークワーク草案では慎重性原則が削除された（IASB 2010）。これが企業会計におけるリスクの認識に対してどのような影響を与えるかは，後述の章で詳しく分析する。ともあれ，リスク概念の非対称性に注意しつつ，リスク会計の「損失を引き起こす可能性」の側面に焦点を置かなければならない。

第2に，将来の損失に備えるための簿記上の対応は，引当金と偶発債務という勘定項目である。たとえば，他人に対する債務保証，係争中の事件にかかわる損害賠償義務，引き渡し済みの請負作業，または商品に対する保証など，将来発生可能な支払義務は偶然債務である。実際に債務となる可能性が高まった偶発債務については，「引当金」として計上しなければならない。引当金は資産のマイナス項目か，負債の項目となる。たとえば，退職給与引当金や修繕引当金は負債項目であり，貸倒引当金は資産のマイナス項目である。

また，2008年のFASBとIASBとの概念フレームワーク・プロジェクトは，負債に関して「現在の経済的義務であり，企業は当該義務の債務者である」と規定している。この定義は，従来の定義に含めていた「期待された」（IASB定義）／「高い可能性」（FASB定義），「将来的経済便益の流出」，「過去の取引または事象」などの要件を削除して，「現在」，「経済的義務」および「債務者」に焦点を置いている。FASBは，現在の経済的義務の存在は一般的解釈のリスクと区分されると考える。しかし，2011年，IASBは上記のプロジェクトに議論している負債概念を放棄し，「過去の事象」や「経済便益を持つ資源の将来の流失」を定義に復帰した。ここから負債は取引を含む過去の事象によるものという考えの変化がうかがえる。リスクがオフバランスとなる大きな原因の1つは，資産と負債が取引ベースに基礎づけられ，資産の減少や債務となる可能性が高い場合，つまり確実性があるものしかバランスシート上で認識できないことにある。リスク事象が損失をもたらす確実性，あるいは企業の債務になる可能性によって，財務諸表上の認識可能性も異なる。

以上，要するに，図表4-3に示したように，リスク事象が負債や資産の減少に転換する確実性，あるいは不確実性によって，バランスシート上での引当

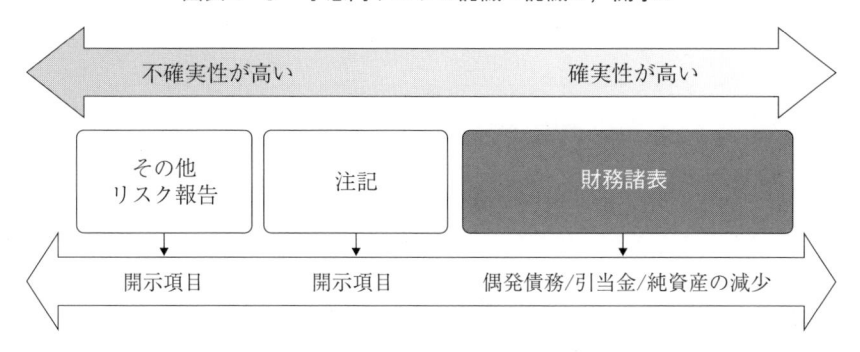

第4章 リスク会計の視点とグランドデザイン

**図表4-3　予想内リスクの認識：認識か，開示か**

```
←――――――――――――――――――――――――――――――→
   不確実性が高い              確実性が高い

   ┌──────┐   ┌──────┐   ┌──────┐
   │ その他 │   │  注記  │   │財務諸表│
   │リスク報告│   │        │   │        │
   └──────┘   └──────┘   └──────┘

←――――――――――――――――――――――――――――――→
   開示項目      開示項目    偶発債務/引当金/純資産の減少
```

金や偶発債務など会計項目として，あるいは開示情報として別の形式で認識される。しかし，どのようなリスクが起こすかも想像できない場合には，つまり予測外リスクに対して，会計上の認識も不可能だが，保守主義の会計原則によって，事前に財務諸表にリスクのクッションを作ることも会計上の対応となる。

不確実性は人間の知識の不足を意味しているという指摘があるので，ここで，確実性の判断基準は十分な情報があるかどうかということである。次に，どのようにリスク事象の不確実性を判断するか，リスクの認識プロセスについて議論しよう。

(2) リスクの認識と測定プロセス

Harvey (1999) のオフバランス負債の評価モデルの考え方を参考に，リスクの認識と測定プロセスを考察しよう。このモデルは，アメリカのオクラホマ大学の2人の教授，Harvey と Lusch によって提唱されたものである。彼らは知的資産の活用によって，経済に引き起こされた様々な現象を分析し，経済を活性化させる知的資産の重要性を認める一方，企業の収益力を損なう知的負債の存在も指摘した。この知的負債は財務諸表に認識されないものばかりであるが，その影響力の増加によって，ますます無視できないものとなった。このオフバランス負債の本質が，まさにリスクである。

第1部 リスクの本質とリスク会計のデザイン

図表4-4 リスクの認識・測定プロセス

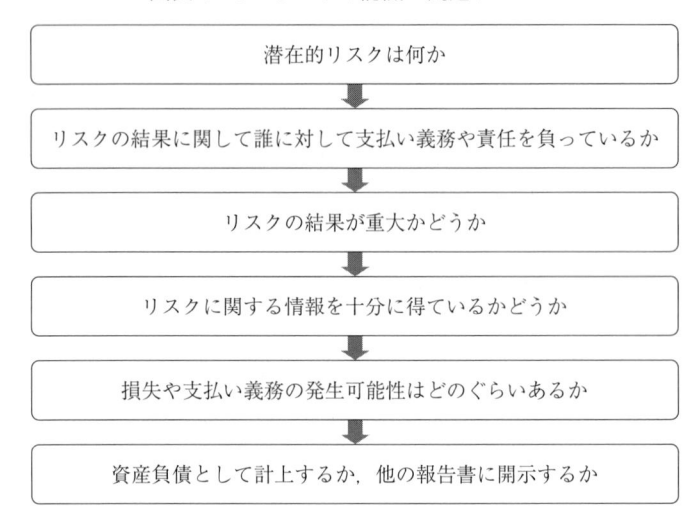

```
┌─────────────────────────────────────────────┐
│         潜在的リスクは何か                    │
└─────────────────────────────────────────────┘
                   ↓
┌─────────────────────────────────────────────┐
│ リスクの結果に関して誰に対して支払い義務や責任を負っているか │
└─────────────────────────────────────────────┘
                   ↓
┌─────────────────────────────────────────────┐
│       リスクの結果が重大かどうか              │
└─────────────────────────────────────────────┘
                   ↓
┌─────────────────────────────────────────────┐
│   リスクに関する情報を十分に得ているかどうか   │
└─────────────────────────────────────────────┘
                   ↓
┌─────────────────────────────────────────────┐
│  損失や支払い義務の発生可能性はどのぐらいあるか │
└─────────────────────────────────────────────┘
                   ↓
┌─────────────────────────────────────────────┐
│  資産負債として計上するか,他の報告書に開示するか │
└─────────────────────────────────────────────┘
```

　彼らの研究は,経営学者,特に知的資産経営の研究をしている学者に大きな関心をもたらした。ただし,この研究は新しい概念と研究視点の提示に大きく貢献したといえるが,概念の厳密性が十分ではない。会計上の負債や経営学のリスクなどは明確に区分できず,混乱しているところもある。この議論は,後の章で行いたい。

　しかし,オフバランス負債の評価モデルは,リスクの認識と開示の区分に示唆を与えている。以下では,この評価プロセスの考え方を参考に,会計上のリスクや,負債,偶発債務などの概念に照らして,リスクの認識と測定プロセスを明確化することにしたい。**図表4-4**は,リスクの認識プロセスを①潜在的リスク事象の確認,②責任を負う対象者,③影響の大きさ,④リスクに関する情報の充実性,⑤リスクによる損失や支払う義務の可能性,⑥GAAPとの整合性,という6つのステップを示すものである。

第4章 リスク会計の視点とグランドデザイン

図表4-5 リスクの特徴と範囲

| 責任を負う対象者 | 経済的結果が算定可能 | | 経済的結果が算定不能 | |
|---|---|---|---|---|
| | 完全な情報（負債計上／資産の減少） | 不完全な情報（引当金） | 完全な情報 | 不完全な情報 |
| サプライヤー | 買掛金<br>ローン | | | |
| 顧客 | | 貸倒損失<br>保証 | | 危険な製品<br>欠陥がある製品 |
| 従業員 | | 年金債務 | | 危険な業務環境 |
| 法規制機関 | 未払税金 | 環境浄化義務 | | 独占禁止法違反 |
| 社会 | | | | 人権の違反<br>資源の汚染 |
| 株主 | 資産の減損<br>繰延税金資産 | | 高い従業員の転職率 | 戦略的計画の脆弱性，風評リスク |

① 潜在的リスクの特徴の確認

潜在的リスクを確定するためには，まずフレームワークを設定しなければならない。このフレームワークは，リスクの特徴と範囲，リスクを見る視点を決定すべきである。図表4-5は，1つの例を示すものである。このフレームワークには，次の事項が含まれる。(a)リスクの経済的結果を金額で測定できるかどうか，(b)リスクに関する情報を十分に保有しているかどうか，(c)リスクの結果について，誰が責任を負うか（例，サプライヤー，顧客，従業員，株主その他）。図表4-5は1つの例示にすぎず，すべてのリスクがこの表に分類整理されているわけではない。

② 責任を負う対象者

リスクによって損失が発生する場合，企業は誰かに対して責任を負わなけれ

ばならない。この「誰」とは，企業の内部と外部の利害関係者である。たとえば，品質の悪い商品あるいは欠陥商品を販売する会社は，製品リコール問題にかかわる可能性があり，さらに顧客に対して，賠償義務が求められるかもしれない。環境を汚染した企業は法規制機関に環境浄化を要求され，環境浄化義務を果たさなければならない。数多くの出来事が企業に大きな衝撃を与え，究極的には株主の利益を損害し，経営者は株主に責任を負わなければならない。

③ リスクの結果の大きさ

すべてのリスクの結果や，エクスポージャーが評価されなければならない。貨幣評価可能リスクと不可能リスクがあるので，適切な測定システムを設定しなければならない。このような測定システムは，様々なリスク尺度，財務的尺度，および非財務的尺度（たとえば重要なリスク指標［KRI］）を開発し，またそれぞれのリスク尺度の適合性を検証しなければならない。ここで次の3点に注意することが重要である。まず第1に，重要なリスクに対応できる十分なリスク尺度の開発が不可欠である。第2に，過剰なリスク指標は，企業の負担を過重にするとともに，利用者の理解可能性を超える可能性もある。第3に，すべてのリスク尺度はチェックされ，あるいは監査されることによって，信頼性を確保することが重要である。

④ 情報の充実性

業種によって，また企業によって，リスクの実態は著しく異なっている。したがって，リスクを確認・分析するための情報を収集し，蓄積するインフラを整えることが必要がある。情報が完全であればあるほど，リスクの確実性は高く，会計情報の認識可能性も高くなる。情報が不完全な場合には，経験に基づく直観的判断を行わなければならず，判断ミスによるリスクも増大する。

⑤ リスクの発生可能性

情報が不完全であればあるほど，リスクの発生可能性の予測を行わなければ

ならない。リスクの発生可能性を予測するにあたって、次の2つの点を考えるべきである。第1点は、どのような時間枠の中でリスクを考慮するかである。たとえば、Harry（1999）は、次のような例をあげる。誰でも100％死亡する。しかし、この先1年での死亡可能性は、この先30年以内での死亡可能性よりはるかに小さい。また、テロのリスクを考えたときに、1年以内でこのリスクの発生可能性は通常考えにくい。しかし5年、10年の枠内であれば、経営者はその発生可能性と、経営に対する影響を真剣に考える可能性がある。リスク資産を1年間持つか、3年間持つかによって、そのリスクも異なる。時間の経過につれて、発生の可能性は変わってくる。したがって、リスクの発生可能性について、ある一定の時間枠の中で決めなければならない。1会計期間は通常1年単位なので、財務諸表上でのリスクの認識もそれに照らして考慮すべきである。2点目として、発生可能で計算不可能なリスクについては、たとえば、戦略リスク、リスクの発生可能性を見積り、具体的数値ではなく、高・中・低の可能性レベルに分け、リスクの発生可能性は会計上の処理に大きく影響すると考えられる。

⑥ GAAPとの整合性

最後に、会計基準に依拠して、リスクを財務諸表に計上するか、その他の報告書に開示するかを決定する。会計基準やフレームワークの改訂によって、会計上の負債の定義も変わる可能性がある。2008年のFASBと国際会計基準の概念フレームワーク・プロジェクトは、その1つの試みである。偶発債務や引当金に関する会計基準の規定も何回も改訂を加えられてきた。オフバランス負債やリスクにより適切に対応することが、概念フレームワークと会計基準の改善において求められ、また、その基礎をなす会計理論の研究[3]に期待される。

## 第3節　小　括

新たなリスクの出現によって、会計は新たな挑戦に直面することになった。

第1部　リスクの本質とリスク会計のデザイン

伝統的なリスクのみならず，様々な新たなリスクに対して，企業会計がどのように対処し，意思決定者に有用な情報を提供するかが，リスク会計の基本的役割である。本章では，意思決定とリスク会計の体系的な関係に基づいて，リスク会計の対象，目的，プロセスと結果を検討し，リスク会計のグランドデザインを明らかにした。具体的には，リスクの対象として，様々なリスク，特に非伝統的リスクを財務諸表に認識するか開示するか，様々なリスク尺度の有効性や新たなリスク尺度の開発，リスクに対応するための認識と測定の会計原則として保守主義の有効性，またリスク開示としては定性的開示か定量的開示か強制的開示か任意的開示か，あるいは単独での開示か統合化された開示かなど，リスクの「認識」，「測定」，および「開示」上の諸課題を提示した。

注
（1）　VaRはある資産を将来のある一定期間保有すると仮定した場合に，ある一定の確率の範囲内で，市場の変動により生じうる最大損失額を，過去のデータをもとに統計的に予測して計算したものであり，市場リスクを測定・管理する手法の1つである。現在，金融機関におけるリスク管理では，最も標準的なリスク指標となっている。本書第7章の補論2では，VaRについて紹介している。
（2）　RMA, http://www.rmahq.org/RMA/
（3）　会計基準の設定は会計理論研究の結果のみならず，政治力などの要因にも左右される。

# 第 2 部

# リスクへの対応と保守主義会計の再認識

## 第5章 リスクと保守主義会計
――保守主義の基本概念とリスク・マネジメント機能――

　リスク会計のあり方を探求するためには，まず，会計の上部構造，つまり会計原則[1]から議論を始めるべきであろう。会計原則は従来，企業会計の実務の中で慣習として発達したものの中から，一般に公正妥当と認められたところを要約したものであり，その一部は，会計基準の設定を指導する概念フレームワークにも反映されている。保守主義は，不確実性とリスクに対応する会計実務の中から集約された知恵を最もよく反映した会計原則として成立したものであり，近年の国際会計基準（IFRS）の拡充化に伴うリスクの増加とともに，脚光を浴びるようになった会計概念である。それでは，このような保守主義は，昨今の会計にどのような役割を果たしてきたか，また果たしているか，現在のリスク社会において，それが存在する意義は何か，どのような役割を期待できるかなどは重要かつ興味深い論点である。これらを解明することは会計理論，会計制度，会計実務に大きな示唆を与えると考えられる。したがって，まず，本章では，保守主義の基本概念を整理し，その基本的なリスク対応機能を明らかにしたい。

### 第1節　保守主義の過去と現在：会計はより保守的になったか

　会計原則は，その生成段階では原則として認識されなくても，歴史の中に深く根ざしつつ継承されてきた。保守主義は600年以上にわたって会計の実務に影響を与えてきた最も重要な会計原則の1つである。1406年，フィレンツェ商人 Francesco di Marco Datini が棚卸資産の評価に低価法を適用したことが，保守主義会計の最初のケースと見られる（Littleton 1941）。1900年まで，企業規模の拡大とともに，裁判例の増加，経済危機の発生などによって，保守主義

はすでにゴーイング・コンサーンや会計期間の前提，歴史的原価主義会計などとともに欧米の会計慣行として確立されてきた（Waymire 2008）。これらの会計慣行は，他の近代的な会計原則の源泉となるものである。現在でも研究者や実務家，基準設定機関が大きな関心を寄せた重要なトピックである。

特に，2010年に国際会計基準審議会（International Accounting Standards Board，以下はIASB）は概念フレームワークの改訂において，情報の有用性の定性的特質の1つである「慎重性」を「中立性」に取り換えることによって，会計基準の保守主義志向が後退しているのではないかと言われてきた。概念フレームワークは会計基準の設定において基礎となるものであり，今後の会計基準の設定にも大きな影響を与えると考えられ，このような保守主義に関する改訂は，大きな論争を引き起こした。この概念フレームワークの改定は具体的に会計基準にどのような影響を持つか，また会計基準における保守主義会計の変化は実務にどのような影響を与えるか，それによる経済的効果は何かは，重要な会計課題となっている。従来，リスクと不確実性の対応として確立された会計慣行としての保守主義会計は，現代のリスク経済社会においてどのような意義を持つか，特に国際会計基準が広く世界諸国で適用される現在，保守主義の位置付けやそのあり方を真剣に考察する必要があろう。

IASBが概念フレームワークの中での慎重性原則を排除した1つの理由は，アメリカ会計基準とのコンバージェンスのためである。つまり，アメリカの一般的に認められた会計原則（GAAP）には「慎重性」という概念は存在しないから，それに合わせて，国際会計基準のフレームワークも，保守主義あるいは慎重性が財務情報の必要な属性とはされないようになった。2005年に保守主義の役割は何であるかに関するFASBの見解では，次のように記されている。「財務情報が中立的でなければならず，意思決定や結果に影響を与えようとする意図によって歪められるべきではない。そのためには，保守主義や慎重性を会計情報に関する望ましい質的特性として概念フレームワークに含めるべきではない」（FASB, 2005b p.24）。アメリカを代表するアングロサクソンの会計理論でも，基本的に保守主義と慎重原則については，否定的である。

しかし，Waymire（2008）は保守主義会計の歴史的変化に関する実証研究をレビューし，以下のようなことを把握した。正式な会計基準の設定前（1921年から1941年の間）とその設定後（1954年以後1993年まで，特に1983年から1993年の間）ともに，アメリカの会計は保守主義の増加傾向を示していた（Holthausen and Watts 2001）。また，Watts（2003）も「保守主義に関する最近の実証研究は，会計実務が保守的であるのみならず，過去30年間の間にますます保守的になってきた。」と指摘する（p.208）。それでは，このような会計基準と実務の矛盾はなぜ存在しているのだろうか。この問題を解明するために，まず保守主義の概念を整理する必要がある。

## 第2節　会計上の保守主義
：「条件付の保守主義」対「無条件の保守主義」

　保守主義は社会の哲学の1つであり，基本的には，「人間の合理性には限界があり，人は過ちを犯し，完全ではない」という前提に立ち，慎重かつ謙虚な行動パターンを取るべきことを主張する。さらに保守主義者は，人間の知力と理性で考案された社会制度は不十分で欠陥があり，人間の知力よりも祖先の試行錯誤で積み重ねられた叡智や，自然的に成長した諸制度を尊重すべきと考え，過去・現在・未来の結びつきを重視する。したがって，保守主義は過去のみならず，未来志向の要素をも含み，未来に進むためには，歴史から学ばなければならないという思想を反映するものである。この意味で，保守主義の概念には自然に人間が将来のリスクと不確実性に対する考慮を反映している。

### （1）「伝統的保守主義」と「新保守主義」の概念

　保守主義という言葉がいつ頃会計に導入されたか，本書では追求しなかったが，保守的な会計処理は600年前からすでに行われ始めたと一般的に認識される（Waymire and Basu 2008）。保守主義会計に関する研究は，Basu（1997）の研究以前と以後には視点の転換があり，1997年以後劇的に変化したといわれる。

一般的に，Basu（1997）以前の保守主義概念は，「伝統的保守主義」と呼ばれ，この伝統的保守主義概念について，様々な論述がある。たとえば，保守主義は「損失を予想しなければならないが，利益を予想してはならない（anticipate no profit, but anticipate all losses）」と定義される（Bliss 1924）。また，保守主義は会計数値の評価に焦点を置き，資産と収益を最低値で計上し，負債と費用を最高値で計上するのが好ましいことを示唆している（Belkaoui 1985）。保守主義は，複数の選択肢があるときに，株主資本に最も不利な影響を報告すべきことを指す（Smith and Skousen 1987）。また，保守主義の会計処理によって，本来，認識すべき経済価値（たとえば無形資産）等が会計システム上で計上されず，実体よりも控え目にオフバランス処理されるかもしれない。この計上されていない企業価値は，経済的のれん（economic goodwill）と呼ばれる（Feltham and Ohlson 1995）。

いずれの定義でも，保守主義は純資産／株主資本の過大評価がないような会計処理を推奨し，純資産／株主資本の経済価値に対して会計価値の一種の下方バイアスを示している。Garcia et al.（2004）は，「伝統的保守主義は株主資本の簿価や収益を控え目に計上することを意味するが，株主資本に対して一貫的に影響を与える……利益に対するこの影響は一時的しかない」（p.3）ので，「貸借対照表保守主義」と呼ぶ（García Lara and Mora 2004）[(2)]。

それに対して，Basu（1997）では損益計上の非対称的適時性（asymmetric timeliness）に焦点を置き，利益，損失の評価時点の非対称性が保守主義の判定基準となった。この視点が極めて重要であり，保守主義に対する認識を深め，その定量化モデルの開発に飛躍的発展をもたらしたといえる。それは現在まで保守主義の実証研究に大きな影響を与えている。BallやRyanなどの研究者は，この損益の「非対称的適時性」を重視する保守主義を「条件付の保守主義」とし，それ以外の保守主義は「無条件の保守主義」と呼ぶ（Ball and Shivakumar 2005；Beaver and Ryan 2005；Ryan 2006など）。この条件付の保守主義は損益計上に焦点を置くので，「損益計算書保守主義」あるいは「新保守主義」とも呼ばれる。それに対して，無条件の保守主義は「貸借対照表保守主義」，あるい

は「伝統的保守主義」である。つまり，Basu (1997) の研究から，保守主義については，「伝統的保守主義」対「新保守主義」,「貸借対照表保守主義」対「損益計算書保守主義」,「条件付の保守主義」対「無条件の保守主義」という対峙する概念が出てきた。

　ここで留意すべき点が2つがある。第1に，貸借対照表と損益計算書が連動しているので，2つの財務諸表によって，保守主義を区別することが厳密ではないことである。この分類は単に保守主義の焦点がどこにあるかを示すものと考えればよい。第2に，伝統的保守主義と新保守主義の分類も厳密でない。伝統的保守主義の概念の中でも具体的に何が伝統的か，何が新しい保守的会計処理かの判断基準が明白ではないからである。最も明快で，わかりやすい分類は，「条件付」と「無条件」の分類である。以下では，非対称的適時性とは何か，条件付の保守主義と無条件の保守主義とは何を意味しているかを具体的に説明しよう。

(2)「条件付の保守主義」対「無条件の保守主義」

　Busa (1997) は，「バッド・ニュース（経済的損失）を認識する場合よりも，グッド・ニュース（経済的利益）を認識する場合に，より高い程度の検証を要求するという会計専門家の傾向を捉えるもの」として保守主義を定義した。ここでの「ニュース」とは企業の価値や収益に関する新しい情報，つまり，企業価値に対する予想外のショックである。言い換えれば，企業に有利な影響を与える情報よりも，不利な影響を与える情報をより早く会計利益に織り込むことが保守的な会計処理と思われる。つまり，未実現損失は未実現利益よりも早く認識される。これが損益の「非対称的適時性」である。

　条件付の保守主義は，無条件の保守主義より厳格な概念であり，損失の兆候が見えてきた時点で予め会計処理を行うのを要請するので，ニュースに依存する保守主義もしくは事後的な保守主義とも呼ばれる。定期的な過大費用の計上や，早期的費用計上および収益の繰延計上などは，条件付の保守主義とはされない。条件付保守主義の代表的な会計処理としては，棚卸資産評価の低価法，

固定資産の減損,または無形資産の公正価値の増加を計上しない処理方法などがあげられる。

それに対して,無条件の保守主義は,純資産価値の変化に関する現在の情報に関係なく,一貫した会計方法によって,収益を控え目に計上するとともに,株主資本／純資産の簿価を市場価値より低い値で計上する会計原則を指し,ニュースに関係ない保守主義,もしくは事前的な保守主義と呼ばれる。その代表的会計処理は,無形資産の即時費用化や加速減価償却である。これらの保守主義の結果は,貸借対照表と損益計算書の両方に反映されるが,損益計算に対しては複数の会計期間にわたって一貫的に影響を与えるので,発見されにくい。したがって,実証研究では,貸借対照表での純資産の過小評価によって,無条件の保守主義を確認する。

しかし,なぜ保守主義について,2分法が重要であろうか,また,条件付の保守主義と無条件の保守主義の区分の会計上の意義は何か,次節で詳細に検討したい。

## (3) 条件付と無条件の保守主義の区分の必要性

条件付の保守主義と無条件の保守主義とを区別すべき理由として,次の5つがある。

まず,第1に,この2つのタイプの保守主義は,異なる方法で財務諸表に影響を与える。損益計算書については,無条件保守主義は,期間ごとの損益計算書に比較的に一貫した影響を与える可能性が高い(たとえば,研究開発費の費用計上)。したがって,無条件保守主義は「一貫性をもった保守主義」ともいわれる。逆に,条件付保守主義は,期間にわたって,情報の内容とタイミングの変動によって損益計算書に一時的に影響するにすぎない。なぜならば,発生主義の会計原則によって,現在計上できない利益(損失)は将来計上できるので,長期的にみれば,会計利益は経済的利益に等しいからである。そのため,条件付の保守主義は,一時的保守主義とも呼ばれる。貸借対照表については,いずれの保守主義も純資産を控え目に評価する。しかし,損益計算書への計上時点

が異なるので，純資産価値の切り下げは異なる時期で行われる。

　第2に，2つの保守主義は完全な独立関係にあるとは言えず，互いに相反する関係が存在する。すなわち，無条件保守主義を採用することによって，条件付の保守主義が無効になることがある (Beaver and Ryan 2005)。たとえば，もし資産が保守的に償却（加速償却）されるとすれば，資産価値の減損の兆候が明白になった時に（バッド・ニュース），資産価値はすでに切り下げられているので，会計処理を行う必要がなくなるかもしれない。また，無形資産については，たとえば研究開発費は即時に費用化されるため，条件付の保守主義の適用対象になる無形資産はそもそも存在しない。類似の例として，自社創設ののれんの会計処理がある。この場合，自社創設ののれんは資産として計上されないので，その価値の減損処理を行う必要はない。このように，無条件の保守主義は会計スラック（Accounting slack, たとえば未計上ののれん）を作ることによって，条件付の保守主義を排除した。

　ここで留意すべきことは，2つの保守主義の相反関係の存在は短期間におけるものである。その理由は，無条件の保守主義が複数の会計期間にわたって，純資産を簿価より低めに計上するのに対して，条件付の保守主義は1つの会計期間のみにおいて利益を控え目に計上する効果がある。したがって，1つのタイプの保守主義の存在と会計情報に対する影響は，もう1つの保守主義の存在あるいは影響に影響される (Roychowdhury and Watts 2007)。

　第3に，なぜ保守主義が存在するか，その存在の合理性については，研究者はいくつかの解釈を提示した。たとえば，訴訟リスク，契約[3]の効率性，シグナル理論，税法，会計制度，リスク・マネジメント機能などがあげられる。様々なシナリオにおいて，2つの保守主義の役割が異なる可能性があれば，相反する機能を持つ可能性もある。また，違うルートでそれぞれの機能が発揮される可能性もある。保守主義の経済的機能（あるいは保守主義による経済的結果）を全面的に理解するためには，その区別が必要である。

　たとえば，条件付の保守主義のみが契約の効率性を高めるのに役立つ，と主張する研究者もいる。なぜならば，無条件の保守主義は一貫性ある会計方法に

よって，定期的に純資産の価値を切り下げるので，新しい情報を提供しない。契約を結ぶ合理的経済主体は，この評価の下方バイアスを見極めることが可能である。すなわち，債権者と債務者は，資産が無条件的に低く評価されていることを認識すれば，それに照らして適切に財務制限条件を設定することができるであろう。無条件の保守主義はせいぜい中立の契約しか設定できない（Ball 2004；Ball and Shivakumar 2005）。

しかし，シグナル理論に基づいた研究は，無条件の保守主義でも契約にあたって一定の役割を果たしていると主張する。ただし，この場合には，保守主義は目的適合性がある情報を提供することにより，シグナルとして債権者の意思決定に影響を与える。2つの保守主義は異なるルートで契約の効率を高めることに役立つと考えられる。

第4に，概念フレームワークを含む会計制度の中では，この2つのタイプの保守主義は区別されたことがない。たとえば，アメリカ会計原則審議会意見書第4号(APB 4, 1970)は，保守主義について次のように述べている。「歴史的に，経営者，投資者および会計士は，可能であれば純資本や純資産を過小評価するというエラーの方が好ましい。これが保守主義慣行の源泉となる」(para. 171)。アメリカ財務会計基準審議会（FASB）は，財務会計概念書第2号（SFAC 2 1980）において，保守主義を「ビジネスに内在する不確実性とリスクを十分に考慮されることを確保するために，不確実性に対する慎重的反応である。」とされる。このリスクに対する慎重的反応は，将来のキャッシュフローに対して2つの可能な見積りがある場合には，より低い見積りを選択することを意味している（SFAC 2）。しかし，FASBは財務報告の保守主義は，もはや純資産及び利益を意図的かつ一貫的に控え目に計上することを暗示するべきではないことも指摘した。国際会計基準審議会（IASB, 2010）は，保守主義という言葉を慎重性に置き替え，FASBと同じ意見を表明した（p.37）。

また，日本の企業会計原則においては，保守主義原則について，次のように説明した。「企業会計は，予測される将来の危険に備えて慎重な判断に基づく会計処理を行わなければならないが，過度に保守的な会計処理を行うことによ

り，企業の財政状態及び経営成績の真実な報告をゆがめてはならない」（企業会計原則（注）4）。「損失は予想すれども，利益は予想すべからず」という思想は，この原則に立脚している。

上記のいずれのステートメントでも2つの保守主義は区別されず，特に条件付の保守主義については，論及されなかった。アメリカの概念フレームワークには慎重性原則がないが，Basu（1997）以後の実証研究によって，過去30年間におけるアメリカの会計実務に保守主義が増加した傾向が見られる。この矛盾は，この2つの保守主義を区分しなかったことに原因がある。アメリカの会計実務に見られる保守主義の増加は，「条件付保守主義」という限定された意味で使われている保守主義である。したがって，2つの保守主義の相反関係や異なる経済的機能，および機能を発揮するための異なるルートを考慮すれば，会計制度を検討する際に，この保守主義の2分法による分析が不可欠となる。

第5に，2つの保守主義それぞれが異なる経済的・文化的背景から生まれてきたので，各国の経済的社会的文化環境によって，保守主義の特徴も異なり（たとえば，保守主義の水準が異なる点，または2つの保守主義の程度が相違するなど），それぞれが異なる役割を果たしている。

たとえば，ドイツの貸借対照表は保守的であることは，債権者保護が主な要因となっている（Ball, Sadka et al. 2011）。ドイツの会計基準には，「……保守主義原則はアメリカあるいはイギリスのように，会計の副次的特性よりは，債権者保護という論理に基づく中心的会計原則として考えられる」（Haller 2003, p.92）。そのために，ドイツ企業は，歴史的には将来の営業費用を当期の収益から控除するような無条件の保守主義の会計を採用した。

それに対して，アメリカの会計理論では，無条件の保守主義を嫌う傾向が見られるものの，会計実務においては，条件付の保守主義が最近30年以来増加しているという実証結果がある。

一般的に，コモンロー諸国とコードロー（大陸法）諸国それぞれの金融市場の特徴（過去,現在の債権市場と株式市場のいずれが優位性を持つか），会計モデル，会社法などの差異によって，条件付の保守主義と無条件の保守主義の重みが異

なる可能性がある。しかし，国際会計基準が広く適用されることによって，各国の経済発展の歴史の流れに自然発生的に生まれた保守主義会計の特徴がなくなるであろうか。国際会計基準は保守主義会計にどのような影響を与えるであろうか。この問題は，国際会計の研究のみならず，国際会計基準の設定にとっても重要である。その影響を解明するために，2つの保守主義を区分する必要がある。

## 第3節　保守主義のリスク・マネジメント機能

　会計において，保守主義はいつもリスクと絡んで議論されるものである。保守主義原則の基本的役割は，リスクと不確実性のもとで取引を認識，測定，報告することを支援することにある。Hendriksen (1982) によれば，不確実性に対する制約は，伝統的会計の保守主義概念の基礎となるものである[4]。これは，次のように，従来の国際会計基準の慎重性原則（保守主義の同義用語）に対する定義からも窺えるところである。

>　「慎重性は，不確実性の下で見積もりに必要な判断を行使するときの注意の度合いを指す。この慎重性の判断によって，資産または収益は誇張されず，債務または費用は過小計上されない。」(IASB 1989, p.39)。

　しかし，アメリカ会計理論は，従来から保守主義や慎重性に対して否定的見解を持ち，保守主義会計は，資産の評価や収益の計上における不確実性に対処する会計方法としては貧弱であり，最悪の場合には，会計データの完全な歪みを生むとみられたきた[5] (Hendriksen 1982)。また，アメリカ会計基準には保守主義と慎重性の原則は設けられていない。その要因として，会計理論上，保守主義のリスクと不確実性対処の役割を十分に認めていないことにあるのではないだろうか。

　国際会計基準の概念フレームワークの改定を巡る様々な議論の中で，IASBの議長 Hans Hoogervorst は，2012年に慎重性原則を削除した理由について，アメリカ GAAP とコンバージェンス，および財務報告の中立性が重要である

点を指摘した（p.3）。しかし，そこでは保守主義と慎重性原則のリスク対処における役割については，何の具体的議論も行われていない。歴史的にリスクと不確実性を備えるための保守主義会計が会計基準の概念フレームワークから排除されることは，会計基準が保守主義のリスク対応機能を軽視するか，あるいはリスク対応がそもそも会計の基本的機能として考えられていないか，あるいは，保守主義のコスト・ベネフィットを考えた上で，リスク対応のベネフィットがその他の不利な影響より小さいことによるのであろうか。Kothari et al.（2010）が主張するように，会計基準による広い経済的結果が最も重要な問題となり，株式の評価における役割はその次に重要な課題である。保守主義のリスク・マネジメントの機能はまさに経済的効果にかかわる重要な最優先されるべき問題であり，保守主義会計は具体的にどのようにリスクに対応するかという問題を解明しない限り，慎重性原則の削減に関する支持ないし反対の議論は不完全なものとなる。

　このような問題意識のもとで，近年の会計研究は，保守主義のリスク・マネジメント機能について様々な側面から検証されてきた。たとえば，保守主義はキャッシュフローを改善することによって，企業の信用リスク，倒産リスクを軽減したり，経済的ショックを弱めることによって，金融危機や経済衰退にあたって企業を存続させたりすることができる。また，情報の不確実性と非対称性を削減することによって，判断の不確実性を減少し，投資や契約の効率を向上させることなど様々なリスク軽減機能を有する。本節では，営業キャッシュフロー・リスク，倒産リスク，金融危機と株式市場の下落など具体的シナリオにおける保守主義の役割を説明したい。

## （1）営業キャッシュフロー・リスクと保守主義

　営業キャッシュフローは企業が日々の営業活動から得たキャッシュの量であり，つまり，企業本来の目的である営業活動（商品や役務の提供による収益，仕入れや原材料による支出など）によって，どの程度の資金を獲得できるかを示すものである。これは企業のキャッシュ創出能力を表すものであるので，良い会

社になる1つの条件として、正の営業キャッシュフローが重視される。したがって、これはキャッシュフロー計算書の中で最も関心の集まる情報であり、企業の利害関係者、たとえば債権者や投資者にとって、最も重要な数値である。すなわち、営業活動によるキャッシュフローや営業キャッシュフローの下方リスクは、債権者の企業に対する資金の貸出や、清算決定の主要な決定要因である。また、企業価値は、将来のキャッシュフローによって計算されるので、営業キャッシュフローは企業価値に影響するものとして、その下方リスク[6]は、投資者にとっても重要な意思決定要因となる。

保守主義会計は、企業の利害関係者にリスク情報を即時に提供することによって、キャッシュフローのリスクのさらなる拡大を防ぐことができる。また、成長企業については、バッド・ニュースやリスクの迅速的報告は、成長機会の営業キャッシュフローを創出する能力が予想以上に低いことを企業とその利害関係者に警告し、キャッシュフローに対してより慎重な取り扱いを注意を喚起する。さらに、営業キャッシュフローのリスクの増加につれて、保守主義の会計は、リスクを予防するキャッシュの保有を増加させようとする。経済が悪い時に、十分なキャッシュを持つ企業は正常の生産活動を維持することができ、経済が良い時に、さらなる成長の機会を掴むことができる。そうすることによって、将来の営業キャッシュフローの下方リスクを軽減する。そのゆえ、保守主義の営業キャッシュフローのリスク・マネジメント機能は企業経営者のみならず、債権者、投資者、サプライヤー、監査人、会計基準設定機関にとっても関心が高い課題となる。

では、保守主義は本当に上述の営業キャッシュフローの下方リスクを軽減することができるであろうか、具体的にどのようにしてこの目的を達成するか。これらの問題について、Biddle (2011) の研究は、次のような答えを用意した。まず、保守主義は、直接的にキャッシュフローの下方リスクをモニターすることができる。また、保守主義は主に3つのチャンネルを通じて、キャッシュフローの下方リスクを間接的に改善することができる (Biddle, Ma et al. 2011)。

① 直接的な営業キャッシュフローのリスク・マネジメント機能

　保守主義会計は，投資者に収益と資産に関する不利な情報を提供することによって，業績不振の原因を顕在化させる。投資者がこの情報に基づいて，企業の経営や投資活動をモニターできるのみならず，経営者自身も昇進や高い報酬を得るために，より厳格な与信方針の設定，現金回収の加速化，棚卸資産の管理の強化などの手法によって，営業キャッシュフローをより積極的に管理することになる。また，直接にキャッシュの流入を増加させたり，キャッシュの流出と無駄を削減することも下方リスクを減少させる方法である。たとえば，保守主義会計の採用によって，企業が取引先とより有利な与信条件の契約を締結したり，現金を加速的に回収し，買掛金の繰り延べ支払いをすることができる。これは営業キャッシュフローの増加を導く。それに対して，純資産と純利益の控え目な計上は報酬，利息，税金，および配当金の支払いを抑え，キャッシュの流出を下げる。さらに，保守主義の会計を採用するのは，経営者が過剰投資や最適ではない投資を事前に避け，損失をもたらすプロジェクトを早期に放棄する可能性を増加させる。これらのすべては営業キャッシュフローの下方リスクを抑え，上方可能性を拡大する役割を果たしている。

② 間接的営業キャッシュフローのリスク・マネジメント機能

　まず，保守主義会計は，キャッシュの保有チャネルを通じて下方リスクを削減する。保守主義会計は，企業に予防のためのキャッシュの節約を動機付けたり，株式市場と債権市場での融資を容易にしたり，また逆選択問題を軽減することを通じて資本コストを低下させ，もっと現金の保有を強化する。特に成長企業においては，保守主義会計は，営業キャッシュフローの下方リスクを即時に伝達することによって，成長機会とキャッシュフローとの相関関係を低下させる。その結果，企業は現金の節約が求められるようになる。十分な現金を保有することによって，企業運営をより良くサポートしたり，あるいは投資機会を追求することを可能にし，将来のキャッシュフローの下方リスクの削減が可能になる。

また，顧客の交渉力（customer bargaining power）が営業キャッシュフローの下方リスクを増大する効果がある (p.8)。保守主義会計は，この増強効果を削減することができる。顧客の交渉力は販売契約にあたって，自社に有利な結果をもたらすために，サプライヤーに譲歩させるという影響力を指す。交渉力が強い顧客企業は，有利な取引条件を通じて，相対的に弱いサプライヤーから利益を引き出すことができる。あるいは，より良い条件を提供する新たなサプライヤーへ移転することによって，サプライヤー企業の経営とキャッシュフローにネガティブな影響を与える。一方，顧客はサプライヤーのキャッシュの下方リスクに関心を持っている。その理由は，サプライヤーの突然の倒産などによって，新たなサプライヤーに転換するために，追加的投資，たとえば新しい信頼関係を築くための投資が必要となる。したがって，顧客は，保守的財務情報を報告するサプライヤー企業が好ましい。保守的会計処理は，バッド・ニュースや下方リスクを早めに認識し，サプライヤー企業の倒産リスク，またサプライチェーンに沿った倒産の波及効果を低減することができる。これは顧客企業がサプライヤー企業の長期的存続に自信を持たせ，双方の長期的信頼関係の構築を促進するからである。この結果，顧客企業のサプライヤー転換コストと，サプライヤー企業の顧客の流出による将来キャッシュフローのリスクを削減できる。

さらに，ヘッジもよく利用される主要なリスク管理手法の1つである。Biddle et al. (2011a) によれば，保守主義は条件付の保守主義であるか，無条件の保守主義であるかによって，ヘッジと補完関係になるか，または代替的関係になる。両方とも営業キャッシュフローの下方リスクに間接的影響を及ぼす可能性がある(p.8)。条件付の保守主義と無条件の保守主義はリスク削減のルートが異なる。

条件付の保守主義は，バッド・ニュースの出現に依存し，リスクと損失情報をタイムリーに提供することは社外独立取締役，株主，債権者，監査人，リスク軽減活動の規制当局などの外部利害関係者による事後監視を容易にする。リスクと損失情報は，また経営者がリスクを軽減するために，ヘッジ手段を採用

することへのインセンティブとなる。したがって，条件付の保守主義は，ヘッジ手段の採用を排除する可能性が相対的に小さい（Ryan 2006）。この意味で条件付の保守主義が，ヘッジと補完関係となる。

それに対して，無条件の保守主義は，ニュースに依存せず，リスクを備えるためにより一貫性のある会計処理を要求する「事前的」保守主義であるため，リスクをヘッジする機会を先取りし，ヘッジを無効にすることとなる。保守主義は，直接に営業キャッシュフローを軽減したり，現金の保有を強化することによって間接的にリスクを削減したり，また，その他のヘッジの機会を先取りすることによって，ヘッジを代替することができれば，経営者と利害関係者は，ヘッジよりは戦略的に保守主義を活用することを好む（Koonce et al. 2005）。

上述の保守主義の営業キャッシュフローのリスク・マネジメント機能は，実証研究の結果によってすでに証明された。2つのタイプの保守主義，つまり条件付の保守主義と無条件の保守主義は，ともに直接に下方リスクを軽減する役割がある。また，2つの保守主義は，キャッシュ保有の強化や上方振れの可能性の増加，および顧客交渉力効果の削減などによって，間接的に下方リスクを減少させる。ただし，条件付の保守主義と無条件の保守主義は，ヘッジ手段との関係が異なり，異なるルートで間接的にリスク・マネジメントの役割を果たしている。保守主義のキャッシュフロー・リスクのマネジメント機能は，企業の倒産リスクや訴訟リスク，信用リスクの削減にも役立つ。

(2) 倒産リスクと保守主義会計

倒産とは，企業が経済的に破綻して，弁済期にある債務の債権者に対して債務を一般的・継続的に弁済することができない状態にあることをいう。基本的に何らかの原因（経営の破綻や，事業活動と関係ない投機の失敗など）によるキャッシュの不足を意味している。つまり，入手可能な現金が債務返済に必要な金額より少ない時は倒産に陥る。したがって，現金の保有量と倒産リスクとは相反関係にある。保守主義は，上記のキャッシュの強化機能と情報の不確実性の削減機能によって，企業の倒産リスクを軽減する役割を果たすことができる

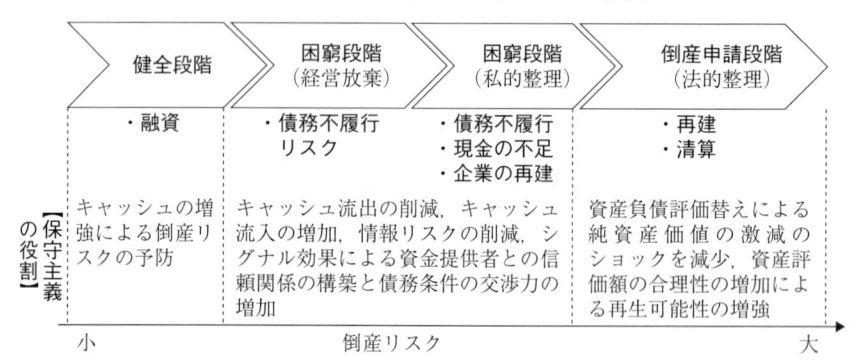

図表5-1 倒産の時間軸と保守主義の役割

| | 健全段階 | 困窮段階（経営放棄） | 困窮段階（私的整理） | 倒産申請段階（法的整理） |
|---|---|---|---|---|
| | ・融資 | ・債務不履行リスク | ・債務不履行<br>・現金の不足<br>・企業の再建 | ・再建<br>・清算 |
| 【保守主義の役割】 | キャッシュの増強による倒産リスクの予防 | キャッシュ流出の削減，キャッシュ流入の増加，情報リスクの削減，シグナル効果による資金提供者との信頼関係の構築と債務条件の交渉力の増加 | | 資産負債評価替えによる純資産価値の激減のショックを減少，資産評価額の合理性の増加による再生可能性の増強 |

小　　　　　　　　　　倒産リスク　　　　　　　　　　大

（注　日本の倒産手続きに基づいて作成した。）

(Biddle et al. 2011b)。企業は健全な経営状況から倒産まで一般的に3つの段階がある。つまり，①経営健全の段階，②経営破綻（困窮）段階，および③倒産申請段階である。保守主義会計は，企業がこれらのすべての段階において，倒産リスクを回避するために重要な役割を果たしている。**図表5-1**は倒産の時価軸と保守主義の役割を示すものである。

① 企業経営の健全段階

企業経営が健全な状態にあるときに，保守主義は上記（1）で述べたチャンネルを通じて，直接的，あるいは間接的にキャッシュの下方リスクの軽減や上方の可能性の増強によって，将来の倒産リスクを予防する役割を果たす。

② 経営破綻（困窮）段階

企業経営が困窮状態にある段階は，2つに分けられる。経営が立ちいかなくなり，債務の履行はまだ可能であるが，赤字となって，将来，債務不履行の可能性が高くなる。この段階を「経営放棄」という。経営状態がさらに悪化し，債務を返済する現金が足りなくなり，実際に債務の弁済が不可能な時に，ステー

クホルダーの合意が得られるのであれば，一部の債権が免除[7]され，企業の再建が求められる。この段階は「私的整理」の段階である。たとえば，三菱自動車やカネボウの再生は，「私的整理」によるものである。

まず，「経営放棄」の段階では，債務不履行リスクが高い。企業にとっては，事業活動に必要な資金繰りが困難となる。特に，企業の純資産の価値が融資金額より低い場合には，資金の提供者は純資産価値の増加より，その毀損に関する情報に特に関心があり，下方リスク情報より，上方リスク情報に対して高い検証可能性を求める。この非対称的要求は純資産の毀損可能性がすべて開示され，純資産の増加が確実に実現されることを確保することを求めるものであり，保守主義の会計がまさにその役割を果たすものである。また，企業の経営者は外部関係者よりリスクに関する情報を持っているので，保守主義会計は企業と投資者や与信者の間での情報の非対称性と不確実性を解消する[8]ことによって，投資者の逆選択コストとリスクを削減し，株式と債券の資本コストを低減する。この場合の保守的会計情報は質の高い情報とみられ，企業と投資者，債権者，その他の資金提供者との信頼関係を促進し，企業の経営改善に必要な資金の調達能力を高める。

また，私的整理の段階では，債務も実際的に返済不可能となる。経営再建のために，『私的整理に関するガイドライン』[9]において，次のような4つの適用要件が規定されている。

(ア) 3年以内に実質債務超過の解消が見込めること；
(イ) 3年以内に経常利益の黒字化が見込めること；
(ウ) 債権放棄を受けるときは，支配株主の権利を消滅させ，減増資により既存株主の地位を減少または消滅させること；
(エ) 債権放棄を受けるときは，債権放棄を受ける企業の経営者は退任すること。

この適用要件(ア)の中で提示されている「債務超過」とは，企業が持っている資産の金額より負債の金額の方が高いことを意味している。もちろん，このガイドラインに従わない任意整理もある。しかし，債務超過の解消や経常利益の黒字化の見込みは，一般的に債権者や投資者に期待されるものと考えられる。

保守主義会計を採用している企業は純資産を控え目に計上しているので、他の条件が同じであれば、保守的会計処理を採用していない企業より、債務超過の解消の可能性が高く見える。また、保守主義会計は経営者と債務者の間のリスク情報の非対称性を和らげ、情報の非対称性が低い場合が高い場合より、利害関係者は企業の財政状態に対する信頼が高く、企業の債務条件や再生に関するバーゲン力も強い（Carapeto 2005）。この信頼関係に基づいて、より柔軟な再建計画や弁済計画を立案することが可能であり、費用の面でも低減することができる。さらに、この場合は、保守主義の意義は、リスク情報の提供により実際に情報リスクを低減するのみならず、財務報告がオペレーショナル・リスクを債権者などに提供している1つのシグナルとしても働く（Wang, Hogartaigh et al. 2009）。これは企業の倒産申請リスクを低減させると考えられる。

③ 倒産申請段階

　倒産申立て段階になると、清算型と再建型の2つの種類がある。清算型とは、すべての資産を換金処分して債権者に分配し、事業を廃止するものである。一方、再建型は事業資産を残しながら事業を継続し、得られた収益をもとに債務の弁済を行い、事業再建を目指すものである。再建型の場合、再建に向け事業の「余力」が残っている必要があり、民事再生を申請したが再建可能性がないと判断されて破産手続きに移行するケースもある。清算と解散では継続企業の前提[10]が成立しなくなり、倒産リスクが100％になることを意味するので、ここでは議論せず、再建型おける保守主義の役割についてのみ議論したい。

　再建型の場合、企業が倒産の申立てから、企業の倒産リスクが100％になる前に、つまり企業が清算され、解散する前に、資産価値の劣化が著しい状況に陥っているものと考えられる。たとえば更生企業がすべての資産および負債の評価替えを行い、資産価値がいきなり100から30に落ちる可能性がある。すでに保守主義会計を採用する企業は、保守的会計処理（たとえば、減損処理）の結果、事前にこの突然の純資産の価値毀損のショックを減少させ、再建から破産手続きへのリスクを軽減する役割があると考えられる。

また，倒産リスクが高まっている企業の財務状態について，債権者にとっては今後どの程度の返済が見込めるのか，株主にとっては今後株価や株主権（議決権や残余財産分配請求権）がどの程度影響されるのかといった点が最も重要な関心事となる。実務上，会社財産などは実質的に債権者が所有しており，意思決定の主体は債権者と認められる場合が多いと考えられる[11]。この場合には，資産の評価額の合理性の担保が不可欠になる。この場合に，保守主義原則に基づく評価が一般的である。

　以上のように，保守主義会計はキャッシュフローの下方リスク削減やキャッシュ保有の増強，またはリスク情報の非対称性と情報の不確実性の解消によって，企業の倒産リスクを減少できる。保守主義の倒産リスク削減の役割は，Biddle（2011）によって実証的に検証された。

　Biddle et al.（2011）はさらに，倒産リスクと保守主義会計の適用に関しても研究を行っている。彼らの研究結果によると，倒産リスクは条件付の保守主義とでは，無条件の保守主義に対する影響が異なる。その原因は監査人，規制機関および経営者がそれぞれ対立する利益を持つことにある。たとえば，倒産リスクが増加した時に，監査人と規制機関は，保守主義，特に条件付の保守主義より無条件の保守主義の方が望ましい。無条件の保守主義はバッド・ニュースに依存せず，日常の監査によって判定されやすいからである。また，無条件の保守主義の採用によって条件付の保守主義を排除するので，規制機関や監査人はバッド・ニュースによるショックに対して責任を負いたくないから，無条件の保守主義の採用を望む。

　それに対して，経営者は，一般的に自らの報酬や昇進，またその他機会的行動を追求するために，保守主義を好まない。特に経営が困窮に陥った企業の経営者は収益を過大評価し，バッド・ニュースを差し控えるインセンティブが強い。条件付の保守主義は，彼らに機会的裁量行動の余地を与える。しかし，倒産のリスクが大きい時に，監査人と規制機関の無条件の保守主義に対する関心が高まり，無条件の保守主義を採用しない場合には，経営者はより高い抑制コスト（discipline）を払わなければならない。これは経営者が条件付の反保守主

義（counter-conservatism）の採用を促進するからである（Qiang 2007）。したがって，倒産リスクの増加は，その後の無条件の保守主義会計の適用を助長し，条件付の保守主義の適用を抑える。

## （3）金融危機と保守主義

前章で論述したように，経済危機の原因は極めて複雑であるので，会計の視点から経済システムの失敗（市場の下落，バブルの崩壊）を分析することは可能であろう。会計と金融危機や株式市場の崩壊などとの相関関係については，会計データが市場の暴落に関する情報を持つという仮説に関して矛盾する研究結果がある。しかし，より良い会計方針を採用している企業は，危機により良く対応できるという証拠が確かにある。保守主義会計は，そのより良い会計方針の1つと考えられる（Barton and Waymire 2004）。

保守主義は，企業やその利害関係者がリスクに対応する歴史の中，過去の何回も繰り返された経済システムの崩壊や企業の倒産などの教訓から確立された会計の慣行である。たとえば，Waymire（2007）は，GEの例をあげて保守主義会計の役割を説明した。1907年，GEは無形資産（特許権）の価値を前年度の100万ドルから1ドルの名目価値に切り下げた。また，当期の特許権コストをすべて費用として計上した。1907年より後も貸借対照表に特許権の名目価値を維持しながら，そのコストを費用化する保守的会計処理を続けた。

実際に，この保守主義会計は1907年より前からすでに採用されてきた。その理由は，20世紀初期のアメリカにおいて，証券市場での資金調達は主な外部資金の源泉であり，配当政策は外部の資金繰りに最も重要なドライバーであった。株式市場から資金調達するために，GEは長年にわたって，継続して高い配当金を分配してきた。しかし，GEは高収益企業であるが，景気とビジネス循環に影響されやすい企業でもあった。収益の変動は景気の循環によって変動が激しい。高い配当の維持は決して容易ではない。GEも財政的に行き詰まったことがあり，ほぼ1893年の不況を乗り越えることはできなかった。その後まもなく，GEは特許だけでなく，有価証券投資および固定資産の大規模な評価損を

計上した保守的な会計方針を開始した。不況後の保守主義会計の適用によって，景気の良い年に過剰な配当を抑え，少なくとも25年連続で高い現金配当の維持を図ることができた。

逆に，金融危機や株式市場の下落において，保守主義会計はどのような役割を果たし，どんな意義を持つであろうか。Watts（2011）は，金融危機において，保守主義会計はいかに企業価値を強化するか，また Kim（2012）は，保守主義が株価の暴落を抑えるかについて研究した。彼らの研究結果をまとめると，保守主義会計は，金融危機に対して主に次のような３つの役割を果たしていることが明らかであろう。

第１に，金融危機は，企業価値と企業の存続に影響する外部のショックである。グローバル金融危機は，世界各国銀行システムにおける流動性の欠如に特徴づけられている。銀行貸出の急激な不足が企業部門に悪影響を及ぼし，深刻な過少投資が発生しやすくなる。その場合には，企業の資金調達能力が極めて重要である。会計上の保守主義はまず，与信者によりリスク情報の提供や質の高い情報というシグナルを示すことなどによって，企業と与信者の信頼関係を促し，また，その信頼関係の構築によって，資金の貸付の条件の改善，たとえば，貸付費用（たとえば，利息費用）を低減することを通じて，企業の借入能力（borrowing capacity）[12]を高めることができる。また，会計上の保守主義は，資金の内部および外部費用の間に楔を締め付けることによって，企業の財政的制約を軽減し，さらに「限界」投資プロジェクトを実施することを可能にする[13]。

第２に，会計上の保守主義は，経営者の機会主義の活動を抑えることによって企業の価値を増強する。すなわち，保守主義は，損失より収益の認識にあたって，検証可能性に対して高い要求をなす。企業経営者が現在の悪い業績は高い将来の業績によって誤導されることを期待して，戦略的にバッド・ニュースを差し控え，良いニュースのみを加速的に提供することを通じて業績を誇張するインセンティブを持っている。この非対称的会計処理は，経営者が業績を誇張したり，過剰投資をしたりする能力を制約することができる。これは企業価値を促進することができる。

第3に，保守主義はガバナンス・メカニズムとして，将来の株価の暴落を予防する重要な役割を果たすとともに，株価暴落を予測する能力も持つ。保守主義の非対称的会計処理は，経営者がバッド・ニュースやリスクを投資者から隠すインセンティブや能力を制約する。しかし，長期間にわたって，バッド・ニュースを差し控えれば，ネガティブな情報が企業内に蓄積される可能性がある。これに係わるリスクが，無制限に吸収されることはない。すべては将来の経営において吸収されず，蓄積の限界に達すると，バッド・ニュースを隠すことを継続するにはコストがかかりすぎるか，または不可能になる。バッド・ニュースのすべてを一度に開放するならば，純資産の価値が著しく下落し，企業の株価の暴落が起こる。それゆえ，財務報告における保守主義は，確実に株価の暴落リスクを予測することができるのである。

　Kim（2012）は，1964年から2007年の40年の間に，アメリカ企業を対象にこのような保守主義の持つ役割を検証した結果，保守主義会計が株価の暴落の可能性を減少させることが判明した。しかも，情報の非対称性が高い企業ほど，たとえば研究開発に盛んに投資している企業，市場の集中度が低い企業など，保守主義による株価の暴落に対する予測力が強い。

　なぜならば，経営者が情報を戦略的に開示するかどうか，つまり，バッド・ニュースを開示するか否かはコスト・ベネフィットの考慮に基づく。情報の非対称性が低い企業の場合は，経営者の戦略的開示のインセンティブがあまりないので，保守主義会計がそれほど大きな役割を果たさない。しかし，長期的研究開発については，企業の外部利害関係者と経営者の間に高い情報の非対称性が存在するので，リスク情報を開示するかどうか，いつ開示するかに関して，経営者の裁量行動の余地が大きい。この場合には，保守主義会計が重要な役割を果たすことが可能である。

　以上のように，景気循環によって，経営環境が大きく変化する中，保守主義会計は企業のリスク対応の体力を蓄積させ，金融危機や経済不況を乗り越え，継続的存続を可能にするのである。

## 第4節 小 括

　会計原則は，従来，企業会計の実務の中に慣習として発達したものの中から，一般に公正妥当と認められたところを要約したものである。保守主義原則は，長い歴史の中でリスクと不確実性に対処する経営者，会計士，監査人など企業の利害関係者の知恵の結晶といえる。アメリカの会計実務の歴史の中では，現在でも保守主義の増加傾向が目立つ。しかしながら，世界で主流となった2つの会計基準，すなわち，アメリカ会計基準と国際会計基準の概念フレームワークは保守主義原則を排除した。その是正を検討するために，本章では，まず，長い間混乱している保守主義会計の概念を整理した。

　Basu（1997）の研究を嚆矢とし，保守主義概念については，「伝統的保守主義」対「新保守主義」，「貸借対照表保守主義」対「損益計算書保守主義」，「条件付の保守主義」対「無条件の保守主義」という対峙する概念が抽出された。その中で最も厳密に区分できる概念は，条件付の保守主義と無条件の保守主義の分類である。

　条件付の保守主義はニュース（新しい情報）に依存し，損失より利益の計上に高い検証可能性を要求する。それに対して無条件の保守主義はニュースに依存せず，常にリスクに警戒して会計処理を行う会計の対応である。バッド・ニュースの兆候が見えなくても，会計上リスクと不確実性を備えるために一貫して慎重な処理を行う。その意味で，条件付の保守主義より無条件の保守主義が予想外のリスクに対応する能力が高い。また，この2つのタイプの保守主義は各国の異なる歴史的経済社会文化の中から発展してきたものであり，貸借対照表や損益計算書に対する影響が異なり，しかも，互いに相反する関係が存在し，さらにリスクに対処するメカニズムも異なる。したがって，この2分法は，保守主義に関する国際会計の理論研究，国際会計基準の設定に重要な意義を持つ。

　最後に，保守主義会計の営業キャッシュフローのリスク・マネジメント機能，

第2部 リスクへの対応と保守主義会計の再認識

倒産リスクの軽減機能，および金融危機における保守主義の役割を先行研究に基づいてまとめ，保守主義のリスク機能を明らかにした。

**注**
（1） 保守主義は2つのレベルで議論できる。1つは会計原則での保守主義であり，もう1つは会計選択中の保守主義である。本章では，保守主義会計の合理性，その意義，およびそのあり方を考察するので，議論する際に，公的選択（会計原則）の保守主義に留まらず，私的選択（会計選択）の保守主義についても論及する。
（2） また，Ohlson & Lent（2006）はRyanによる保守主義の整理を受けて，無条件保守主義を貸借対照表保守主義，条件付保守主義を損益計算表の保守主義とする。
（3） 契約とは，経営者が株主との間で結ぶ利益連動型報酬契約や債務契約のことをいう。
（4） 同人は保守主義に否定的意見を持つ代表的な一人でもある。彼によれば，(1)慎重な控え目の評価はしばしば貧弱な意思決定に結びやすく，過大評価と同じ結果になることが多い。(2)利益の過大評価は過小評価より，企業と株主にとって危険であるが，リスクが高いかどうか，主観的判断によるものであり，会計担当者がやるべき仕事ではない。(3)会計担当者が持っているリスク情報の量は投資家や与信者に開示できるのよりも多いが，これらの情報利用者がリスクを判断しやすいように適切な評価のためのデータを提供すべきである。
（5） その理由は本章の注1を参照されたい。
（6） 第2章ですでに論述したように，行動ファイナンスの研究によって，投資者はリスク回避的であり，ボラティリティや上方リスクより，下方リスクに注目している。したがって，利益とキャッシュフローの下方リスクの最小化と企業の継続的な存続が株主にとって優先的に考慮されるべきである。Biddle（2011）のレビューによって，株主は高い下方リスクの株に対してポジティブなプレミアを要求する（Ang et al. 2006）。不完全な市場では，利益の最大化より，企業の生き残ることを促すことが良い。したがって，投資者は利益の下方リスクを最小化することを通じて利益の最大化を追求する（Radner 1996）。また，リスクマネジメントの目的は営業キャッシュフローの下方リスクを軽減することである（Stulz 1996）。
（7） 企業再生のための手法は大きく分けて2つがある。1つは会社更生法，民事再生法等の適用による「法的整理」であり，もう1つは「私的整理」である。法的整理の手続きに従う場合には，企業の事業価値が著しく毀損され，再建に支障が生じる恐れがある。たとえば，信用やブランド力の低下，人材の流出など。一方，企業と利害関係者の協議

によって，債権者が一部を放棄して事業を再生させ，残りの債権に対する弁済もしくはDESにより変換された株式のキャピタルゲインを得ることが債権者にとってより有利になる可能性がある。
（8）　たとえば，先行研究は保守主義が純資産や収益の過大評価を回避したり，バッド・ニュースあるいは損失を即時に計上したりすることによって，情報の不確実性と非対称性を解消できる（Watts 2003；Li 2008；Qiang 2008など）。
（9）　2001年に設定された「私的整理に関するガイドライン」による。このガイドラインに従わない私的整理もある。その場合にも，この適用要件が参考になると考えられる。
（10）　会計制度委員会研究報告第11号「継続企業の前提が成立していない会社などにおける資産及び負債の評価について」（平成17年）によって，解散会社，更生会社が継続企業の前提が成立していない会社と考えられる。それに対して，民事再生会社は継続企業の前提が成立していない会社とされるのは不適切と考えられる。
（11）　たとえば，会計制度委員会研究報告第11号によって，「更生手続きの開始決定時において，通常，更生会社は債務超過であり，今後の更生計画案の決定権限が実質的に債権者にあることを考慮すれば，更生会社の資産などの実質的な所有者は更生債権者，更生担保権者などであると考えられるため，更生債権者，更生担保権者などが旧所有者から資産などを新たに取得したものと解釈することができる」（p.5），その場合更生後の事業の継続を仮定した個々の資産の時価が付される。
（12）　本節の（1）では，保守主義会計による資金繰り能力の増強についても論及した。
（13）　Kaplan, S., Zingales, L., 1997. Do financing constraints explain why investment is correlated with cash-flows? *Quarterly Journal of Economics* 112, 169-215を参照されたい。

# 第6章　保守主義会計の国際比較
　　　——文化，社会制度および資本市場の影響——

　条件付の保守主義と無条件の保守主義は，ともに各国において普遍的に存在する現象であるが，国によって多種多様である。大陸法諸国，たとえば日本，フランス，ドイツなどにおいては，一般的に無条件の保守主義が会計方針の特徴として考えられるが（García Lara and Mora 2004），コモン・ロー諸国，たとえばアメリカ，イギリス，カナダ，オーストラリアなどにおいては，条件付の保守主義がよく見られる（Ball et al. 2000, Giner and Rees 2001）。会計の国際的差異は社会文化，制度，資本市場と企業の特徴などによって決定される。**図表6-1**は，Jaggi and Lowy（2000）を参考に作成したものであり，各影響要因の相関関係を示すものである。会計上の保守主義の度合いは，社会的価値観，社会制度（たとえば，コモン・ロー体系か大陸法体系か），また資本市場と企業の特徴（たとえば，株式市場が優位性を持つか；債券市場が支配的であるか，企業の財務構成やコーポレート・ガバナンスなど）に影響される。以下では，主に国のレベルの差異をもたらす要因を考察するので，企業の特徴を除いて，社会文化，社会制度，および資本市場の3つの視点から分析することにしたい。

## 第1節　社会文化と会計上の保守主義

　まず，社会文化または社会価値[1]は，会計システムに影響する最も基本的な要因として，法制度などを通じて間接的に，あるいは直接的に会計価値（accounting value）に影響し，会計価値はさらに会計システムの全体に影響を与えるなど，様々なルートで各国における会計の特性形成に重要な役割を果たしてきた。

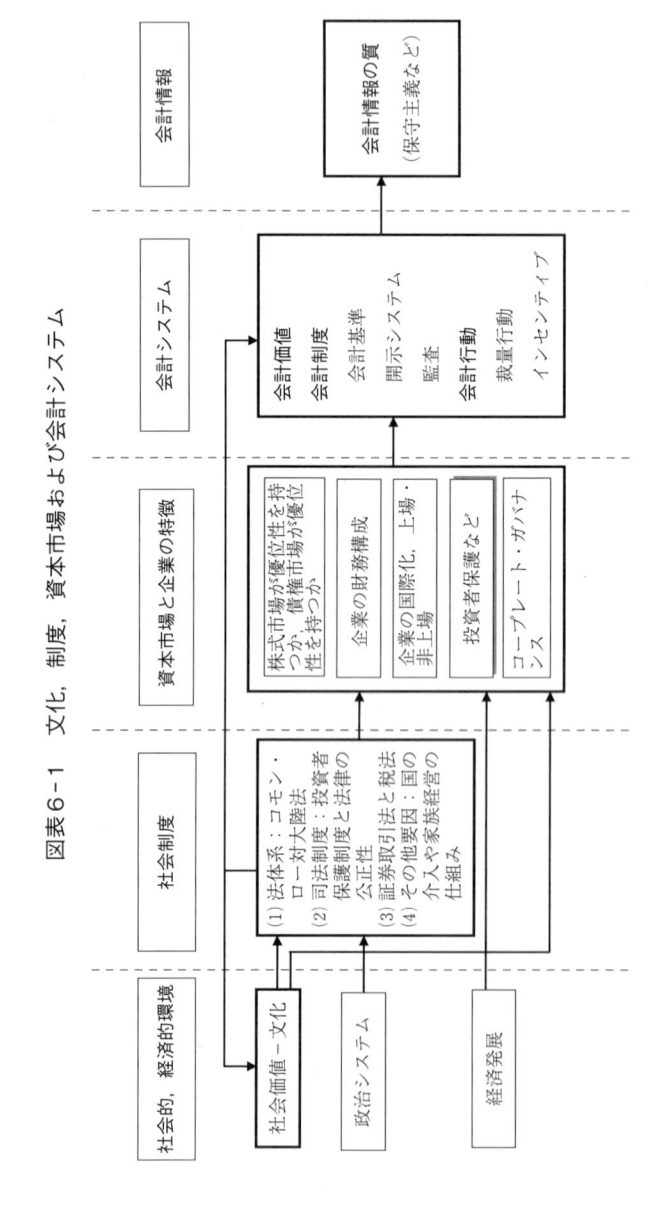

第2部　リスクへの対応と保守主義会計の再認識

図表6-1　文化，制度，資本市場および会計システム

| 社会的，経済的環境 | 社会制度 | 資本市場と企業の特徴 | 会計システム | 会計情報 |
|---|---|---|---|---|

社会価値－文化

政治システム

経済発展

(1) 法体系：コモン・ロー対大陸法
(2) 司法制度：投資者保護制度と法律の公正性
(3) 証券取引法と税法
(4) その他要因：国の介入や家族経営の仕組み

株式市場が優位性を持つか，債権市場が優位性を持つか

企業の財務構成

企業の国際化，上場・非上場

投資者保護など

コーポレート・ガバナンス

会計価値
会計制度
　会計基準
　開示システム
　監査
会計行動
　裁量行動
　インセンティブ

会計情報の質
（保守主義など）

104

## (1) Hofstedeの文化次元に基づく会計の保守主義価値

　文化の視点から，会計の保守主義の国際比較を行った最も代表的な研究者の1人は，Gray（1988）である。彼はHofstede（1980）の文化的次元[2]の概念を利用して，社会文化と会計文化とを結合させ，会計上の保守主義の国際比較を行った。以下は，Gray（1998）の研究を中心にその後の理論の発展も含めて，社会文化と保守主義の関係を説明し，その国際的差異を明らかにしたい。

　Grayは会計の文献レビューや実務に対する考察によって，次の4つの会計価値の対立軸を導出した。

(a)「専門職主義－対－法規制主義」
(b)「画一主義－対－柔軟主義」
(c)「保守主義－対－楽観主義」
(d)「秘密主義－対－透明主義」

　保守主義は，将来の不確実性がある事象に対処するために，楽観的，自由放任のリスクティキングのアプローチよりは，慎重なアプローチによって測定することを好む。これは会計価値の極めて重要な次元となり，会計の価値評価について最も古くから普及していた価値観である（Sterling 1967）。フランス，ドイツ，オランダ，イギリスなどの利益測定の実務に対する実証研究も，保守主義が会計価値の側面から有する価値を実証した。しかし，資産評価や利益報告における保守主義と慎重性は，各国の会計士の基本的態度となすものであるが，国によってその程度は異なる。**図表6-2**のように，保守主義が相対的に強い国としては日本，および中央ヨーロッパ諸国（たとえば，フランス，ドイツなど）などがあげられ，保守主義が弱い国としてはアメリカ，イギリスなどアングロサクソン諸国があげられる[3]。

　この差異は各国の文化によるものである。Grayは，この会計上の保守主義の価値観を主にHofstedeの「不確実性の回避」[4]という文化次元に関連付けて論じている。不確実性の回避は，「ある文化の成員が不確実な状況や未知の状況に対して不快を感じる程度」，つまりリスクの許容度を指すものである。不

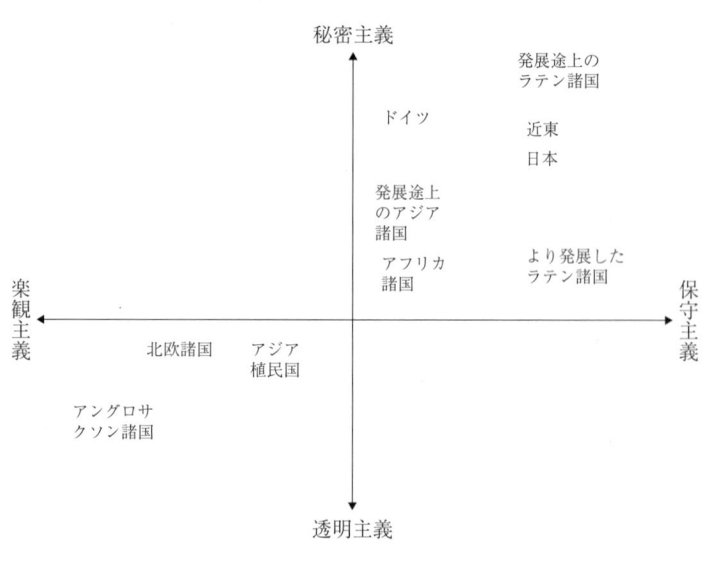

第2部 リスクへの対応と保守主義会計の再認識

図表6-2　各国の会計の保守主義の分布図

```
                    秘密主義
                      │
                      │        発展途上の
                      │        ラテン諸国
                      │
              ドイツ   │         近東
                      │         日本
                      │
              発展途上 │
              のアジア │
              諸国    │
              アフリカ │   より発展した
              諸国    │   ラテン諸国
  楽              ────┼────              保
  観                  │                  守
  主    北欧諸国 アジア│                  主
  義            植民国 │                  義
                      │
      アングロサ       │
      クソン諸国       │
                      │
                      │
                    透明主義
```

（出所　Gray（1988））

　不確実性の回避が強い社会においては，曖昧さや自己の持つ不安をすぐに解消したいという欲求が強い傾向にあり，また常軌を逸したアイデアや行動を許容しないことが特徴である。一方，不確実性の回避が弱い社会においては，曖昧な状況であっても，また危険についてよく分からなくても比較的平気であり，常軌を逸した行動をより許容しやすい。ここでのポイントは，社会が未知の将来に対してどのように対応するか，つまりコントロールするか，放置しておくかということである。不確実性回避の傾向は，ラテン・アメリカ，ラテン系ヨーロッパ，地中海諸国，日本（7位），韓国では強く，それに対して，日本，韓国以外のアジア諸国，アフリカ諸国，アングロ系と北欧諸国は弱い。

　また，Hofstedeの研究で抽出したもう1つの次元「長期志向―短期志向」も，会計上の保守主義の重要な影響要因と考えられる。この視点は，現在と将来の関係に焦点を置く。長期的志向は，持続性や忍耐を重視し，貯蓄に励み，私事

よりも目標の達成を優先させる。短期的志向は,個人の安定性を重んじる傾向にあり,貯蓄が少なく,「顔を立てる」という考え方は典型的な短期的志向である。長期志向が強ければ,保守主義の可能性が高い。中国,台湾,香港,日本（4位）など東アジアの諸国は長期志向が強いのに対して,パキスタン,カナダなどは弱い（Hofstede 1991）。

(2) Schwartz の文化的保守主義と会計の保守主義

　Gray は文化と保守主義との関連づけのモデルを提示し,Hofstede のデータを利用して,保守主義の国際比較を行ったが,それを証明するための実証的研究を行わなかった。それを意識して,Hofstede の文化的次元は直接に保守主義を論じなかったので,Kang (2004) は,Schwartz (1992) の4つの文化的次元[5]のモデルに基づいて,文化の保守主義と会計の保守主義との関連性を実証的に証明した。Schwartz (1992) のモデルの中で,保守主義も1つの文化的次元として提示された。文化的保守主義は主に安全（国と家族の安全），服従（公共イメージの維持,遵守）および伝統（伝統の尊重,年上への尊敬）にかかわっている。図表6-3は,検証された各国の文化的保守主義を示すものである。実際に,Schwartz は,1994年の研究では,自らの7つの文化レベルの価値タイプと Hofstede の4つの価値次元を比較して,Schwartz の価値次元は,Hofstede の研究とは矛盾しないという結論を導出した。もっとも Schwartz は,自らの価値次元は Hofstede のより洗練したものと考える。Kang (2004) は,非営業発生高 (non-operating accruals) を会計の保守主義の代理変数として,Schwartz の文化保守主義のスコアを利用して,文化保守主義と会計保守主義の関係を証明した[6]。この結果は,保守的な文化環境において,経営者はより保守的な会計処理を行う。また,大陸法諸国において,文化は経営者による保守的会計方法において一層重要な役割を果たし,コモン・ロー諸国では保守主義の度合いはそれ程高くない。ここで注意すべきことは,Kang (2004) が検証した保守主義の代理変数は非営業発生高であり,この非営業発生高は一般的に貸倒引当金,損失引当金,企業リストラ費用などを含み,無条件の,事前的・

第2部　リスクへの対応と保守主義会計の再認識

図表6-3　各国の文化的保守主義

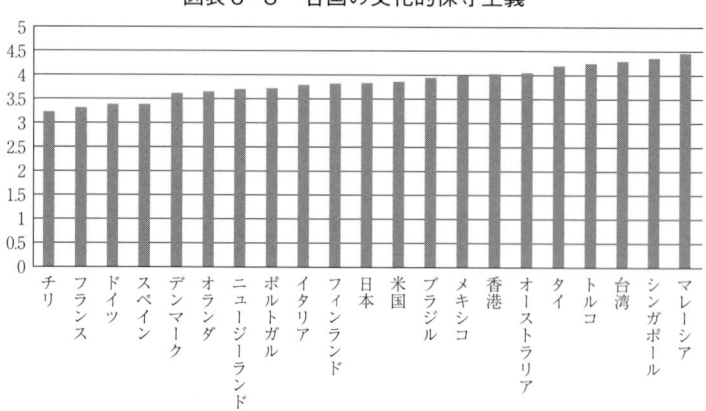

図表6-4　会計上の無条件の保守主義

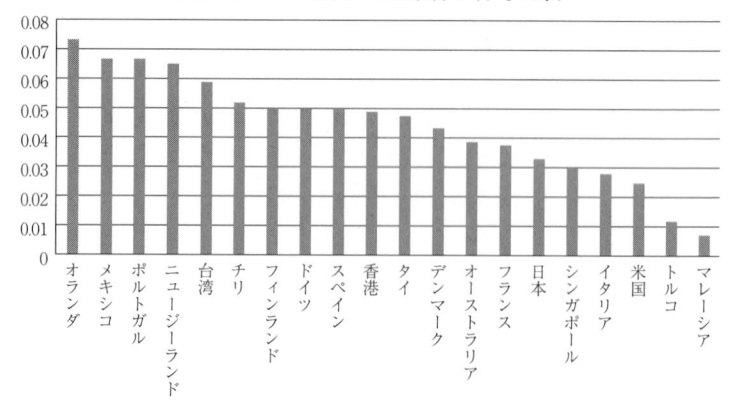

(注　Kang (2004) のデータによって作成した。ブラジルをこの図表から除外した原因はブラジルが唯一マイナスの数値を得た国だからである。また，サンプル数（8社）が他の国より随分少ない。)

一貫性のある保守主義を指す。また，文化的保守主義のみが経営者の保守的会計選択を決定するわけではない，法制度など他の要因も，経営者の会計行動などに影響する。たとえばマレーシアは，文化的に保守主義の程度が高い国であ

るが(図表6-3では,最も保守的な国である),アメリカと同じようにコモン・ロー体系の国でもある。しかし,マレーシアの会計上の保守主義の程度は極めて低い。この事実は法制度などその他の要因によって解釈できるのだろう。

概して,社会文化や社会価値は会計上の保守主義に影響を与え,各国の企業の会計選択の保守性は,その国の文化的保守主義の程度に左右される。ただし,制度の影響より文化の保守主義に対する影響に関する実証成果はまだ少ない。既存の研究でも,会計価値としての保守主義について明確な解釈がない。Grayは,主に資産の価値評価と利益の計上について説明した。国際会計の基本書,たとえば,Doupnik(2009)では,Grayが言った保守主義について,「慎重な方法による測定に対する選好」,「資産と純利益の増加の計上を繰り延べ,負債や純利益の減少を加速的に認識する(たとえば偶発債務)」と説明している(p.66)。これらの説明は,条件付の保守主義と無条件の保守主義とを区分していない。条件付の保守主義は,ニュース,あるいは新しい情報に基づいて会計処理を行うので,経営者の裁量行動の余地は無条件の保守主義よりも小さい。したがって,条件付の保守主義は,Schwartz(1992)の個人の価値レベル[7]の保守主義に影響される程度は相対的に低いであろう。また,グローバル化の促進によって,各国の文化の交流と融合によって,不確実の回避性や文化的保守主義が,どの程度変化したか,その変化も考慮した上で,より多くの実証結果の蓄積が期待される。

## 第2節 社会制度と会計上の保守主義

各国の社会制度は,文化や政治および経済発展の影響を受け,様々な形態を呈している。社会制度は会計基準のみならず,会計実務にも影響する。より具体的に説明すれば,社会制度としての法律制度,証券取引法,税法などは,まず,会計制度の構築や改訂の仕組みを決定し,会計基準の内容にも影響する。たとえば,コモン・ロー体系の国と大陸法体系の国とは,会計制度の設定機関が異なる。また,日本の制度会計は金融証券取引法(金商法),税法,会社法

の3つから構成されていることがあげられる。より重要なのは，これらの社会制度は総合的に，企業の経営者と投資者，債権者，政府などの利害関係者の行動に動機づけを行う点である。経営者は，利害関係者との相互関係の中で会計行動を決定するので，社会制度が保守的会計方法を採用するかどうかを企業と利害関係者に動機づけることによって影響を与える（Ball, Kothari et al. 2000; Jaggi and Lowy 2000; Basu 2005; Bushman and Piotroski 2006）。概して，制度と文化ともに，保守主義を含む企業会計の国際差異の決定要因となる[8]。以下では主に，近年の理論および実証研究の結果に基づいて，①法体系，②法律／司法制度（投資者保護と法律の公正性），または③証券取引法と税法から，社会制度が企業会計の保守主義にいかなる影響をもたらすかを体系的に分析しよう。

## （1）法体系と保守主義：「コモン・ロー諸国 対 大陸法諸国」

　法制度は様々な視点から様々な分類が考えられる。最も重要な分類は，コモン・ローと大陸法の分類である。この2つの法体系は，そもそも欧州には2つの起源の異なる法制度が存在することを示すものである。歴史的には英国法に由来するコモン・ローは，不文律の慣習法であり，現在では英国（スコットランドを除く）のみならず，多くの英語圏の国やイギリス連邦の国の法体系の基礎をなしている。具体的には，アイルランド共和国，アメリカ合衆国（ルイジアナ州とプエルトリコを除く），カナダ，オーストラリア，ニュージーランド，南アフリカ，インド，マレーシア，シンガポール，香港等の国々があげられる。それに対して，大陸法ないし大陸法系は，西ヨーロッパで発展し，ヨーロッパ大陸諸国で広く採用されるに至った法体系である。法は人間が制定し，これを遵守すべきという基本理念である。大陸法系の国としては，フランス，ドイツ，日本，イタリア，スペイン，ラテン・アメリカ諸国，スコットランド，南アフリカ共和国，オーストリア，スイス，ギリシャ，トルコなどがあげられる[9]。

　コモン・ローと大陸法の会計に対する影響は国レベル，つまり①会計基準の設定と実施，②税法と企業会計との関係，または企業レベル，つまりガバナンス構造と財務報告モデルの2つのレベルで次の3つ視点から分析することがで

きる (Ball, Kothari et al. 2000)。

(a) 会計基準の設定と実施：「公的機関」対「民間機関」

会計基準を含むコモン・ローは，実務上普及されることによって進化してきたものなので，慣習法とも呼ばれる。すなわち，コモン・ローの諸国では，会計基準の設定は政府部門ではなく，民間部門である。民間部門は一般に公正とみられる会計慣行を成文化して，この成文化した慣行をルールとして企業に遵守させる。したがって，ルールや法的手順に従うことを強調している。それに対して，大陸法は公的部門つまり政府機関などの計画に由来したものである。政府部門や準政府部門（たとえば，日本での企業会計基準委員会設置以前の企業会計審議会等）は，会計基準を設定する役割を担っている[10]。会計規定集（accounting code）には，抽象的な会計原則，たとえば慎重性原則から具体的会計プロセスに至まですべてが規定されており，規定の施行は政府部門の責任である。会計基準の設定と実施には政府の影響が大である。

(b) 「税法と独立の関係にある企業会計」対「税法と密接な関係にある企業会計」

上述のように，大陸法諸国では，公的機関は法令設定の役割を担っているので，政府機関は，会計制度と税法の両方の設定に責任を負っており，会計利益と課税所得とが一致することを要求する。財務諸表の表示が会計原則や会計基準に準拠するとともに，特定の税務目的のための若干の例外規定によって行われる方式である。したがって，企業会計と税法とは，極めて密接な関係を持つ。たとえば，フランスやドイツの会計には，税法の影響が強い。それに対して，コモン・ロー諸国では，税法は政府機関によって設定されるが，会計基準は民間組織によって設定される。したがって，企業会計と税法が相互に作用せず，主として会計原則に基づいて取引の記録が行われる。この場合，両者は独立しているので，税務申告の計算を企業会計とは別立てで行う必要がある。たとえば，アメリカは企業会計と税法とが世界で最も乖離している国である。なお，ここで注意すべき点は，税法と財務会計との関係の分類も極めて大まかである。

税法と独立した企業会計といっても，両者が完全に独立しているわけではなく，あくまでも程度の差に過ぎないといえる。税法は会計基準に関係なく，会計実務に影響することもあり得る。

(c) ガバナンス構造と財務報告モデル：「株主型」対「ステークホルダー型」

コモン・ローは歴史的に，契約を効率的・公平的に実施することを保証するために整備されてきたものであり，コモン・ロー諸国において，株主保護を主な目的とするコーポレート・ガバナンスモデルが主流である。企業は株主のものであり，企業の行動目的は株主に対する貢献であるから，利潤最大化ないし株価最大化（長期に亘る配当流列の割引現在価値の総和である株価の最大化）になる。株主は自ら取締役会を選出し，大陸法系の諸国の企業より，取締役は大量の株式を保有する可能性は低い。経営者は外部の債券市場や株式市場により一層監督される。株式市場がモニター（看視役）となるので，「外部者」モデル（"outsider" model）といえる（岡部 2005）。

それに対して，大陸法系の諸国は，主にステークホルダー型のガバナンスモデルによって特徴づけられている。企業は単に株主のものであるというよりも，長期間にコミットしている従業員をはじめ，経営者，取引銀行などのステークホルダー全員に所属するものである。このため，利益は株主への配当金や政府への税金，経営者，さらに従業員への報酬に分配すべきと考えられる。企業の行動目的は，単に短期的な利益ないし株主配当の最大化というよりも，ステークホルダー全体の長期的利益の最大化に焦点づけられている。したがって，各利害関係者の代表は企業のガバナンスに関与し，企業の経営を監督する。これを「内部者」モデル（"insider" model）として性格づけることができる（岡部 2005）。

財務報告は，ガバナンスにおける情報の非対称性の問題を解決する有力な方法として，ガバナンスモデルに照らして，主に2つのモデルが成立する。前者に基づく会計モデルは「投資者保護—意思決定有用性」モデルであり，投資者を主たる利用者として証券市場において企業の実態を明らかにし，投資判断に

必要な情報提供を行うことによって投資意思決定を促進することを課題とし，端的に「市場指向型」モデルとして特徴づけることができる。他方，後者に基づく会計モデルは，「利害関係者調整—ステュワードシップ」モデルであり，経営者と株主との間の委託・受託の関係に立って，経営者が株主からの受託資本を忠実に運用する受託責任の履行結果を，計算書類を通じて株主に報告するとともに，企業の様々な利害関係者の利害調整の会計であり，端的に「関係指向型」モデルと称することができる（古賀2010）。

では，上述の2つのモデルは具体的に保守主義にどのように反映されるであろうか。前章で論じたように，条件付の保守主義と，無条件の保守主義とに区分することが重要である。以下では，条件付の保守主義と無条件の保守主義に区分して分析を行う。

(a) 条件付の保守主義に対する影響

まず，この2つのガバナンス・モデルと会計モデルでは，情報の非対称性を解消する方法も異なる。コモン・ロー諸国では外部投資者からの圧力を受け，情報を公開することが情報の非対称性を解消する最も有効な方法と考えられる。したがって，損失やリスクにかかわる情報を適時開示することがより求められると考えられる。他方，大陸法諸国では，利害関係者がガバナンスに参加しているので，内部から情報を入手することが最も重要な方式となる。たとえば，企業内部の情報を豊富に持つ内部昇進した取締役，あるいは融資関係ないし株式の相互保有によって緊密な関係を持つメインバンクなどは，損失やリスク情報の適時的公開に対する要求が高くない。損失やリスクを適時に認識し，会計情報に織り込むことは条件付の保守主義なので，コモン・ロー諸国の会計には，大陸法諸国より条件付の保守主義の程度が高いと考えられる。この法体系と条件付の保守主義との関連性は，いくつかの実証研究によってすでに証明された。たとえばBall（2000）によって，コモン・ロー諸国（オーストラリア，イギリス，アメリカ，カナダ）は，大陸法諸国（フランス，ドイツおよび日本）よ

り保守主義の程度が高いことが分かった。また，García（2004）によれば，イギリス（コモン・ロー国家）はドイツ，フランス，スイス，オランダ，イタリア，およびスペイン（大陸法諸国）より保守主義が高いことが証明された[11]。Gassen（2006）は，大陸法系（日本を含む。）14ヶ国とコモン・ロー法系の6ヶ国に対して，同様の傾向を指摘している[12]。

(b) 無条件の保守主義に対する影響

それに対して，大陸法諸国では資金調達の主な源泉は金融機関なので，会計基準は債権者のために発展してきたといえる。債権者は企業が債務を返済するために十分の資産を持つかどうかに最も関心があり，彼らは他の利害関係者と取締役会に参画し（これはヨーロッパ大陸諸国と日本ではよくある現象である。），経営者の資産価値評価に影響を与え，より保守的な評価アプローチを採用させる。ここでの論理は，前章で論及した保守主義の倒産リスクのマネジメント機能と一致する。また，大手銀行などの金融機関は，国の政策や制度の策定にも大きな影響力を持つ。人間は利得より損失に対してより大きな反応を示すので，資産の過大評価による損失は資産の過小評価による利得より，規制機関や会計基準の設定機関にとって説得力があり，彼らにより保守的な会計制度を作る刺激を与える（García Lara 2004）。したがって，コモン・ロー諸国より，大陸法系の諸国の方が，より一貫して純資産あるいは株主資本を控え目に評価することを好む。この一貫して純資産／株主資本を控え目に評価する会計方法が無条件の保守主義[13]である。無条件の保守主義は，ドイツにおいては最も顕著である。たとえば，将来の営業費用を当期利益から控除する会計処理法は無条件の保守的会計方法であり，ドイツの会計実務によく見られる。García Lara（2004）は，イギリス，ドイツ，フランス，スイス，オランダ，イタリア，スペイン，およびベルギーなどのヨーロッパ諸国を対象に，法体系と無条件の保守主義の相関関係を検証し，大陸法諸国では無条件の保守主義の程度は，イギリス（コモン・ロー諸国の代表）より高いという結果を示した。

## （2）法律／司法制度：投資者保護，法律制度の公平性[14]

　企業の経営者と投資者とは，プリンシパルとエージェンシーの関係にある。経営者と投資者は契約を締結する。エージェンシー理論は，法律制度が両者の契約が検証可能な情報に基づくことを保証することを前提とする。したがって，もし法律が契約の締結にあたって会計情報の重要性を強調するとすれば，司法制度が強力な国の企業は，より保守主義的な会計を求める。これは投資者保護制度と法律の公平性との2つの視点から考えられる（Bushman and Piotroski 2006）。まず，投資者保護制度とその施行状況は，国によって異なる。外部投資者に対する保護制度が完備すればするほど，投資者はより検証可能な情報を要求し，業績を過大評価・報告する企業を提訴したり，有利な判決を受ける可能性が高い。コモン・ロー諸国は，一般的に大陸法国より投資者に対して有力な保護を行っている（La Porta, Lopez-De-Silanes et al. 1998）。また，非力な個人投資者や個別企業が，強力な権限を有する企業や政府の行動の適法性を問うための法律システムが存在するとすれば，法律の公正性は高いといえる。この場合，訴訟リスクは，企業が保守主義会計を採用するインセンティブとなる。

## （3）証券取引法と税法

　証券取引法の歴史は，保守主義の歴史よりかなり短い。La Porta et al.（2003）によると，証券取引法の役割について次の2つの仮説がある。1つは私的執行仮説（private enforcement hypothesis）であり，もう1つは公的執行仮説（public enforcement hypothesis）である。前者によって，証券取引法は市場参加者の権利と義務を明確に規定しており，投資者に対する虚偽な情報の開示や情報開示の欠落に関する責任が明らかである。これは契約コスト，または当事者および責任を確定するための裁判所コストを削減することができる。それに対して，公的執行仮説によって，私的執行のみでは企業の誠実な開示行動を引き出すためには不十分であり，公的機関（たとえば，米国証券取引委員会）は，このギャップを埋めるために必要である。

証券取引法と保守主義の関係は、いくつかのチャンネルにおいて発生する。まず、自己本位の規制当局は、行動ファイナンス研究の結果のように、利益と損失に対して非対称的反応がある。米国証券取引委員会のような公的機関は、資産と収益の過小評価より、過大評価に起因する財務報告の不祥事に伴う負の政治的影響を受けやすい。したがって、公的執行メカニズムを使用して、保守的な企業報告の慣行を促す規制環境を作成する。また、証券取引法は情報開示に対する義務をはっきり規定しているので、検証可能性の情報に対する要求が増える。これは Watts（2003）の保守主義に対する契約論の解釈と一致する。最後に、企業の責任ルールと証拠提供の要件は、国の訴訟体制の一部となる可能性があり、したがって、強い証券取引法は訴訟の懸念を高め、保守的財務報告を促進する。実証研究の結果では、証券取引法のみでは会計の保守主義に大きな影響を与えるものではない。公的執行機関の努力は、条件付の保守主義へと導く。アメリカの SEC のような強い規制機関がある国は、弱い公的機関を有する国よりは条件付の保守主義が高い（Bushman and Piotroski 2006; Paul and Filip 2012）。

前述したように、税法と企業会計との関係も国によって異なる。税金負担は企業が保守的会計処理によって、収益を控え目に計上するインセンティブとなるであろう。歴史的に、無条件の保守主義会計処理の誕生に税法の影響が大きい。たとえば、固定資産の保守的減価償却方法の発展は、その実例の1つである（Basu 2005）。ただし、税法と保守主義との関係についてはかなりの実証研究が行われてきたが、未だ確信できる結果が得られていない。研究方法やデータの改善によって、より信頼性がある研究が期待される。

(4) その他社会的要因：政治的影響、家族経営の仕組み

以上の法制度の要因以外に、政府がどの程度市場に介入するか、また企業経営が家族などの内部関係者によるネットワークに依存するメカニズムがどの程度重要なのか等も、会計の保守主義の影響要因となっている。

まず、政府の介入状況は、国が企業の資産を没収するリスクや国有企業の割

合にも反映される。したがって，国の投資者保護制度が強いかどうかとも関連していることは不思議ではない。政府の介入が強い国としては中国などがあげられる。政府の介入が強い国では，グッド・ニュースを早く認識し，バッド・ニュースを遅く認識する（条件付の保守主義）傾向が見られる。経営者は国の介入程度に合わせて会計行動の調整を行う。したがって，中国の会計は保守主義の程度が低い（Ball, Robin et al. 2000）。また，概して大陸法諸国は政府の介入が多く，投資者保護もコモン・ロー諸国より弱い（Bushman and Piotroski 2006）。

　しかも，企業経営の仕組みも会計行動に影響する。家族経営が特徴づけられている国では，情報の非対称性は内部から情報を入手することによって解消できるので，バッド・ニュースを即時に開示することに対する需要がそれほど強くない。この影響は，場合によっては非常に大きい。たとえば，アジアの香港，マレーシア，シンガポール，およびタイでは，政治が財務報告に影響する程度が大きく，家族とその他インサイダーのネットワークが，財務情報に基づく契約より重要である。それゆえ，この4ヶ国の法律システムはコモン・ローの色が強いが（タイ以外は全てかつてのイギリスの植民地であった。），会計上の全体的保守主義，すなわち条件付と無条件の保守主義は，ともにコモン・ロー諸国より低い（Ball, Robin et al. 2003; Kang, Lee et al. 2004）。

## 第3節　資本市場の構成と会計上の保守主義

　資本市場の構成，つまり社債市場と株式市場の構成比率，あるいはどちらの方がより支配的かが，財務報告のあり方の影響要因の1つと考えられ，様々な国際比較分析にも利用されてきた（Ball and Brown 1968; Ball, Sadka et al. 2011）。より具体的には，財務諸表は適時にバッド・ニュースを織り込むことが債権者にとって有利か，株主にとって有利であるか。また，企業の負債と資本のいずれが会計上の保守主義に最も重要な要因をなすかは，今でも未解決の問題である。

保守主義がなぜ存在するか，その理由については，①契約支援，②訴訟リスク，③法人税法，および④会計制度などがあげられる（Watts 2003a; Basu 2009; Ruch and Taylor 2011）。その中で，Wattsは特に契約支援の解釈が最も歴史的根拠があり，説得力があると主張する。これをさらに説明するために，債務契約（debt contracting）を例として論じている[15]。理論的には，債券市場はより即時に損失の可能性を開示することを要求する。財務情報は債務契約の制約条件の基礎となるからである。情報の適時性は，各種財務比率，たとえばレバレッジ・レシオ，収益ベースのインタレスト・カバレッジ・レシオなどに影響することによって債務契約に影響を与える。また配当および株式買戻しの制限に影響を及ぼす。具体的には，損失のタイムリーな認識によって，不採算企業の財務比率は適時に制約条件に違反するレベルに達する。その場合には，債権者は不採算企業の危険な新規投資や買収，借入，配当および自己株式の取得など，債務の質が低下する可能性のある意思決定を回避する。逆に，損失認識の遅延は契約上の制限条件の有効性を低下させる。

また，株式の価値と比べ，債券の価値は企業の価値の増加より毀損に対してもっと敏感であり，債券契約は利益と損失に対して非対称的な対応となる。したがって，債券市場は株主市場より条件付の保守主義会計を求めることになった。この理論はすでにいくつかの実証研究によって証明された。たとえば，Ball（2011）は，条件付の保守主義の増加傾向は近年の債券市場の規模の拡大によって解釈できるだろうかと指摘した。また，Paul（2012）は，国際会計基準が導入される前に，債券市場が重要性を有し，株式市場が相対的に発達していない国，また資本の集中度が高くなく，ガバナンスが強力である国の方が，条件付の保守主義が高いという結果が示されている。

無条件の保守主義については，研究がまだ十分に行われていない。理論上考えられるのは，無条件の保守主義は事前にリスクを想定し，控え目に資産と収益を計上する。このように，リスクを配慮した財務情報の提供は，契約の制約条件を設定するにあたって，リスク削減の役割を果たしているのであろうか。これは前章の保守主義のリスク・マネジメント役割の中でも論及されている。

現在，各国の資本市場の構成には非常に大きな差が存在する。たとえば2012年11月，アメリカの株式市場の規模は世界首位であり，世界規模の45.1％を占める。3位の日本は世界市場の6.9％を占める。それに対して，同じ2012年に世界の債券市場の規模トップのアメリカでは社債3,430億ドル（アメリカの国債が多い）となり，第2位の日本は社債が8,610億ドルで，アメリカの2.5倍くらいである。このような資本市場の構成における差異が，会計の保守主義に対して影響をもたらすかという研究は大きな意義があると考えられる。

 上述したように，各国の保守主義の程度，また条件付保守主義と無条件の保守主義のそれぞれの程度は，社会文化，社会制度，資本市場の構成など様々な要因によって影響されている。2005年から，EU域内の上場企業に国際会計基準の適用が強制されてから，現在，世界中でIFRSを適用している企業は110ヶ国以上となっている。世界統一基準としてのIFRSの適用は，各国の文化，社会制度，および資本市場の影響による保守主義の差異を軽減するであろう。確かに，Paul（2012）のヨーロッパ諸国を対象にした最新の研究によって，国際会計基準の強制適用は，確かに保守主義に対する文化的・制度的および資本市場の影響を減少させた（Paul and Filip 2012）。

 しかし，これらの影響要因の重要性が低下したわけではない。まず，企業の会計行動は会計基準によって影響されるが，経営者のインセンティブにも大きく左右される。経営者のインセンティブは，文化的，制度的，経済環境の中から生まれたものである。また，経営者のインセンティブは経営者のみならず，企業の利害関係者などの総合関係の中で形成される。企業の利害関係者の需要とインセンティブも，経営者と同様に様々な環境要因に影響される。

 さらに，国際会計基準の適用は様々な形態で行われており，多くの国では上場企業のみにIFRSの採用を強制している。非上場企業は，一般に国内の会計基準に従って財務諸表を作成している。非上場企業はIFRS導入の前に，上場企業と同様な会計基準に基づいて財務報告を提供したが，保守主義の程度は概して上場企業の場合より低い。つまり，会計基準以外の原因が会計の保守主義に予想以上の役割を果たしていると推量される。したがって，社会文化・制度・

資本市場などの要因は保守主義に影響する研究が依存として重要であり，研究のさらなる展開，特に無条件の保守主義に対する考察が必要である[16]。

## 第4節 小 括

　社会文化や法体系，法制度，証券取引法および税法などの社会制度，また国の政治的力の介入，企業経営の仕組み，資本市場の構成などは相互に作用しながら，各国の会計上の保守主義に影響を与え，保守主義の国際的差異をもたらしてきた。

　概して，コモン・ロー諸国は，条件付の保守主義の傾向が強い。それに対して，大陸法諸国では無条件の保守主義の程度は高い。また，投資者保護制度が完備している国，法律の公正性が保証できる国，公的規制機関が強く，税金負担が高く，債券市場が発達している国の保守主義の程度も高い。それに対して，国が市場に介入することが多い国，家族経営が多い国，投資者保護が弱い国，また株主市場が相対的に発達していない国の方が保守主義の程度が低い。

　国際会計基準の導入によって，各国の文化的・社会的・政治的要因の影響力が減少するとしても，それらの諸要因は経営者や企業の利害関係者のインセンティブの源泉となり，会計の保守主義に影響を与えつつあると考えられる。さらに，各国が統一の会計基準に従うとすれば，保守主義の国際的差異はこれらの要因によって生じるであろう。もちろん，企業自体の特徴，たとえば，規模，ガバナンス，財務構成なども保守的会計処理の原因になるが，先行研究では，これらの要因をコントロールしても，社会文化，制度など要因が重要な役割を果たしていることが明らかである。そのゆえ，これらの研究の重要性は減少するより，むしろより高まるのではないだろうか。

　しかし，社会システムの構成部分は相互に複雑な関係が存在するので，各国の保守主義がいずれの要因により大きく左右されるか，比較的に簡単な理論モデルと実証モデルによって明らかにすること自体は困難である。また，保守主義の実証研究は，Basu（1997）の条件付の保守主義モデルの提出以後に飛躍的

に増大したが，実証研究の大部分は，条件付の保守主義を対象とするものである。無条件の保守主義の影響要因の研究はまた十分ではない。今後，さらなる研究の発展が必要と考えられる。

注
（1） 文化は社会価値システムを含み，価値は文化を構成する部分を相互に連結するものである（Hofsted 1980）。
（2） Hofstedeの1980年の著書『文化の結果（Culture's Consequences）』はグローバル企業の行動パターンや活動に影響する社会文化を定量化するために，50ヶ国以上，11万6000人を超えるIBM社員を対象にし，調査研究により，「権力格差の大小」，「個人主義―集団主義」，「男性化―女性化」，「不確実性の回避の強弱」といった4つの文化的次元を見出した。本研究の結果は経営学の多文化研究や会計の研究によく引用され，現在でも大きな影響を与えている。前期の研究における不足を考え，Hofstedeは新たな調査研究を行い，『文化と組織（culture and organization）』という著書に「長期志向―短期志向」，「気ままさ―自制（Indulgence-Restraint）」の次元を追加した。
（3） この図表6-2は，GrayはHofstede（1980）のデータに基づいて作られたものである。データの実効性は問われるかもしれない。また，Hofstedeの研究方法の有効性もよく研究者に議論された。しかし，現在まで，多くの研究者はHofstedeのデータを他の方法で検証し，その合理性を証明した。文化の進化は極めて緩慢な過程なので，文化の次元としての価値も長年にわたって徐々に変化する。このデータを活用した分析は現在にとっても参考になるであろう。
（4） 他の次元，たとえば「個人主義―集団主義」と「男性化―女性化」も保守主義に影響する。「個人主義―集団主義」については，次のように説明されている。「個人主義（Individualism）を特徴とする社会では，個人と個人の結びつきはゆるやかである。人はそれぞれ，自分自身と肉親の面倒をみればよい。集団主義（Collectivism）を特徴とする社会では，人は生まれた時から，メンバー同士の結びつきの強い内集団に統合される。内集団に忠誠を誓うかぎり，人はその集団から生涯にわたって保護される」。「男性化―女性化（Masculinity-Femininity）」については，「仕事の目標」というテーマにより分類されている。仕事の中でも「給与」，「仕事に対する承認」，「昇進」，「やりがい」といったことを目標にする社会を「男性化」と定義しており，「上司との関係」，「仕事の協力」，「居住地」，「雇用の保障」に目標をおく社会を「女性化」と定義している。男性化の強い社会では，人々は，自己主張，競争といった目的を持っており，男女の社会

的な役割が決められている傾向がある。一方で女性化の強い社会では，人々は，配慮，社会環境志向を重視しており，男女の性的役割が明確でないことが特徴である。
（5）　実際には，Kang（2004）に提示したSchwartz（1992）の文化的次元は，個人の価値レベルの次元である。個人の価値レベルの次元と文化レベルの次元を区別する必要がある。個人レベルの価値とは個人にとって人生の道標ともいうべき動機的目標によって決定されるという。したがって，Kang（2004）はこの個人の価値レベルの保守主義と経営者の会計行動からの会計の保守主義との関係の分析を行った。それに対して，Schwartz（1994）は文化レベルの次元を38ヶ国の41の文化集団から抽出した30種類の言語，12の宗教を持つ多様な86対象群のデータを分析し，文化レベルにおいて7個の価値タイプを見出した。文化レベルの価値次元は個人レベルとほぼ同様で，保守主義対自立，支配と階層性対平等主義の2次元であった。
（6）　文化，法制度，企業の資本構成など相互関係があり，すべては会計上の保守主義に影響を与えると考え，法制度，資本構成などの変数をコントロールした結果も文化が会計上の保守主義と相関関係を有することが分かる（Kang 2004）。
（7）　本章の注4を参照。
（8）　文化と法制度のいずれも企業の開示レベルの国際差異に対して優位性を持つ説明力がない（Hope 2003）。両者は作用しあいつつ，共同に企業の開示行動や開示の質に影響すると考えられる。
（9）　いくつかの国は大陸法とコモン・ローの両方から影響を受けていた。たとえば，日本法はドイツ法とフランス法（両方ともに大陸法）のみならず，コモン・ロー（英米法）の影響も強い。大陸法系をさらに，フランス法，ドイツ法，スカンディナビア法などの法域に分けられることもある。ただ，スカンディナビア法は，北欧（ノルウェー，デンマーク，スウェーデン，フィンランド，グリーンランドなど）における法系統であり，英米法の伝統にも大陸法の伝統にも属さない「第三の法圏」とも呼ばれる。相対的に，大陸法の影響を受けたが，その影響が薄いといわれる。したがって，大陸法とコモン・ローの区分は大雑把である。しかし，この区分は会計の研究にはよく採用され，この区分に基づいた実証研究も相対的に多い。
（10）　政府は労働組合，銀行や業界団体などの主要な政治グループの代表と一緒に，国の会計基準を確立し，実施する。
（11）　もちろん，一国の会計基準やガバナンスの構造は大陸法とコモン・ローの両方から影響を受け，たとえば日本では，会計は二つの体系の特徴を有することも可能である。しかし，ガバナンス構造や会計モデルは資本市場の発展や政治的要因などにも影響され，2つの法体系の差異も依然として存在するので，各国それぞれのガバナンス構造や会計

モデルの特徴もかなりの部分を保持していると考えられる。
(12) 大陸法諸国はオーストリア，ベルギー，デンマーク，フィンランド，フランス，ドイツ，ギリシャ，イタリア，日本，オランダ，ノルウェー，スペイン，スウェーデン，スイスなどを含む。コモン・ロー諸国にはオーストラリア，カナダ，香港，アイルランド，ニュージーランド，シンガポール，南アフリカ，イギリス，アメリカなどが含まれる。
(13) 実際に，Garcia Lara（2004）の中で，この保守主義をバランスシート保守主義，あるいは貸借対照表保守主義と呼ぶ。前章で分析したように，貸借対照表保守主義も無条件の保守主義である（第5章を参照されたい）。ただ無条件の保守主義はより厳密な概念なので，混乱を起こさないように，本書の議論は全部無条件の保守主義と統一する。
(14) Bushman（2006）はBall（2000）の研究をさらに発展し，制度の各側面から保守主義に対する影響を検証した。この部分の議論は主にBushman（2006）に基づいたものである。
(15) 実際に，GEの例からみると，1907年に保守主義の会計方法を採用した時に，財務構成の中，債務の割合が非常に低い。長期的，持続的に配当金を支払えることが保守的会計処理を行った主な原因である。したがって，現金の増強といったリスク・マネジメントの需要は保守主義の理由にもなると考えられる。
(16) 実証研究の大部分は条件付保守主義を対象に行ってきた。無条件の保守主義の影響要因や役割に対して，条件付の保守主義より，われわれの認識は極めて限られている。

# 第7章　国際会計基準とリスク会計
――慎重性原則と保守主義会計の再検討――

　会計実務は様々な社会的，制度的，市場的影響のもとでの経営者のインセンティブに左右されるとともに，会計基準にも極めて重要な影響を及ぼす。グローバルな社会を背景に，リスク会計のあり方を探求する場合，国際会計基準（IFRS）の拡充化の中で，リスクと不確実性の対応に関する会計価値観と，それを反映する会計原則及び具体的会計処理のあり方を検討しなければならない。この議論はIFRSがすでに導入された企業のみならず，まだ導入されていない国や，コンバージェンスを図っている国にとっても極めて重要であると考えられる。この議論には，慎重性原則と保守主義会計の検討が不可欠な内容となる。したがって，本章では，まずIFRSの強制適用[1]による保守主義会計への影響を手始めとして，なぜ，このような影響を与えたのか，はたして慎重性と保守主義が必要かどうかなど，IFRSの分析によって明らかにしたい。さらに，国際会計基準における慎重性原則と保守主義会計の特徴を分析した上で，リスク会計の目的に適した慎重性と保守主義の最適水準を検討することにしたい。

## 第1節　IFRSの強制適用と保守主義の低下

　IFRSは統一した会計基準として，各国の文化的，政治的，法的環境のもとで生成された国内基準に代えて強制適用を目指すものであるが，これは保守主義会計の実態に大きな変化を引き起こすことも考えられる。このような実態の変化にまず着目しつつ，それを解明する必要がある。アメリカを対象にした過去30年間の研究において，会計実務がますます保守的になってきたことを明らかにしている。しかし，アメリカは現在IFRSを採用していない国の1つであり，もちろんIFRSの適用による保守主義への影響を検討することはできない。

それに対して，ヨーロッパは2005年からEU域内の上場企業に対して，IFRSの適用を強制しているので，その適用が会計の保守主義にどのような影響を与えたかは，研究者にとっても興味深い課題である。

特に，2010年 IASB は慎重性が中立性と整合しないので，概念フレームワークから除外して以来，IFRS では慎重性が欠如しており，過大な利益および／または控え目な負債を導いたと批判されてきた。たとえば，不良債権の損失を過小評価する損失評価モデルや，不適切に未実現利益を認識するための公正価値会計の使用などは，よく例としてあげられる。これに対して，2012年，国際会計基準審議会（IASB）の議長 Hoogervorst はいくつかの例をあげ，イギリス政府の次の言葉を引用して，IFRSが慎重性を排除したことを否認した。いわく「われわれは，IFRS が慎重性を失った原因であることを受け入れない」，また，いわく「慎重性の概念は，依然として会計基準に浸透しつつある」(Hoogervorst 2012, p.5)。しかし，彼は同時に，「これらの批判は，真剣に受け取られる必要がある」(p.2) こと，「そうは言っても，慎重性の概念を念頭に置きながら，会計基準を改善する余地がある」との積極的な姿勢を示している。それでは，IFRS の導入は会計基準にどのような影響を与えたのであろうか。そもそも IFRS に対する批判には，根拠があるだろうか。

IFRS の適用期間はまだ長くなく，これらの研究も極めて限定されている。しかし，筆者の知る限り，2010年からの3つの実証研究は，様々な側面からIFRSの保守主義に対する影響を検証し，ほぼ，すべてが IFRS が強制適用されて以来，各国の保守主義の度合いが低下している結果を示している。以下では，3つの研究結果を紹介し，その重要な示唆を検討したい。

まず，Ahmed et al. は2010年のワーキングペーパー[2]では，2005年に IFRS を採用した20ヶ国を対象に，それが会計情報の質を高めたかを検証した。この20ヶ国にはヨーロッパの16ヶ国とそれ以外の4ヶ国（オーストラリア，香港，フィリピンおよび南アフリカ）が含まれる。会計情報の質[3]として，利益平準化，アグレッシブ会計および利益操作の3つが検証された。利益平準化とは，純利益の変動を減少させる裁量行動である。アグレッシブ会計は，実際より高い利益

を見せるような会計処理を指す[4]。また，利益操作は，報告利益の調整を目的とした経営者の裁量行動を意味している。利益平準化が増大し，一定の目標を達成するための利益操作が増え，また利益の過大計上（あるいは損失の認識の遅延認識）が増加したことが，会計情報の質が下がった主たる理由と考えられる。

Ahmed等の論文での会計報告のアグレッシブ性は，会計上の保守主義に相反する概念として考えられ，実際，損失の適時性と会計発生高の積極的計上によって評価される[5]。研究の結果，2005年以後に，ヨーロッパ諸国とそれ以外の4ヶ国のすべてにおいて，利益平準化が増加し，保守主義の程度は低下したことが示された。特に法的執行力（enforcement）が強い国に，この低下の傾向が強い。

この結果について，Ahmed等は，次のように解釈した。保守主義が変化した原因は，具体的会計基準の変更より，原則主義の採用による経営者の裁量行動や判断の変化にある。法的執行力が弱い国では，経営者はすでに裁量行動を採用しているので，原則主義への移行によって，大きな変化は生じない。それに対して，法的執行力の強い国の方が，原則主義の採用により裁量行動を増やし，保守主義の低下は顕著になる。

また，Poit（2011）は，ヨーロッパの22ヶ国，5000社を対象に，IFRSの導入に伴う条件付の保守主義に対する影響と，その中での4大監査法人の役割を考察した。主要な知見は，次の5つである。①IFRSの強制適用の後，条件付の保守主義が低くなった。②適用前の国内基準は，IFRSとの差異が大きければ大きいほど低下の程度も大きい。また，IFRSに近ければ近いほど，低下の程度が小さい。アングロサクソン諸国は，すでに原則主義と真実かつ公正な会計観を採用し，IFRSに最も近い。イギリスやアイルランドは，その典型例である。それに対して，ドイツとフランスは最もIFRSから遠いので，IFRSの導入によって保守主義の変化は大きい。③4大監査法人は，IFRS導入の後よりアグレッシブな会計（グッドニュースの適時開示の増加，バッドニュースの適時開示の減少）を採用する[6]。また，④監査法人が4大監査法人である場合には，無条件の保守主義の程度が高い[7]。IFRSの導入は，その効果を増幅した。最後に，⑤

IFRSの導入は，収益の比較可能性（損失の適時計上の国際比較の分析によって）の向上にある程度貢献している。

この研究から，会計基準のみならず監査法人も大きな役割を担っており，会計基準の影響に大きな影響を与えていることが明白である。興味深いのは，4大監査法人は国内基準よりIFRSのもとで，条件付の保守的会計処理が少ない。特に大陸諸国（スカンジナビア諸国を除く）には，この現象が顕著である。

さらに，上記の研究とは異なって，Paul（2012）はIFRSの強制適用により，保守主義に対する影響について各国の文化的，制度的，政治的要因のもとで差異が存在するかどうかを検証した。彼らはIFRS導入前に各国における保守主義の差異を確認し，ガバナンスが優れた国，債券市場が発達している国，株主資本が分散している国，法律の施行が強力な国の方が，条件付の保守主義が高いという結果を示した。それに対して，IFRS導入後では，全体的に，フランス，ドイツ，オランダ，ポルトガルおよびスイスでも，条件付の保守主義が低下している。この傾向は，大陸法諸国，つまりフランスとドイツ，また投資者保護とガバナンスのレベルが高い国や，債券市場が優位に立つ国，また税法と会計とが密接に関連している国でも見られる。彼らの最も重要な結論は，IFRSの導入によって文化的，制度的および政治的要因の影響が著しく消滅していることであった。

以上の3つの研究はIFRSの導入とその保守主義の会計の議論に対して，非常に大きな示唆を与えている。まず，第1に，いずれの研究でも，IFRSの導入により条件付の保守主義の低下を示した。これは非常に興味深いことである。IFRSはUKなどのコモン・ロー諸国の会計基準に近いので，大陸法諸国の会計基準より条件付の保守主義が高いと考えられる。しかし，なぜ，その導入が逆にその低下をもたらしたのであろうか。

また第2に，IFRSの導入が会計情報の質に対して影響を与えるメカニズムは，極めて複雑である。会計基準以外に，様々な要因，たとえば監査人のインセンティブや経営者の裁量行動などが，各国の保守主義に影響を与える。文化的，制度的および政治的影響はIFRSの導入によって基本的に除去されたとす

れば，経営者や監査人のインセンティブは何によって最も大きく影響されるであろうか。

ここで1つ考えられるのは，原則主義ではないだろうか。原則主義は基準を回避する裁量的行動を抑制する役割があると考えられるが（Barth 2008），IFRSの導入によって，利益の平準化は逆に増加した（Ahmed, Neel et al. 2013）。利益の平準化は条件付の保守主義と相反関係が存在するので（Gassen, Fuelbier et al. 2006），IFRSの導入は，結局，条件付保守主義の低下をもたらした。

また，監査法人はなぜ国内基準に比べIFRSのもとで，より非保守的会計（条件付の）を選好するのであろうか。原則主義の採用によって専門家の判断に一層依存することになった結果，これは裁量的行動の増加をもたらすことになった。あるいは，原則主義の採用によって監査法人の訴訟リスクが増大し，訴訟リスクを抑えるために，無条件の保守的会計処理を増加させ，その結果，条件付の保守主義を排除する結果となった。原則主義が会計行動に対して及ぼす影響メカニズムは単純ではない，IFRSの原則主義に関して再認識する必要がある。

第3に，研究者たちが自ら指摘したように，これらの実証研究には限界がある。保守主義の代理変数の選択は，その1つの重要な限界である。1つの代理変数は多種多様の要因に影響されるため，それを利用して分析するにあたって，厳密性が問われる。たとえば，会計発生高に裁量的発生高と非裁量的発生高の両方が含まれ，その区分は一般に困難である。会計発生高は利益平準化の代理変数にもなれば，無条件の保守主義の代理変数としても使われてきた。実際に実証研究の緻密化によって，その区分方法も開発されたが[8]，完璧にこの問題が解決されたわけでもない。代理変数自体は保守主義を反映する具体的会計基準ではないので，実証研究の結果は大きな意義があるとしても，実務家にとっては，あまり意味がない。したがって，実証の結果をより意味あるもの，あるいは実務に指導的意義を提供するものとするために，経営者，監査人のインセンティブに影響する会計原則，また端的に会計基準自体の分析も加える必要がある。これは会計情報の質の重要な決定要因となるものである。

第2部　リスクへの対応と保守主義会計の再認識

そこで，以下では，まず，概念フレームワークから，慎重性や保守主義を削除した論拠に十分な正当性があるかどうかを分析しよう。

## 第2節　慎重性を削除すべきか
### ：中立性と過度の保守主義の検討

IFRSの基礎的な考え方を定めた「概念フレームワーク」が2010年に改訂された際に，慎重性が意図的に削除された。これは，丁度，IFRSが導入されてから保守主義会計が希薄化したという実証研究の結果と一致している。

上述のすべての実証研究の研究期間は改訂までの期間であるので，次のような疑問が生じた。すなわち，「慎重性」が削除されたことが，この保守主義の低下を制度的にもたらしたのか。それとも，これは単なる1つの偶然にすぎないか。慎重性の削除が概念フレームワークの整合性を図るためのものであるのであれば，それは将来の基準設定に反映されるであろうか。当然，もう1つの可能性として，すべての実証研究の結果が誤っていることも考えられる。しかし，この研究結果が誤っていると証明できる新たな根拠が得られない限り，この結果を尊重すべきであろう。

「慎重性を念頭に置きながら，会計基準を改善する」（Hoogervorst 2012）というIASBのHoogervorst議長の言葉に依拠すれば，「慎重性」を削除したことは将来，慎重性を有しない会計基準の設定の根拠になるのではないかという懸念がある。慎重性を削除した理由として，主に2つがある。1つは，慎重性と中立性とに整合性がないこと，もう1つは，保守主義の悪用は利益操作を引き起こしやすく，財務報告の透明性を低下させることである。景気が良い時に，利益の過小計上は投資者に良い投資機会を看過させ，他方，景気が悪い時に，企業は秘密積立金によって利益を捻出し，企業の悪い業績を隠す。結果的には，投資者が誤導されることになる。次に，この2つの理由の妥当性について検討してみよう。

## （1）中立性の限定的有用性と慎重性の合理性：人間の限定的合理性の視点

　まず1つの批判に対して，この理由を受け入れるために，中立性が財務報告の必要不可欠な特性であること，また，慎重性と中立性とは矛盾していることを認める必要がある。中立性の概念について，『財務報告の概念フレームワーク2010』では，経済現象を忠実に表現するために[9]，「財務情報の選択あるいは表示において偏向がない」ことと規定している（IASB 2010）。また，「経済現象の中立的描写は，何かに傾斜したり，何かを加重し，強調したり，また，どのような重要性を喪失したり，あるいは何かを操作したりすることによって，人が好きか嫌いかによって財務情報を提供することではない。中立性は情報の目的性がなく，それが行動に影響を与えないことを意味していない。むしろ，目的適合性のある情報は，その定義によって利用者の目的を区分することができる。」（IASB 2010 QC14）

　以上の説明から，中立性はいくつかの選択肢の中で，合理的な選択が1つしかない時にのみ意義があると考えられる。なぜならば，たとえば，どのような情報が良い情報かは，この利用者が直面しているリスクと機会，利用者のリスク選好，並びに利用者のニーズによるものである。「中立性」は，どちらの方にも傾かない原則を意味し，1つの合理的な選択のみがあるときに適用されやすい。利用者が多い時には，何が良い情報であるかは判断しにくい。しばしば2つ以上の合理性のある見積りや評価方法がある。2つ以上のほぼ同じように合理的な選択肢があるときに，どちらの方法が良いか，明らかに利用者の好みや，リスク選好などによって判断が違う。この場合，中立性のみによって，選択することは困難である。それゆえ，複雑な人間社会の経済現象に対して，情報の中立性は限定的な状況においてのみ必要である。

　また，IASBは会計情報が経営に対する影響を，つまりそのフィードバック効果と会計のステュワードシップ機能を重視していない。したがって，リスクの判断は経営者たちに委ね，保守主義を取るかどうかは経営の問題であり，会計はそこまで手を出す必要はない。投資判断は投資者に任せるべきである。保

守的な判断と選択をするかどうかは，投資者の責任である。会計はそこまですべきではない。だからこそ中立性を採用すべきであると言える。

　この「中立性」の特性の必要性を提示するために，IASBは体重計の例や車の運転時の速度計の例をあげ，測定値は人間に対してフィードバックの効果を持つので，測定値を利用して人間の行動に影響を与えることは適当ではないとした。つまり，体重計は太っている人のために実際の体重より低い値（慰めるため）を示したり，または高い体重（警告のため）を示してはならない。速度計はドライバーのスピード違反を警告するために，実際より高いスピードを示すこともない。

　これに対して，まず，会計においてステュワードシップの役割があるかどうかを議論しなければならない。会計の目的について，投資意思決定有用性とステュワードシップとの2つの会計観がある。IFRSは前者の投資意思決定有用性に大きく傾倒する。それゆえ，会計情報は経営者に対するフィードバックの影響を考慮しなくてもよく，判断は利用者に委ねればよいとの理由で慎重性は必要でないという。この会計観に対しては，現在でも議論が続けられている。これらの例は，中立性の必要性に関して限定的な説得力を持つにすぎない。なぜならば，すべての人が肥満であるわけでもなければ，すべての人がスピード違反をするわけでもない。したがって，体重計や速度計はだれの立場に立つものでもなく，「中立的」でなければならない。

　以上の例に対して，もう1つの例をあげて反論することができる。たとえば，よく遅刻する人はわざと時計を早く設定することがある。時計が購入されたときは「中立的」である。遅刻する人のためでもないし，しない人のためでもない。しかし，もし世界中の人々の大部分がよく遅刻し，また個人が時計を保有しておらず，公共の時計が1つだけ利用される状況を想定されたい。この場合，この公共の時計を早目に時間設定することによって，遅刻者を減少させることができる。そうすると，時計の「中立性」は必要なものとはならないであろう。

　会計基準は，この公共の時計のようなものである。利用者はそれぞれ個人の会計基準ではなく，同じ基準で作られた情報を利用する。世界中のどのくらい

の人が遅刻する傾向があるかはわからないが，行動ファインナンスの研究結果によって，人間は限定的合理性しか持っていないことが明白である。人間の意思決定プロセスは真に合理的なアプローチからかけ離れており，むしろ，バイアス（偏向）を伴った思考へと導く特徴を内在している。こうした特徴は，ほぼすべての人が持っている。たとえば，心理的バイアスの中で最もしっかりした裏づけがあるのは，おそらく「過剰な楽観性[10]」であろう。また，人は，常習的に楽観的であるだけでなく，同時に自信過剰でもある。自信過剰と楽観性の組み合わせは，人々を自分の知識レベルを過大評価させ，同時に客観的リスクを過小評価させる方向へと導き，自らが状況をコントロールする能力を過大視させる効果を持つ (Montier 2002)。

興味深いのは，自信過剰も楽観性も，ともに生物の進化にそのルーツを持つことである。生物学の研究によれば，生物の求愛行動において，上記のような自信過剰や楽観性が，成功へ導く傾向をもたらすという。これら2つの特性が，「人間の条件」の一部かもしれないことも注目に値する。また，およそすべての言語において，悲観的形容詞の数の5～6倍もの楽観的形容詞が存在するのである (Montier 2002)。このような人間が一般的に持つバイアスに対して，慎重性あるいは保守主義の原則はそれを是正する意義を有すると考えられる。

さらに Dickhaut et al. (2008) は脳科学の研究結果をレビューし，経済的意思決定と，これらの基本的な意思決定プロセスに関与している脳のいくつかの部分の機能が，進化してきた会計原則の重要な機能に似ていると指摘する。たとえば，保守主義会計は，経営者が利益より損失を適時的に計上することを推奨する。脳科学の実験では，人間が意思決定を行う時の脳の活動はスキャンされ，損失と利益に対する人間の脳の活動が異なるパターンが示された。特に，利得は右脳半球に神経の満足感を生む。それに対して，損失は左脳半球に恐怖や後悔に関連付けられている感情的な反応を引き起こす (Breiter et al. 2001)。また，海馬のような記憶に関連する脳の領域は，利益よりも損失に対して大きく活性化することを示している (Knutson et al. 2003)。このように，人間のリスクに対する非対称的反応は，脳の機能に原因があるようである。そこで，慎

重性の合理性と必要性は，脳科学の研究にも根拠がある。人間に普遍的に存在する過剰な自信と楽観主義，また，リスクに対する苦痛の感覚の強さは，自然に慎重性の必要性と重要性を浮き彫りにしたのである。

## （2）過度の保守主義の危険性と保守主義の正当化：利益平準化の問題

保守主義への2つ目の批判に対して，次の2点を議論することが必要である。1点は，過度の保守主義の危険性は正しいかどうかという問題である。もう1点は，過度の保守主義の危険性は，保守主義に反対する理由になるかという問題である。

まず，第1点については，クッキージャー会計（cookie jar accounting）を引き起こしやすいことがよく過度の保守主義が批判される原因になる。クッキージャーは，本来，クッキーやキャンディーをしまうためのホーローや陶器でできた容器である。会計というクッキージャーは，しまっておいた利益を必要な時に取り出して利益を押し上げる手法のことである。業績が好調な年度に極めて保守的な，現実的とは言えないような前提条件のもとで，貸倒れ損失や　保証費用などを過大に見積もり，引当金（Cookie jar reserves）を積み，業績が不振な時に留保しておいた利益（引当金）を取り崩すことによって利益を平準化する。したがって，過度の保守主義は会計の裁量行動とみなされ，会計情報の透明性に対する投資家の信頼を失わせる。この批判には賛成すべきであろう。

しかし，過度の保守主義は，保守主義に対して反対する理由にならないと考えられる。なぜならば，まず，保守主義と過度の保守主義とは単なる見積りの程度の差ではない。本質的な違いがある。前者は，経済的現象に対する合理的な見積りと判断に基づくものであるのに対して，後者は，経営者の合理的な判断に基づくものではない。

また利益平準化は，「意図的」と「自然的」な平準化に分けられ，後者は，会計処理のメカニズムには自動的に利益を平準化する効果があることを指し，経営者の利益操作と無関係である。それに対して，前者は，また「真の平準化」と「人為的平準化」に分けられる。「真の平準化」は，ビジネスの意思決定と

経済活動を通じて利益を平準化することを指す。それに対して,「人為的平準化」は目標に応じて,会計方法の選択によって利益操作を行うことを意味している(Albrecht and Richardson 1990)。保守主義会計に対する批判は,後者の「人為的平準化」に焦点を合わせている。

確かに,無条件の保守主義と条件付の保守主義ともに利益のシフト(利益の異なる期間での分布の変動)にかかわる(Hellman 2008)。たとえば,研究開発費の費用計上(無条件の保守主義)によって,プロジェクトの初期段階では,利益は過小計上されるが,プロジェクトの後期には,利益を過大計上することになる。企業の成長パターンが変化しない限り,つまり,企業が継続的に一定の程度の投資を行う限り,無条件の保守主義は,利益を平準化する効果があると考えられている(Ryan 2006)[11]。しかし,この利益平準化は,人為的平準化と関係がない。また,無条件の保守主義の会計方法の選択によって,利益操作ができるという指摘があるが,現在の会計基準の中で,保守的会計処理と保守的でない会計処理方法とを選択できる余地はほぼないと言えないまでも,極めて少ない。たとえば,無形資産のオフバランス化のような無条件の保守主義は,利益操作の効果がないであろう。しかし,もしある資産を計上するか,計上しないかを経営者が選択できるならば,それは利益操作に利用できると考えられる[12]。単なる無条件の保守主義の適用は,利益操作をもたらすとは言えないであろう。

また,企業リストラ引当金に対する見積りの変化(条件付の保守主義)の場合のように,利益のシフトをもたらすことができるかもしれない[13]。しかし,条件付の保守主義は債券市場の発展と関連付けられているが,利益平準化は配当金政策に大きく影響される。両者のインセンティブは異なっている(Gassen, Fuelbier et al. 2006)。必ずしも因果関係が存在するわけではない。厳密に言えば,条件付の保守主義はニュース,あるいは新たな情報に依存するので,理論的に人為的利益操作のツールになるはずはない。しかし,条件付の保守主義は経営者の判断に依存するので,実務上は,利益平準化の手段になる可能性があることは否定できない。実際に,そのケースが確かに存在する。

にもかかわらず，保守主義は，必ずしも人為的利益操作の手段として利用されるわけではない[14]。また，その肯定的な証拠もない[15]。保守主義は，会計のリスクに対応するための哲学と手法としては，その不正利用は情報リスクの源泉になる可能性があるとしても，過度の保守主義の危険性を理由に保守主義を排除することは妥当性を欠くであろう。金融派生商品の利用の場合も，これと同様の論理によって説明できる。金融発生商品はリスクマネジメントのツールとして開発されたが，その利用によって，金融市場のボラティリティを増大させ，リスクの源泉にもなっている。しかし，そのために人々は金融商品の活用をやめたわけでもない。重要なのは，その活用をどのように管理するかである。保守主義も同様である。どのように具体的会計基準を設定するか，原則と細則，または条件付の保守主義と無条件の保守主義のバランスをどのようにとるかによって，保守主義の役割も大きく影響される点に留意されたい。

## （3）慎重性はいつも必要か：リスク会計の視点

　では，慎重性はいつでも必要であろうか。その合理性は経済状況や企業の特徴によって異なるか。これはリスク会計の視点から考察したい。リスク会計に対して，おそらくいくつかの疑問が生じるであろう。まず，リスク会計は普通の会計とは異なるものなのか。リスクがあるときのみの会計なのか。また，リスク会計という用語自体にバイアスを含み，経済が悪い時や状況が悪い時のことを考え，好景気の時期や企業経営が成功している時のことを考慮しない非対称性を持つ会計なのか。

　これらの問題に対して，リスクは常態なのか，それとも偶然に，あるいは非常時的に生起するものなのかという問題からまず答えることにしよう。第2章・第3章ですでに論じたように，リスクは経済社会のいたるところで常に存在する現象である。リスクは，人間が将来に向けて意思決定を行うときに存在するものである。将来が歴史と全く同じように繰り返すのであれば，あるいは人間が将来に対して完全な情報と知識を持ち，完全に予測できるならば，リスクは存在しないであろう。したがって，リスク会計は，われわれがすでに馴染んで

いる企業会計とは別の体系の会計ではない。リスクの経済社会の到来，およびわれわれのリスクに対する認識の深化により，リスク対応の重要性を意識し，重要な課題として取り上げ，それを企業会計に織り込み，反映することができれば，この会計がリスク会計と称される。したがって，リスク会計は，現代企業会計の1つの特徴を表すものと言えるであろう。

　また，第3章で論じられたように，リスクはもともと非対称性のある概念であり，損失に対する人間の反応は，利得に対する人間の反応とは異なり，損失に対する苦痛は，利得による喜びより相当に刺激が大きいので，損失などの下方リスクは経営者や，投資者，債権者にとっても，監査人にとっても一層注目されるところである[16]。したがって，リスク会計は，非対称性の性質を持つと言える。バイアスは客観的証拠を無視して，主観的要因によって，特定の状況下で体系的意思決定を行う人間の傾向である。リスクという人間の主観性に存在する非対称性は客観的事実であるので，リスク会計はこの事実を考慮するものであり，バイアスそれ自体がリスク会計とは言えない。

　さらに，企業は，景気循環に影響されやすい企業と，影響されにくい企業とに分けられる。景気循環に影響されやすい企業の収益が景気循環に影響され，その変動は激しい。このような企業にとっては，景気の影響を十分に考慮しなければならない。景気後退の時期に，債務の返済不能など存続問題がより深刻となる。企業がどのように生き残るか，極めて重要な課題である。特に，経済の連鎖化により，ある国に生じた自然災害や，政治的，経済的危機が迅速に世界中に拡大し，経済危機が頻繁に生じるようになった背景には，リスク，特に想定不可能なリスクに対する考慮がこれらの企業のみならず，すべての企業にとっても極めて重要であることを示唆している。

　ここで，香港最大の企業集団，長江実業グループの創設者である李嘉誠氏のリスク哲学は注目に値する。彼は安定時においても発生可能なすべてのリスクを常に想定するという。他人が恐怖感を抱いている時に，彼は大胆な行動をとる。他人が大胆な行動をとろうとする時，彼は慎重な行動をする。これは実際に平均への回帰の理論に一致している。つまり，悪い時はいつまでも続かず，

いつか好転する。同様に良い時もいつまでも続かない。いつかピークから下降する。このように，景気の悪い時に大胆にチャンスを掴む。景気が最も良く見える時にも，慎重に将来可能なリスクとその対策を考える。彼の企業はいつも十分な現金を保有しておき，保守的会計を採用している。慎重性と保守的会計は景気後退するときに生き残るための体力を作り，また景気が良い時にチャンスを掴む力を保存することを可能にする。その意味で，リスク会計はどのような状況のもとでも，景気が良い時も悪い時も必要なものであり，慎重性あるいは保守主義も常時重要である。

以上，要約的に言えば，慎重性と保守主義について，概念フレームワークからこれを除外する2つの論拠は，ともに十分な説得力に欠くといえよう。李嘉誠氏は，「船をより速く漕ぐことは重要だが，ストームを生き残るのも重要である」という例をあげて，慎重性と積極性のバランスを取ることの重要性を強調した。これは成功した投資者であり経営者の経験と哲学であるが，その背後にはリスクに対する深く鋭い洞察がある。経営者，投資者，株主を含む大部分の人間は，自信過剰であり楽観的傾向にあるから，情報システムとしての会計が実際に有用な情報を提供するとすれば，この人間の傾向を十分に考慮する必要がある。「慎重性，あるいは保守主義」を会計に適用することこそが，本来，特に基準設定者にとっても不可欠なスタンスであろう。

## 第3節　IFRSと慎重性・保守主義

### (1) 原則主義と保守主義会計

IFRSの1つの重要な特徴は，原則主義である。原則主義は，具体的な処理の仕方は数値などの基準を明示し，非常に細かいルールを規定する細則主義と対極にある概念である。IFRSでは細かいルールではなく，原則のみが示され，企業がそれぞれその適用について，自らの判断を行う。たとえば，日本基準では減損処理のきっかけとなる減損の兆候として，市場価格がおおむね50％以上

下落した場合と規定している。一方，原則主義をとる IFRS では，市場価格の下落を減損の兆候としているものの，数値による規定は特に設定されていない。

そもそも IFRS が原則主義を採用しているのは，2001年から2002年にかけて生じたエンロン，ワールドコムといった大企業の不正会計事件など細則主義の失敗が背景にある[17]。したがって，IFRS における原則主義の採用は細則主義に対する反省，批判からの結果と言える。原則主義によって，会計基準の抜け道を悪用しにくくすることができると考えられる。原則主義の会計基準のもとでは，巧妙な取引によって負債をオフバランス処理することが難しくなる。

明らかに，原則主義のもとで，経営者や専門家の判断がより重要になる。専門的な判断は，企業の経営環境と経営実態に対する，より徹底的な理解と把握に基づいて行われなければならないので，「ニュース」に対する依存度が高くなると考えられる。それゆえ，条件付の保守主義の程度は，細則主義の会計基準より高い。したがって，IFRS の導入は，細則主義の各国の保守主義を高めるはずである。しかし，どうしてその逆の効果をもたらしたのであろうか。

原則主義会計が，会計基準の目的を達成するための原則を提示するのみであれば，会計処理が合理的かどうか，原則に忠実に準拠しているかどうかは，実際に判断することは困難になる。通常，1つの問題に対して，唯一の答えではなく，いくつかの代替的答えがあるかもしれない。それゆえ，原則を設定する場合，原則に対してどのように解釈をするか，関連用語をどのように定義するか，また具体的プロセスはどの程度詳細に規定するかなどの問題を検討しなければならない。実務指針が提供されなければ，実際の操作が難しく，逆に経営者の裁量行動[18]の余地を提供する（Schipper 2003；Barth 2008）。特に収益の認識や，公正価値の評価など具体的な実務指針がないと，経営者や監査人の解釈による裁量的行動が拡大し，利益操作の可能性も増加する。一般的に，経営者は自らの利益のために，裁量行動を行うインセンティブを持つ。原則主義が利益操作を防御する道具になるか，あるいは裁量行動のインセンティブの源泉になるかは，これらの問題を適切に解決できるかどうか，つまり原則と細則のバランスによると考えられる。

実際に，世界各国の会計基準には絶対的な原則主義も絶対的な細則主義の会計も存在しない。程度の問題があるのみである。アメリカの会計が原則主義の会計と言っても，原則のみならず，ある程度の詳細なルールも提供している。ある基準において極めて詳細なルールが存在するのは，IFRS も同様である。しかし，IFRS の原則に対する解釈や実務指針などの不十分さによって，法律の執行力が強い国の裁量行動，または4大監査法人のよりアグレッシブな会計手続きの選択が助長されたのではないだろうか。利益の平準化[19]は裁量的行動であるが，条件付の保守主義は裁量的行動ではない。利益の平準化は条件付の保守主義の余地を減少させる（Gassen, Fuelbier et al. 2006）。実証研究の結果から分析すると，原則主義の保守主義に対する影響は，主に裁量行動に対する影響を通じて間接的に与えられたようである。

したがって，IFRS の原則主義の採用によって，各国の企業が経済活動の経済的実質に照らして，自らの判断と見積りのもとで会計事象を認識・評価するので，各国に自国の保守主義の程度に対する選択権が付与されている。この点は極めて重要である。本章の第5節において，さらに議論しよう。

（2）公正価値と保守主義

公正価値評価は，よく中立性を反映する代表的な評価基準として例示され（Whittington 2008；Paul 2012），保守主義と矛盾していることが指摘された。2012年1月1日に公表された IFRS 第13号は，公正価値の定義を「測定日時点で，市場参加者間の秩序ある取引において，資産を売却するために受け取るであろう価格又は負債を移転するために支払うであろう価格」と規定している[20]。公正価値は帳簿価額より低い可能性もあれば，高い可能性もある。

一方，有形固定資産の減損テスト（IAS 36），および企業結合に伴うのれんの減損テストは，慎重性あるいは条件付保守主義の代表的会計処理である。帳簿価額が回収可能価額より高ければ，帳簿価額は回収可能価額まで切り下げられる。しかし，回収可能価額が帳簿価額を上回るならば，帳簿価額は回収可能価額まで引き上げられない。また，負債の十分性テスト（liability adequacy test）も条件付の保守主義会計である。保険契約に関する会計基準（IFRS 4）は，①負債の十分性テストを実施し，保険負債が不十分であれば当期の損益として不足額を認識すること，かつ②再保険契約の減損の検討を保険者が遵守することを求める。再保険資産の認識後に発生した事象の結果，被保険者が契約期間中に支払われるべき金額の全額が明らかに受け取ることができないという証拠があり，かつ，その事象が，被保険者が再保険者から受け取る金額に対して信頼を持って測定できる場合には，再保険契約の減損を認識し，再保険資産の帳簿価額を取り崩して，減損損失とする。

もし厳格に中立性に従えば，有形固定資産やのれんの価額，または再保険資産の価額はいつも回収可能価額，つまり公正価値で評価しなければならない。その場合には，帳簿価額を切り上げることも可能である。しかし，減損の会計処理は，それを認めない。その意味で，減損会計処理は，慎重性が概念フレームワークから削除されてはいるが，まだ会計基準に残留している1つの証拠である。慎重性は公正価値と部分的にしか整合していない。

実際に，アメリカ議会は，大恐慌の前の公正価値マニア（fair value mania）が純資産と利益の過大評価をもたらしたことが，1929年ニューヨーク証券取引所（NYSE）の株価暴落の根底をなす重要な要因であると結論付けた。実際，この結論は，資産価値を切り上げることを禁じる証券取引法の成立の背景をなす主要な理論的根拠となった（Watts 2006）。しかし，現在，公正価値はIFRSの特徴の1つとなり，一方，IASBは概念フレームワークから保守主義を排除した。これが保守主義の低下をもたらし，経営者にバッド・ニュースを隠すよう促し，金融市場の下落リスクを増加させる恐れをもたらすのではないかとの懸念をもたらすことになった（Kim and Zhang 2012）。

2008年から2009年の金融危機における公正価値会計の役割について，多くの研究者によって検証された。その結果，公正価値が金融危機を引き起こした原因をなすか，少なくとも危機状況を悪化させる要因となったとの指摘，または，公正価値会計は株価下落の悪循環を引き起こし，それによって金融システム全体のリスクを増加してきたなど，公正価値会計を非難する声もあれば，金融危

機には公正価値会計があまり大きな役割を果たしておらず，金融危機は公正価値によるものではないなど，FASB および Barth を代表とする研究者の主張もある。公正価値が金融危機の誘因であるか，あるいは危機を増幅させる原因であるか否かについて，論争はまだ続いている。いずれにせよ，サブプライム問題の起点となった証券化商品の公正価値評価モデルの限界が露呈したことは確かである（越智 2010）。

　公正価値を測定するために用いるインプットは，大きく3つのレベルに区分される。第1に，同一の資産又は負債に関する活発な市場における（無調整の）相場価格が「レベル1」のインプットであり，最も信頼性があるインプットである。第2に，「レベル2」のインプットは，レベル1に含まれる相場価格以外のインプットのうち，資産又は負債について直接又は間接に観察可能なものである。また，第3に，「レベル3」のインプットは，資産又は負債に関して観察可能でないインプットであり，経営者の合理的見積り要素から，リスクと不確定要素まで様々な要素が盛り込まれている。したがって，レベル3の公正価値評価は，大きく経営者の判断に依存し，測定上の信頼水準が最も低く，誤差の存在や経営者の恣意性は避けられない。

　公正価値評価に伴い，未実現の収益と損失が利益に算入されることによって，利益のボラティリティが増加したとよく批判される。実際，利益のボラティリティは，3つの要因によるものである（Barth 2008）。1つは，経済自体のボラティリティであり，1つは，公正価値評価モデルと原価評価モデルの併用によるボラティリティである。他のもう1つは，このレベル3の公正価値評価の誤差である。特に市場が不安定の時に，レベル1とレベル2のインプットの合理性と信頼性が低下し，レベル3の公正価値の評価も一層困難となり，公正価値の有用性が著しく低減される。公正価値評価モデルの改善が重要な課題となる。

　しかも，公正価値は製造業企業より，銀行などの金融業企業に対して影響が特に大きい。一般的に，金融危機の時に，銀行の金融資産の公正価値評価によって，資産の価値は切り下げられる。これは銀行の自己資本比率を大幅に低下させ，金融規制の制限値まで行ったら，銀行が資産を売却して，回収した現金に

よって債務を返済しなければならなくなる。そうすることによって，自己資本比率を引き上げることができる。しかし，多くの銀行が資産を売却すれば，資産の価値がさらに下落する。このように，公正価値は損失を拡大する効果があるので，金融危機を悪化する役割を果たすと考えられる。しかし，Barth (2010) などの研究は，2008年の金融危機における公正価値の景気循環増幅効果を否定した。なぜならば，アメリカの銀行の資産の50％は，公正価値評価が適用されないローンかリース資産であった。したがって，公正価値より，ローンの貸倒引当金の方が景気循環増幅効果があると主張した。それにしても，Barth (2010) も理論的に，確かに公正価値が景気循環増幅効果を持つことを否定しなかった。ただ，公正価値の景気循環増幅効果の大きさは，企業の資産構成や自己資本比率，および公正価値の評価モデルの緻密化によるものである。

概して，公正価値と保守主義とは部分的に矛盾[21]する関係と言えよう。公正価値が今回の金融危機を悪化させた主たる要因ではないかもしれないが，一般的に景気が悪い時に損失を増幅し，景気が良い時には，資産価値の切り上げにより経営者と投資者の楽観的行動を引き起こす可能性がある。一方，保守主義会計は株価下落リスクを削減する機能があり，その適用（減損のような資産，負債の再評価のみならず，他の保守的会計処理も含む）によって，公正価値による不利な影響を弱体化することが可能であろう。だた，その場合には，この理論上の非整合性は解決されないであろう。

さらに，公正価値評価ベースの利益は，原価評価ベースの利益より，ボラティリティが大きい。公正価値評価による利益と損失の情報は，企業のリスクを反映するものである。しかし，評価モデル，特にレベル3の公正価値モデルには限界があるので，金融商品の公正価値の情報のみならず，その評価の方法やリスクマネジメント[22]の情報と併せて開示することが利用者にとって有用となるであろう（Barth 2008）。

### (3) IFRSと2つの保守主義の相反関係

無条件の保守主義と条件付の保守主義の関係は，研究者にとって極めて興味

深いテーマである。歴史的に，条件付の保守主義の誕生は，無条件の保守主義より随分古いものであった。確認できる最も古い条件付の保守主義は，600年前のイタリアでの棚卸資産の低価法の適用である。それに対して，無条件の保守主義の普及は，税法と会計制度によるものである。法人税の導入は18世紀後期であるので，無条件の保守主義の歴史は，条件付保守主義より短い。たとえば世界大恐慌後での後入先出法の急増は，企業が法人税に対するインフレの影響を軽減するためにもたらしたものである。また，研究開発費の即時費用計上や持分プーリングなどの広範囲な適用も，各制度に大きく影響されたものである（Basu 2005；Basu 2009）。現在，無条件の保守主義は全体的保守主義の大きな割合を占め，最も重要な保守主義と考えられる。

したがって，IFRSの導入にあたって，保守主義の影響を検討するときには，両者の関係から分析することがある。なぜならば，無条件の保守主義は，ドイツなど税法の影響が大きい国，主に大陸法諸国では高い。それに対して，IFRSはアングロサクソン会計の影響が大きく，コモン・ロー諸国と同じように，条件付の保守主義の色が強いと考えられる。たとえば次の会計基準は，無条件の保守主義を排除しようとするものと考えられる。

①企業結合によるのれんの償却を定期的減損によって取り替え処理（IFRS 3）
②工事進行基準の利用に関する判断と，工事完成基準による完成時までの利益の非計上（IAS 11）
③繰越欠損金に係る繰延税金資産の認識に関する判断（IAS 12）
④自社創設の無形資産がIAS38の条件を満たす場合，資産としての強制計上（IAS 38）

Beaver and Ryan（2005）の研究では，無条件の保守主義は条件付の保守主義を無効にする効果があり，無条件の保守主義と条件付の保守主義とは相反関係にあるという理論が提示された。この理論は非常に注目され，いくつかの研究に引用され，また実証研究によっても検証された（高田 2007；Chandra 2011）。この理論によって，IFRSの強制適用は，大陸法の影響の強い国では無条件保守主義を低減し，条件付の保守主義を増加させる。しかし，このような

結果は，実証研究から示されなかった。逆に条件付の保守主義の程度は低減した。

　ここで1つの解釈は，条件付の保守主義と無条件の保守主義との相反関係は，一定の環境，すなわち，経営者や監査人のインセンティブに影響する文化的，制度的要因（法制度と会計制度など）が変化していない時にのみ有効であるということである。その場合は，全体的保守主義の程度が一定であり，無条件の保守主義は条件付の保守主義とは相反関係になる。しかし，IFRSの導入は，経営者と監査人のインセンティブを変え，全体的保守主義の水準を変化させた。そのために，この相反関係はIFRSの影響の解釈として成り立たなくなったのではないだろうか[23]。この推測については，更なる実証研究による証明が必要である。

　もう1つ留意すべきことは，IFRSの改訂は，保守主義の会計の存在形態として無条件と条件付の2つのタイプ以外に，両者の保守主義を混合したタイプの保守主義をもたらした点である。たとえば，研究開発費は研究段階と開発段階に区別され，原則として費用に計上される。これは無条件の保守主義をなす。しかし，一定の条件を満たす開発段階の支出は，無形資産として認識される。これは条件付の保守主義である。研究開発費はまさにこの混合型の保守主義をなすものである。単純な保守主義より，このような混合型の保守主義が，どのような経済的効果をもたらすかは興味深い研究課題であろう。

## 第4節　IFRSにおける認識と評価の慎重性
：リスク会計の視点

　前節では，概念フレームワークにおける慎重性の合理性やIFRSの原則主義，公正価値評価などの特徴が，保守主義に対してどのような影響を与えるか検討した。そこで本節では，リスク会計の視点から，IFRSの認識・測定に関する慎重性と保守主義の特徴並びにその問題点を明らかにしたい。

第2部　リスクへの対応と保守主義会計の再認識

## （1）IFRSにおける慎重性の反映

　リスク会計の役割は，様々なリスクを財務諸表やその他報告に反映することである。したがって，資産と負債の認識と評価において慎重性は主に，①隠れ債務のオンバランス化によるリスクの顕在化，②資産と負債の非対称的検証可能性基準，③計上された資産の再評価による回収可能性の確認，という3つの側面で示されている。

　まず，保守主義会計の理論と実証研究では，条件付の保守主義と無条件の保守主義に関する議論は，引当金を除いて，主に資産を中心に行われている。たとえば，無形資産の費用化，固定資産の減損，加速減価償却などがあげられる。しかし，オフバランス負債を貸借対照表に計上することも保守主義と慎重性に対する反映であると考えられ，この隠れ債務のオンバランス化，純資産の価額の切り下げ等は，無条件の保守主義会計の処理を例示する。

　また，資産・負債の認識における慎重性は，資産と負債の計上における非対称的な検証可能性基準に反映されている。つまり，純資産を過大評価しないように，資産は確実性がある場合のみ計上される。それに対して，負債は不確実な場合にも認識されることが可能である。たとえば，自社創設のれんなど，将来のキャッシュフローの回収が立証しにくい無形資産は，そのコスト（支出）の発生時には資産として認めず，費用として処理される。それに対して，不確実性がある引当金は，負債として計上される。

　さらに，すでに計上された資産については，その資産性や価値を定期的に検証する必要がある。特に，そもそも資源でない資産，たとえば繰延税金資産は，その計上は自己資本や自己資本比率を押し上げることになる。自己資本比率は，与信者が融資先企業の財務状況を判断する重要な判断材料をなすので，この繰延税金資産の資産性がまだ存在するかどうか，価値が下落したかどうかを確認することが重要である。

　他方，IFRSにおける慎重性について，Hoogervorstは，以下の例をあげている。

①公正価値を「マーク・トゥー・モデル」[24]によって計算する場合には，リスク調整後の値が要求される。
②商品の保証の場合，負債性の引当金の計上が要求される[25]。
③棚卸資産は，低下法によって計上される。
④簿価価額は，回収可能価額を上回らないように減損テストを行う。
⑤オフバランス・ファイナンスが行われないように，厳しいルールが規定されている。
⑥IFRSにおける貸借対照表での金融資産と金融負債の相殺要件は，US GAAPにより制限的である。
⑦改訂中のリース会計基準は，オフバランス・ファインナンスをより透明化するもう1つの対策をなす。
⑧連結会計基準は「支配原則」について極めて厳格である。

　以上，概して，IFRSは，次のような特徴を表している。まず，負債の認識において，慎重性あるいは保守主義が増加している。また，資産の計上に無条件的保守主義を排除する傾向と，資産の回収可能性に条件付の保守主義の適用の傾向が認められる。さらに，もう1つの特徴は，無条件の保守主義と，条件付の保守主義の混合的適用である。

　2012年に，日経が225社の医薬品企業と電気機械企業の有価証券報告書のリスク開示項目を対象としてコンテンツ分析を行った結果が，図表7-1に示されている。これより明らかなように，会計リスクとして3つのリスク項目，つまり固定資産の減損，退職給付債務および繰延税金資産が，最も多くの企業で開示される項目である。減損は，固定資産の再評価問題であり，退職給付債務は，オフバランスの負債の貸借対照表での計上問題，そして，繰延税金資産は，価値創出源泉，したがって，資源性を有しない資産の資産性の問題として要約的に特徴づけることができる。

第2部　リスクへの対応と保守主義会計の再認識

図表7-1　企業の最も注目する会計リスク
(医療品企業と電気機械企業65社)

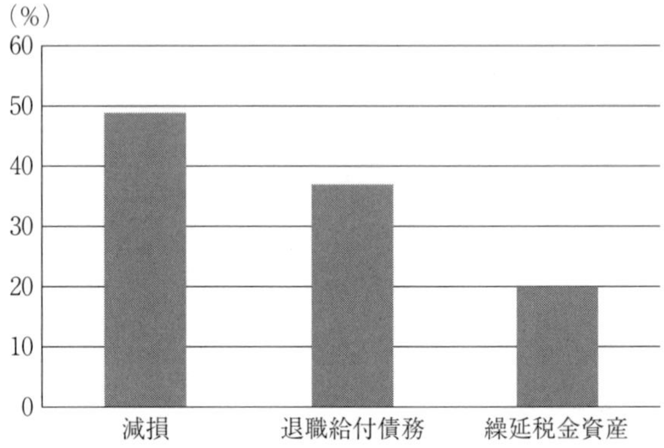

次に，これらの傾向が，どのような問題をもたらすかについて，上記の3つの会計リスクを含めて，例をあげつつ明らかにしたい。

(2) 隠れ債務のオンバランス化によるリスクの顕在化

慎重性は，オフバランス負債のオンバランス化に反映される。たとえば，退職給付会計（IAS 19）やリース会計（IAS 17）があげられる。また，もう1つの例として，IASBの公開草案では，資産の証券化に係わるすべての負債の計上が要求されている。以下では，すでに会計基準に規定されている退職給付会計とリース会計を例としてさらに詳細に検討したい。

(a) 退職給付会計

退職給付会計とは，将来退職するIFRSの退職給付債務に関する会計をいう。IFRSは現在の日本基準より厳格であり，日本基準のもとで隠されたオフバランス負債[26]は，IFRS基準に従えば，貸借対照表に計上しなければならない。その場合には，企業の負債が増加し，純資産を減らすので，純資産が少ない企業は，債務超過に転落するリスクがある。

148

日本の企業会計基準委員会（ASBJ）は，2012年5月17日，改正企業会計基準「退職給付に関する会計基準」と，改正企業会計基準適用指針「退職給付に関する会計基準の適用指針」を公表した。これによって，日本の会計基準とIFRSとの差異を埋めるコンバージェンス活動の1つをなす「退職給付（ステップ1）」が完了した。改訂後の会計基準は，未認識の項目の計上[27]を求め，隠れた債務超過のリスクを顕在化する効果があると考えられる。

　また，IFRSでは，割引率の適用ルールは，日本より厳密に定められている。割引率が高ければ高いほど，退職給付債務は小さくなり，逆に低ければ低いほど，退職給付債務は大きくなる。IFRSを導入すれば，あるいはIFRSに合わせて，会計基準を改訂すれば，現在まで使用してきた低い割引率が使えなくなり，退職給付債務が膨らみ，結局，積立て不足が深刻化し，最悪の場合は，「債務超過」になる可能性もある。また，債務超過とまではいかなくとも，負債の急増により財務体質が悪化し，銀行が途端に融資に消極的になったり，取引先が取引を見直したりすることになるかもしれない。

(b) リース会計

　IASBのHoogervorst議長は2012年の講演で，IFRSの中で慎重性が存在することを説明する時にあげた1つの例が，リース会計である。リースは，特定の資産（リース物件）の所有者である貸手が，リース期間にわたってその資産の使用権を借手に与え，借手は合意されたリース料を一括または分割して貸手に支払う取引であり，企業の設備調達の手段の1つとして利用される。形式的には資産の賃貸取引であるにもかかわらず，実質的には代金分割払いの資産の販売取引と同様の特徴がリースに含まれることがある。経済的実質主義によって，リースが実質的に資産の所有に伴うリスクと経済的利益をすべて借手に移転させるならば，そのリースの実質は販売と金融であり，会計上は売買として認識すべきである。したがって，ファイナンス・リスクは，貸借対照表に計上されるようになった。

　さらに，最近のIASBのリース会計の公開草案では，リース満了後に中古市

場などで物件の売却を見込んで残価設定をするオペレーティング・リースもオンバランス化する方針が示されている。しかし，これにはリース業界をはじめ，不動産や海運などリースの利用頻度が高い業界から強い反対意見が寄せられた。まず，オペレーティング・リースのオンバランス化は，会計の慎重性を示す一方，リースを利用する企業にとっては，貸借対照表上の資産と負債がともに増加し，自己資本比率が急激に低下するリスクがある。一般に自己資本比率が高いほど，金利の負担が少なく，資金繰りが容易であり，健全な経営であると言われる。また，多様なリース取引に単一の会計モデルを適用することによって，一部のリースの経済的実質を適切に表わすことはできない。さらに，実務上の会計処理が極めて煩雑化し，関連するコストも大きい。このように，オペレーティング・リースの計上は，企業にとってリースを利用するメリットが減少することになり，リースを利用するインセンティブを失う可能性もある。

以上のように，隠れ債務のオンバランス化は慎重性に合致するが，それによって，企業のリスクは顕在化され，企業に大きな影響を与えることになる。また，慎重性によるベネフィットは，慎重性を実現するためのコストと比べ，コストがベネフィットを上回る可能性もあり，企業がこのような会計基準を受け入れるインセンティブは低下するかもしれない。したがって，慎重な会計処理の採用に伴うコストについては，注意深く分析することが必要である。このコストは，もし短期的に企業に不利な影響を与えるとしても，長期的に企業や企業の利害関係者（情報の利用者）に有利であれば，コストを要してもよいであろう。

(3) 条件付保守主義の増加と資産再評価の判断

IFRSには無条件の保守主義の排除[28]と，条件付保守主義の適用可能性の増加という傾向が見える。資産を貸借対照表に計上することを事前に認めなければ，再評価するための減損テストも必要なく，資産性が存在するかどうかの検証も必要もない。しかし，すでに計上された資産については，その資産性と価値の確実性を確認すべきであり，価値評価額の確実性が下がった時に，その削

減をしなければならない。それは条件付の保守主義である。

　たとえば，そもそも多くの大陸法諸国では，将来の課税所得の不確実性が高いことを理由に，IAS12が適用される前では，繰越欠損金を繰延税金資産として計上することを認めなかった（Hellman 2008）。しかし，IAS12はその計上を認め，このような会計処理は，無条件の保守主義を排除するものと考えられる。繰延税金資産を計上すれば，企業の資産が増加すると同時に自己資本が押し上げられる。しかし，有形固定資産など価値創出のための資源と異なり，繰延税金資産は，将来税務上の損金算入が実現した時には，会計上の利益に比べ税金が減少するので，その税額減少効果を見込んで計上したものである。したがって，繰延税金資産の回収可能性は将来企業の収益力に依存し，将来，企業の収益力がある限り，その資産性を持つ。資産性を持つかどうかは，将来の収益力の見込みによって検証される。前期までに将来黒字になると予想し，繰延税金資産を計上しても，当期になって，予想の収益が変われば，すでに計上してあった繰延税金資産は取り崩さなければならない。これは条件付の保守主義である。IFRSは条件付の保守主義の適用の範囲を拡大した。

　しかし，条件付の保守主義の適用は判断と見積りに依存するし，判断の変化は，繰延税金資産の価値，さらには純資産の価値を大きく左右する。たとえば，経済の不況感が強まる時に，また，不意なショックを受けて将来の収益増加の可能性が低くなるとすれば，資産性の低下と純資産価値の毀損が避けられない。また，いつ繰延税金資産を計上するかの判断の違いによって，純資産や純利益の分布も異なる。繰延税金資産の資産性の検証に基づき，資産価値の調整が利益変動を増幅することをもたらすかもしれない。減損などの資産再評価も，同様の効果がある。それゆえ，条件付の保守主義の拡大適用は純利益の予想可能性を低下させる可能性がある。

　それは実証研究の結果とも一致している。保守主義と利益の質との関係に関する実証研究によって，利益の持続性と予測可能性が低下していることが判明した。その低下は，主に条件付の保守主義の適用によるものである（Ruch and Taylor 2011）[29]。

## （4）無条件の保守主義と条件付保守主義の混合適用の問題

　資産の確実性によって，異なる程度の保守的会計処理が採用される。すなわち，不確実性が高い（確実性が低い）資産については，そのコストを全部費用化処理（無条件の保守主義）するのに対して，不確実性が低い（確実性が高い）無形資産については，そのコストを資産として認識し，また認識後，定期的に減損テストを行う（条件付の保守主義）。IFRSには，この2つタイプの保守主義を混合的に適用するケースもある。以下では，Hellman（2008）で論じられた開発費の資産計上と減損に関する判断の例を利用して，IFRSにおける無条件の保守主義と条件付の保守主義の混合適用による問題を明らかにしたい。

　研究開発費の会計処理は，IAS38「無形資産」に規定されている。IAS38による無形資産の定義の特徴は，次の5つの要件を定めていることにある。つまり，①企業による支配，②将来の経済的便益の流入，③物理的実体，④識別可能性，⑤非貨幣性資産という5つの要件がすべて揃えられた場合に，無形資産の定義を満たすことになる。また，IAS38は，経済的便益流入の可能性と信頼性ある費用測定を認識基準としてあげ，それに該当するならば，取得原価をもって当初測定しなければならないと規定している。研究開発活動については，教育訓練，広告宣伝，開業準備活動などと同様にIAS38のもとで会計処理を行う。

　しかし，研究段階では，将来の経済的便益を創出する可能性が高い無形資産の存在を立証するのが概して困難であり，したがって，研究に係る支出は，それが生じた時点で費用として認識しなければならない。開発段階で生じた支出は一般的に費用として計上されるが，以下の6つの要件すべてを満たす場合には，無形遺産として認識することを要求している（para.57）。

①使用・売却が可能な無形資産を完成させる技術的実行可能性がある。
②無形資産を完成し，使用・売却する意図がある。
③無形資産を使用・売却する能力を持つ。
④どのようにして無形資産が可能性の高い将来の経済的便益を生み出すかを示しうる。特に無形資産から生じる産出物，もしくは当該無形資産それ自

体を取引する市場が存在するか，あるいはその無形資産を内部使用するときには，その有用性を立証しなければならない。
⑤無形資産の開発を完遂し，その使用・売却に必要な技術的・財務的・その他の資源を利用できる。
⑥開発中に無形資産に要した支出を信頼性をもって測定できる。

このように，IAS38は，開発活動によって創出した無形資産の立証可能性に基づき，部分的に開発費を無条件の保守主義会計で処理をし，また部分的に条件付の保守主義会計で処理を行う。さらに，当初認識後の無形資産（資産として計上された開発費）は，定期的に償却される（原価モデル）か，あるいは減損テスト（再評価モデル）を行うことによって再評価される。従来の無形資産の会計基準は，研究開発費をすべて費用として処理することを要求したが，このIAS38の規定は，条件付の保守主義の存在空間を拡大することになった。

無条件の保守主義と条件付の保守主義の混合適用は，理論的には一層経済的実質を反映することができるが，実際の運用の中で経営者の判断の変化によって，異なる部分の開発費の処理が費用化処理から資産計上に変更するか，あるいは逆になることがある。これは情報の利用者に混乱をもたらす。以下では，Hellman（2008）のデータを引用して，この会計処理によって情報を理解することの困難性を示したい。

Biacore 社は2002年からIAS38に従って，開発費の会計処理を行った。2002年には，総研究開発費の4.5％しか資産として計上されていなかった。次年度は35％を資産として認識した。1994年から2004年までの間，当社は連続して黒字であったが，2004年に44.5万スウェーデンクローナの評価損を計上した結果，純利益はマイナス4百万スウェーデンクローナに下落した。しかし，2005年に当社は評価損を回復させ，当期純利益は195万スウェーデンクローナの黒字になった（**図表7-2参照**）。

## 図表7-2　Biacore社の貸借対照表に認識された開発費
### 資産化された開発費

(単位:千スウェーデンクローナ)

| | | |
|---|---:|---|
| 2001年12月31日 | | |
| 資産の取得 | 4,994 | (総研究開発費の約4.6%) |
| 為替換算差額 | 76 | |
| 2002年12月31日 | 5,070 | |
| 資産の取得 | 44,925 | (総研究開発費の約35%) |
| 償却 | -608 | |
| 評価損 | -939 | |
| 為替換算差額 | -1,708 | |
| 2003年12月31日 | 46,740 | |
| 資産の取得 | 56,800 | |
| 償却 | -2,975 | |
| 評価損 | -44,540 | |
| 為替換算差額 | -139 | |
| 2004年12月31日 | 55,886 | |
| 資産の取得 | 6,629 | |
| 償却 | -21,318 | |
| 評価損 | 8,237 | |
| 為替換算差額 | 1,071 | |
| 2005年12月31日 | 50,505 | |

出所　Hellman (2008) のデータにより作成。

注　このデータはBiacore社2003年のアニュアルレポートの33頁と2005年のアニュアルレポートの42頁から取り出した。

　この例から，企業が将来キャッシュフローの見積りによって，開発費を費用化するか資産計上するかの判断を行い，また再評価する会計処理は非常に理解しにくい。利益操作をする可能性もあると考えられる。Hellman (2008) のインタビュー調査によると，証券アナリストはこのような情報を利用しても，企業が将来どのぐらいの開発費を資産化するかを判断しにくく，また，企業自身もそれを理解することはできないようであった。実際，IFRSを採用する企業は，外部報告ではIAS38に従って混合型の保守主義会計を採用するが，企業内部では開発費をすべて費用として処理するケースもある。

## 第5節　保守主義の最適水準
　　　　：リスク水準とカウンターシグナル理論

　以上の考察から，1つの問題が提起されよう。保守主義はリスク対応機能があるので，それは高ければ高いほどよいだろうか。明らかに答えは，そうでもない。もしそうであれば，なぜ世界各国が最も保守的な会計処理を行わないのか。なぜIFRSの導入とともに，保守主義の程度が下がったか。なぜオペレーション・リースのオンバランス化がリース業界の反発をもたらしたのか。なぜ無形資産の非計上化が批判されるのか。保守主義を採用することによって，ベネフィットを得ることができるとともに，コストも要する。

　たとえば，株主の視点からみると，保守主義を採用するコストは，企業の株式価値の減少である。株主と債権者の間には，相反する利害関係が存在する。保守的会計処理による利益の控え目な計上は，株主への過大な配当金の支払いを回避でき，債権者に債務返済能力を確保することができる。債権者は企業の保守主義の程度によって，企業のリスクを判断する。しかし，利益の過小計上は，株式に対する評価の低下をもたらす。保守主義は，もともと債権者保護のために発展してきた会計である。高いレベルの保守主義は債権者に強固な保護を与える反面，株主の利益を阻害する。

　当然，保守主義のコストとベネフィットは株主と債権者の相関関係のように単純ではない。たとえば，第5章で例示した1907年GEの特許権の費用計上は，債権者保護のためではない。その時，GEの負債が総資産に占める割合は2％しかない。資本市場から資金調達をするために，高い配当金を払わなければならないので，収益が景気循環に影響されやすい企業として，配当金の支払いに必要な現金を維持するために保守主義会計を採用したのであった。各企業は様々なベネフィットとコストのバランスを考えながら，自社に最も適する保守主義のレベルを決定すると考えられる（Wang, Hogartaigh et al. 2009）。

　実証研究によると，企業の保守主義の最適水準は，企業の特徴，リスクのレ

ベルに依存していることを示している。たとえば,アメリカのハイテク企業は,他の企業より保守的な会計を採用している。これらの企業は他の企業より訴訟リスクが高く,会計基準も高い保守的会計を要求している (Chandra 2011)。

しかし,この結果はシグナル理論と矛盾している。シグナル理論によれば,保守主義会計は,価値評価に役立つのみならず,他のチャンネルを通じて情報を伝達することも可能である。たとえば,シグナルとして,債権者に企業のリスク・レベルを示す役割もある。したがって,リスク[30]の高い企業は低い保守主義を選択するが,リスクの低い企業は,高い保守主義を選択する (Wang, Hogartaigh et al. 2009)[31]。しかし,興味深いことは,この推論はまた,歴史的事実に相反する。会計の歴史研究において,1920年代と1970年代に研究開発費の費用計上の企業社数の顕著な増加が観察された。多くの会社は,会計基準SFAS2が保守主義会計の適用を要求する前に,すでにこれを適用していた。また,保守主義会計を採用した企業は,その時代で最も収益性が高く,かつ市場価値が高い企業であるという傾向も明らかである (Waymire and Basu 2008)。この現象は,「カウンターシグナル (counter-signal)」と呼ばれる。

カウンターシグナルとは,最も強い人は中ぐらいの強さの人よりも,弱い人のように振る舞うことを指す。すなわち,中レベルの人は自分が低いレベルの人より良いことを示すために,シグナルを利用する。しかし,トップレベルの人は自分の方がより良いことを示すためには,シグナルを使用しないか,あるいは低いレベルの人のような行動を逆のシグナルとして利用する。良い企業こそ,自信があるので,利益を控え目に見せてもよいというのである。これらの企業は,他の情報と方法によって自分の良さを伝えることができるからである。

上述のような矛盾に見える理論と現象から言えるのは,会計は単純な理論モデルのような役割を果たしているのではなく,様々なチャンネルによって情報を伝達していることである。厳格な会計基準は,保守主義のシグナルとしての役割を喪失させる可能性がある。しかも,企業のリスク・レベルが異なり,すべての企業が同じ程度の保守主義を要求すれば,企業がコスト・ベネフィットの分析に基づき自社にとって最適な保守主義のレベルに達しないことになるか

もしれない。

　さらに，留意しなければならないのは，保守主義の最適水準の決定には，様々なタイプの保守主義の組み合わせ，つまり，無条件の保守主義，条件付の保守主義それぞれの割合も考慮することが肝要となるであろう。

## 第6節　小　　括

　実証研究によって，IFRSの各国の導入は，保守主義の低下をもたらしたことが分かった。その最も大きな理由の1つは，恐らく原則主義の採用であろう。原則主義の採用は，経営者，監査人などのインセンティブを変え，彼らのより裁量的な行動によって，保守主義の低下を導いたと考えられる。一方，原則主義も各国に自国の保守主義の程度に対する選択権を与え，コスト・ベネフィット分析のもとで，各国が自国に最適な保守主義の水準を決定することが必要となろう。

　また，IFRSの「概念フレームワーク」が2010年に改訂された際に，「慎重性」が意図的に削除されている。その削除は，「中立性」との整合性の欠如と過度の保守主義の危険性に理由がある。しかし，情報のフィードバック効果とステュワードシップ効果を重視する会計観のもとで，この2つの理由は，ともに十分ではない。まず，慎重性の必要性は人間の限定的合理性にあり，また保守的会計は，必ずしも利益操作の道具になるわけではない。リスク管理の哲学によって，「平均への回帰法則」に従って，慎重性と進取性のバランスを取ることが重要となるので，慎重性の排除より，基準の設定にあたって，いかにして慎重性を適切に活用するかが肝要である。

　公正価値会計は保守主義と部分的に矛盾しているが，公正価値評価の適用は，金融危機において景気循環増幅効果をもたらすので，株式市場の下落リスクを削減するためには，慎重性と保守主義の適用が必要になる。ただし，これによって，理論上，非整合性の問題が生じる。また，公正価値情報はリスク関連性があり，評価モデルやリスクマネジメント情報と併せて開示することが利用者に

第2部　リスクへの対応と保守主義会計の再認識

とって有用となるであろう。

　さらに，IFRS における保守主義の適用は，第1に，負債の認識における慎重性の拡大や，資産の計上における無条件的保守主義の排除，第2に，資産の回収可能性について条件付の保守主義の適用，第3に，無条件の保守主義と条件付の保守主義の混合的適用という3つの特徴的側面を有する。これらの傾向の問題点を分析することによって，最高の保守主義ではなく，各企業のリスク水準や他の特徴に合わせた最適水準の保守主義の選択が特に重要になる点に留意されたい。


注
（1）　IFRS の適用は任意適用と強制適用とに分けられるが，IFRS を任意に適用した国と企業の場合はそのインセンティブは強制適用の企業と異なる。保守主義の実態の変化は IFRS よりは，IFRS と無関係の他の要因によるインセンティブの影響が強いと考えられる。したがって，ここでは IFRS の影響を解明するために，強制適用を研究対象にした。
（2）　本論文は Contemporary Accounting Research 誌に掲載予定である。
（3）　会計情報の質については研究者や投資者の間に統一した見解がない。概念フレームワークには目的適合性や表現の忠実性などを規定している。本論文の3つの会計情報の質は主に表現の忠実性にかかわると考えられる（Ahmed 2010）。
（4）　アグレッシブ会計処理は，一般に公正妥当と認められた会計原則（GAAP）に従って行うことができるため，会社の財務状況を偽るための狡猾な方法である。そのゆえ，個々の会計処理を見つめて，注目しない限り，このような慣行の存在が明らかにならない場合がある。
（5）　保守主義は利質の重要な特性と考えられ，従来の IFRS のフレームワークでは信頼性の質の属性とされた。
（6）　これは④の結果と一致していると考えられる。なぜならば，無条件の保守主義は条件付の保守主義を無効にする効果があるので，IFRS の導入によってもし無条件の保守主義が増強されれば，条件付の保守主義が低下することがあり得る。
（7）　4大監査法人の方がより訴訟リスクを回避し，レピュテーションを保持するので，事前的無条件の保守主義が好ましい。
（8）　たとえば，非裁量的発生高を計算する方法は，回帰モデルを利用する方法が一般的である。

第7章　国際会計基準とリスク会計

(9)　財務報告において表現される現象は経済的資源および債務，並びにそれらを変動させる取引その他の事象および環境である。経済現象を忠実に表現するために，法的形式に従うのではなく，その実質と経済的実態に即して会計処理され表示されることが必要である。

(10)　人は，自分自身の能力を過大視してしまう傾向がある。レイク・ウォビゴンに住む子供たちのように，頭の中では皆が"平均以上"なのだ。例をあげると「自分は優良ドライバーだと思いますか」という問いに対して80％前後の人が「イエス」と回答する。また，「最終成績が上位50％以内に入っていると思う人」の数は，平均すると教室にいる全員の約8割にも達する。もちろん，うち3割は後になって失望の憂き目に遭うのだが……。一貫して過剰な楽観性が発見されるのは，「コントロールの錯覚（illusion of control）」や「自己帰属バイアス（self-attribution bias）」などに代表される多くの心理的バイアスによって，それが生じているからである（Montier 2002）。

(11)　Beaver and Ryan（2005）も，「企業は無条件な保守主義を選択することによって，将来の評価切り下げの可能性を減らし，したがって利益を平準化することができる」と指摘した。それに対して，条件付の保守主義は突然に資産価値を大きく切り下げることを可能にする。

(12)　たとえば，開発費の費用化と計上の2タイプの会計処理の同時適用は1つの例である。これについては第4節で詳しく議論する。

(13)　Dechow et al.（2010）によって，条件付の保守主義は企業の利益操作の裁量行動を抑えることができるために，会計情報の信頼性の属性として考えられる。しかし，条件付の保守主義は新しい情報に基づいて，経営者の主観判断によって会計処理を行うことを指すので，利益操作の裁量行動を控えるより，せいぜい利益操作の裁量行動に直接関与しないで済む程度と考えられる。

(14)　実際に，会計研究の中で，利益操作など裁量行動は必ず「悪い」，あるいは「非効率的」という結論はまだない。

(15)　条件付の保守主義や無条件の保守主義は異なるルートで利益平準化と関連付られ，その相関関係はより緻密な研究が必要であることは事実である。

(16)　上方リスクに注目する最近の経営学の傾向は，下方リスクに対応する1つの哲学の反映であると筆者は考える。なぜならば，単なる下方リスクを防ぐための施策は消極的対応であり，それに対して，上方リスクを増加させることによって，下方リスクを防ぐことは積極的対応である。どちらでも，下方リスクを無視することができないことを意味している。それは，上方リスクのみであれば，リスクに対応する意味がないからである。

(17)　IFRSが現在のように広く世界で適用されるようになる前は，米国基準が世界的には

第2部　リスクへの対応と保守主義会計の再認識

最も進んでいて優れた会計基準であると考えられていた。米国基準は細則主義を採用し，非常に細かい基準や解釈指針を作ってきたのである。しかし，一連の会計不祥事は細則主義の弱みを露呈し，特にエンロンの不正手口は，米国基準のルールの裏をかいた巧妙なものであった。アメリカでの不正会計事件がきっかけとなってわき上がってきた細則主義への批判，反動が，IFRSを原則主義に向かわせる原動力となっている。

(18)　会計の裁量行動は会計方法の変更によって利益を調整する行動である。

(19)　利益の平準化が良いか悪いかは未解決の問題であり，ここでこの議論はしない。

(20)　この公正価値の定義は，公正価値は市場を基礎とした測定であり，企業固有の測定ではないことを強調している。

(21)　公正価値は測定にかかわるものであり，保守主義は測定のみならず，認識問題にもかかわっている。その意味で部分的矛盾としか言えない。

(22)　リスクマネジメントやガバナンスなどは公正価値評価の恣意性を抑え，公正価値情報の信頼性を保証できる。

(23)　無条件の保守主義と条件付の保守主義とは相反関係になるかどうかについて，Gassen (2006) の実証研究は検証した。無条件の保守主義は必ずしも条件付の保守主義と逆の関係になるではない。

(24)　市場に十分な取引があり，市場価格が信頼できるものである場合には，その価格による評価を用いる，すなわち「マーク・トゥー・マーケット」ということである。市場が混乱している場合など信頼に足る市場価格がない場合には，むしろ合理的に算定された価格，すなわち理論値により評価する。英語でいえば「マーク・トゥー・モデル」である。このような2つの評価方法のセットが公正価値会計という内容を構成している。

(25)　IFRSにおいては，引当金を測定するにあたって，現在の債務を決済するのに必要な支出の最善の見積額を算出するには，リスクと不確実性に配慮しなければならないとしている。リスクと不確実性が存在する状況下で判断を行う場合は十分に注意を払い，負債が過小に評価されないようにしなければならないことを要求している。しかし，一方で，リスクと不確実性が存在することが過大な引当金を正当化する理由にもならない。

(26)　現在，日本の退職給付会計では，積立不足のうち，認識債務は貸借対照表に計上されないオフバランス処理となっている。これは「隠れ債務」といわれる。しかし，まったく隠しているわけではない。貸借対照表の注記に，「退職給付債務に関する事項」というタイトルで開示されている。だからオフバランスにしても，それほど影響がないわけではない。まず，このような隠れ債務は純資産の過大評価をもたらす。また，注記と財務諸表に開示している情報に対して，利用者の注目度が異なるので，オフバランスかオンバランスかによって，情報の価値が異なる。

(27) 連結財務諸表のみに適用する。
(28) ここでの無条件の保守主義の排除は資産の認識における保守主義のことを指す。隠れ債務のオンバランス化も無条件の保守主義によるものであるが，IFRSにおいては，増加する傾向にあるとみられる。
(29) Ruch and Taylor（2011）は保守主義と利質に関する研究をレビューし，条件付の保守主義が利益の持続性と予想可能性の低下をもたらすことを示した。しかし，これは会計期間にグッドニュースが現れるか，バッド・ニュースが現れるかによる。バッド・ニュースが現れた時のみに，条件付の保守主義の適用は利益の持続性と予測可能性を低下させる。
(30) ここのリスクは分散の意味のリスクを指す。
(31) Wang（2009）の研究は，保守主義と企業リスクとの相関関係について，以下のような4つの結論を示した。①ほかの条件が等しければ，一定の程度の会計保守主義のもとで，企業のリスクが増加するにつれて，その収益が減少する。②ほかの条件が等しく，会計保守主義が増加すれば，リスクの高い会社はリスクの低い会社より収益が早く低下する。③ほかの条件が等く，会計保守主義が増加すれば，債券の価値が増加するが，株主資本の価値が減少する。④ほかの条件が等しければ，会計保守主義の程度の増加は，リスクの高い会社の債券の価値の増加はリスクの低い会社の債券の価値の増加より速い。

# 第 3 部

# リスク情報の拡充化とその有用性

# 第8章 ボラティリティ,リスク・パーセプションと会計のリスク尺度

　会計が取り扱うリスクの1つは,ボラティリティとしてのリスクである。それはファイナンスのリスク研究からの大きな影響によるものといえる。ファイナンスの研究が投資リスクに注目した背景には,1929年のウォール街大暴落から,1945年までの株式市場のボラティリティの著しい変動がある。したがって,標準ファイナンスにおけるリスク研究は,当初からボラティリティに焦点を合わせ,リスクの統計的測定方法の開発を中心として行われてきた。たとえば,ポートフォリオ理論,また金融機関のリスク管理手法として確立されたVaRなどは,ボラティリティに基づくものである。また,行動ファイナンスの発展によって,リスク研究はリスクの主観性にも注目し,その研究範囲を拡大してきた。したがって,リスク・パーセプションがリスクの対象になり,その大きさはリスクの尺度として会計のリスク研究にも導入された。本章では,まず投資活動の理論としてのファイナンス理論における「客観概念」としてのリスクとその測定,および「主観概念」としてのリスクとその測定との相関関係を分析したい。次に会計変数のリスク関連性の研究をレビューすることによって,ボラティリティとしてのリスク概念が会計にもたらす影響を論じ,行動ファイナンスの主観リスクの概念の影響も考察する。そうすることによって,会計変数のリスク関連性研究の意義,会計リスク尺度の特徴と限界を浮き彫りにすることにしたい。

## 第1節　投資意思決定とファイナンスのリスク尺度

　投資活動はリスク環境の中で行われている。金融市場のリスクは,投資活動の結果に直接に影響するのみでなく,投資対象としての投資先企業の株価をも

左右する。投資収益を決定するのは現在の収益率ではなく，期待利益率である。企業の将来性に対する予測は現在企業の実態，つまり企業のコア競争力，および企業のリスクを把握することに基づいたものである。投資者は収益率とリスクを総合的に考慮した上で，投資意思決定を行う。したがって，リスク判断は，投資意思決定プロセスの重要な一環となる。

　リスク判断においては，リスクを特定し，測定することが重要である。古典的意思決定理論（classical decision theory）は，個人の行動は合理的であり，不確実性とリスクを判断して最善な意思決定を行うと仮定する。そこでは，リスクを客観的な概念として，客観的データに基づいて測定する。前章で示したように，標準ファイナンスの研究はこの観点に立つので，リスクの主観的部分（行動の側面）を組み込まず，データ，統計的測定，結果の確率分布など客観的表示に焦点を合わせる。つまり，標準ファイナンスは，異なる金融商品や投資商品のリスクを評価し，意思決定を行うプロセスの中でリスクの主観的要素を考慮しない。

　しかし，社会科学の研究者（特に心理学者，行動科学者）は，客観的リスク評価より，リスクの中に主観的な要素があるという観点に一層注目しようとする。主観的リスクは，投資者のリスクに対する認識（パーセプション）と反応を通じて意思決定に影響する。認識されたリスク（perceived risk）は事前的測定値であるが，過去のデータ，ファンダメンタル分析，およびその他適当と思われる情報に基づいてリスク尺度（測定値）が得られる（McDonald and Stehle 1975）。**図表8-1**は，Ricciardi（2004）のモデルを援用しつつ，客観的リスクと主観的リスク尺度，および意思決定の関係を説明しようとするものである。

## 第2節　会計指標のリスク関連性研究とその意義

　**図表8-1**は，投資意思決定に利用されるファイナンス情報と，会計情報に含まれる客観的リスク尺度並びに主観的リスク尺度を示している。本節では，ファイナンス理論に即して会計のリスク関連性研究をレビューし，主なリスク

# 第8章 ボラティリティ，リスク・パーセプションと会計のリスク尺度

**図表8-1　主観的リスク尺度と客観的リスク測度の関係**

| 客観的リスク測度 | → | 主観的リスク測度 | → | ファイナンスや投資意思決定 |
|---|---|---|---|---|

（標準ファイナンス）
・ベータ
・CAPMモデル
・分散（variance）
・標準偏差
・下方リスク

（行動ファイナンス）
・多次元：会計とファイナンス情報，その他情報
・膨大なファイナンシャル損失（i.e.ビジネス失敗）
・精神的変数：投資者の心配程度，リスクに関する知識，目標を達成できないことや下方リスクの可能性

出所　Ricciardi 2004

情報と尺度を明らかにし，会計のリスク関連性研究の意義を論じることにしたい。

　会計の制度設計者と研究者は，投資者が会計データに基づいて投資活動を行い，会計がリスク情報も提供していることを想定して，会計情報のリスク関連性を検証しようとしてきた。このような会計のリスク関連性研究は，ファイナンスのリスク尺度と密接に関連している。長年にわたり，多様な測定方法と尺度の開発に向けて研究が進められてきた。会計とファイナンスの分野において，150以上の会計のリスク尺度，ファイナンスのリスク尺度が検討されてきたが，現在なお，より適切なリスク尺度の可能性が探求されつつある。

　以下では，リスク情報に関連する文献のすべてをレビューしようとするものではなく，ファイナンス理論におけるリスクの定義に即して，最も代表的な文献を提示しつつ，リスクを判断・評価するのに用いられる会計尺度について，その具体的内容と特徴を明らかにしたい。

## （1）会計データに基づくリスク尺度

　投資者による投資意思決定に有用な情報を提供することが会計の主な役割と考えられるので，会計情報が投資者のリスク判断に役立つ情報を提供しているかどうかについて，会計研究者は19世紀の60年代から検討し始めた。確かに，これは非常に難しい研究テーマである。前述したように，リスク概念自体は複雑で，統一的な見解がないからである。今でも，財務報告基準や会計基準の中

では，リスクの概念について明確にされていない。現在まで，会計学者(伝統的会計学者[1]と行動会計学者との双方を含む)は主に標準ファイナンス理論のリスク概念に基づいて，リスク評価における会計情報の有用性を探求した（標準ファイナンスと行動ファイナンスのリスク尺度については，具体的には**補論**を参考されたい）。

まず標準ファイナンスのポートフォリオ理論は，リスクとリターンの関係を評価・判断する際の会計データの役割を直接的には示していないが，会計学者は実証研究で会計変数とボラティリティとしてのリスク尺度との関係を明らかにしようと努力した。また，下方リスク概念に対応する会計情報のリスク関連性の研究もある。しかも，一部の会計研究者が行動ファイナンスのリスク・パーセプションの概念を利用して，会計情報が投資者のリスク判断に大きな影響を与えていることを実証した研究も多数存在する。具体的には，次のとおりである。

① 会計のリスク尺度とベータ[2]の関連性

会計情報のリスク関連性に関する早期の研究については，Beaver et al.（1970）と Castagna et al.（1978）などがあげられる。これらの先行研究は，会計変数，たとえば，配当金，資産増加，財務レバレッジ，資産サイズ，流動比率などがリスク・アセスメントに有用な情報を含み，システマティック・リスクの測定尺度となるものであると指摘した。これらの研究の主な目的は，リスク関連性のある主要な会計変数を確認し，開示すべきリスク関連の財務情報を提供することである。

70年代の研究は帰納的なデータ研究とはいえ，100以上の会計変数を検証した。その後，多くの会計研究は，ベータリスクの測定に関連する会計変数を確認しようと試みた。たとえば，Ryan（1997）や Lavern et al.（1997）は，会計変数がシステマティック・リスクを確定するにあたって，どのような役割を演じるかについての仮説を設定した。Penman（2001）は，システマティック・リスクと会計変数とを関連付ける理論モデルを構築した。

その後多くの研究は、システマティック・リスクと関連する一連の会計変数を確定し、上記の理論モデルを拡大させた。どのような会計変数がよりリスク関連性を持つかについて、意見が分かれているが、これらの研究の一般的な結論は、会計変数がリスク関連の情報を有し、投資者の資産配分の意思決定に役立つということであった。

さらに、Brimble (2007) は、会計情報と各種のシステマティック・リスクの測度の関連性を考察し、会計変数とシステマティック・リスクとが強い関連性があることを結論づけた。また、会計リスク変数は将来リスクに関する情報も含み、会計情報のリスク関連性は、過去30年にわたって大きく変化していないことが指摘された。

② 会計リスク尺度と下方リスク

下方リスクは、株式価額の下落の可能性と程度の双方を含む。実務上、アナリストは、様々な財務レシオや会計データを用いて下方リスクを評価する。たとえば、投資者はPERを利用して、下方リスクを判断する。PERの低い株式は、下方リスクの可能性が低い。なぜならば、投資者はPERが低い株式を割安株と考えやすいからである。また、配当が高く安定している株式は、投資者が現金配当を獲得するために継続的に当該株式に投資する可能性が高いから、下方リスクは低いとみられる。

③ 会計のリスク測度とリスク・パーセプション

ベータの代わりに、もう1つの市場リスクの測度として用いられるのが、投資者の主観的リスク・パーセプションである。ベータと比較して、主観的リスク・パーセプションは将来指向の特徴を有し、事前のリスクの測度になるものである。Farrelly et al. (1984) は、財務諸表に記載されている様々な会計変数を用いて、リスク・パーセプションを説明しようとした。これは上記のBeaver et al. (1970) その他が、会計情報を利用してベータ値で測定された投資リスクを説明する研究と類似している。ただ残念なことには、この研究では、

会計情報とこの事前のリスク尺度としてのリスク・パーセプションとの関連性を明らかにすることができなかった。

次に，Farrelly et al. (1985) は，証券アナリストを対象にして，彼らのリスク・パーセプションをリスクの尺度として会計情報の関連性を検討することを通じて，財務報告が暗黙的にリスク情報を提供しているかどうかを調査した。その結果，検討された7つの会計情報が，アナリストの平均リスク・パーセプションの79%を説明できるとともに，リスク・パーセプションが「真なる（リアルな）」市場リスク，つまりベータの代わりに適当なリスクの尺度として用いられることが判明した。

さらに Mear and Firth は，上記の研究を発展させて，直接にリスク評価における会計情報の関連性を検証した（Mear & Firth 1988）。会計報告は確実に事前のリスク評価に暗黙的な形で有用な情報を提供している。これらの研究は，会計データが投資者のリスク判断に多大な影響を与えることを示唆している。

個人投資者を対象にする場合，会計のリスク測度は伝統的市場リスク測度，つまり分散や共分散よりも投資者のリスク・パーセプションをより適切に説明できる。換言すれば，市場データベースのリスク尺度と会計リスク情報が矛盾する場合に，投資者がリスクを判断する際に市場リスク尺度より会計のリスク情報を利用するのである（Lipe 1998）。

（2）会計のリスク関連性研究の意義

リスク評価問題はファイナンス理論から展開した問題であり，ファイナンス領域では様々なリスク測定指標が開発されてきた。では，なぜ研究者は会計のリスク関連性を探求してきたのか，会計のリスク関連性研究の意義はどこにあるかについて，いくつかの理由が考えられる。

まず，市場リスク指標は歴史的なもの，すなわち事後的にリスクを測定するものである。この歴史的指標が将来のリスクに対してどの程度予測力があるかは，明らかにされていない。より効率的にリスクを予測するために，研究者は新たな指標を開発しつつある。会計情報は市場データ以外に投資者が利用する

主要な情報であり,市場価格の中に会計情報が織り込まれていると認識される。したがって,会計情報は市場データベースのリスク情報との間に関連性が存在することも想定できる。市場情報に基づいてリスクの大きさを算定することができれば,会計情報によってリスクを測定することも可能であろう。しかも,市場情報の中にはノイズがあるから,会計変数とリスクの相関関係が証明できれば,会計変数がより効率的なリスク指標として投資者のリスク判断に利用されるであろう。

また,市場指標は統計的,集合的なデータであり,リスクのレベルを評価することはできるが,実際にどのようなものがリスクの要因になるかを提示しない。会計データによってリスクの具体的な要因まで解明され,これらの要因の変化を監視・予測することによって,リスクをよりよく予測・管理することができる。

しかも,市場指標は取引の歴史がある上場会社には適用されるが,非上場企業やIPO企業およびその他の上場期間が相対的に短く,歴史的な取引データが十分に存在しない企業の場合には,市場データに基づいてリスクを測定することも当然困難になる。会計変数と市場リスクの相関関係が存在することを明らかにすることができれば,市場リスクの代替手段として会計変数が,企業のリスク判断に有効な根拠を提供することができる (Ryan 1997)。

以上のように,市場データに基づくリスク指標自体に問題があるので[3],会計のリスク尺度は,市場リスク尺度の補完や代替的な役割を果たすことができるであろう。このような問題意識のもとで,会計研究者は,会計情報のリスク関連性を検証し,適切な会計リスク変数を解明しようと試みてきた。しかし,これらの試みは限定された範囲内で行われ,その有効性が十分であるかどうか懸念は依然として払拭できないであろう。

## 第3節　会計リスクに関する先行研究の特徴と限界

現在までの会計研究は,主にファイナンス理論に基づいて行われている。会

計のリスク研究もそうである。前章のレビューによって会計のリスク研究の1つの特徴が明らかになった。すなわち，ほとんどの会計リスク研究は，会計のリスク尺度とファイナンスのリスク（システマティック・リスクとリスク・パーセプション）の相関関係の検証によって会計変数のリスク関連性，つまり，会計変数がリスクをどの程度まで説明できるか，また会計変数はリスクをどの程度予測できるかを検討するという点に会計リスク研究の特徴があると言える。

（1）会計のシステマティック・リスクの関連性研究の特徴と限界

本節では，具体的に研究者がどのようなモデルを用いて，どのような会計変数のリスク関連性を検証したかを詳細に検討することではなく，伝統的会計のリスク関連性研究の特徴のみを整理することにしたい。伝統的方法としては，会計変数とベータなどのシステマティック・リスクとの関係のみを検討する。この場合には，非システマティック・リスクが無視される。非システマティック・リスクが会計研究者に無視された理由は，これが分散投資によって相殺できるというCAPM理論の観点を採用したことにある。CAPM理論では市場は効率的であり，アクティブ投資で超過収益を獲得することはできない。会計情報の役割は，分散できるポートフォリオを構築するためにリスクの評価指標を提供することである。したがって，システマティック・リスクが最も重要である。しかも，システマティック・リスクは最も把握しやすい指標であるから，必然的に会計研究者はこれを会計変数と関連する考察の最も適当な指標として選択した。

この方法で会計リスク指標を検証する最初の研究は，1970年代に行われた[4]。最も代表的な論文は，Beaver et al.（1970）の論文である。当該論文は初めて7つの会計変数とベータの相関関係を検証し，研究結果は多くの研究者の興味を引いた。その後，いくつかの研究がこの論文をベースに，彼らの研究方法を改善・発展して様々な変数のリスク予測力を証明した。しかし，Ryan（1997）が指摘したように，Beaverらの論文は厳格な理論から導かれたものではなく，研究者の直観により生じたものなので（帰納的方法），7つの変数の中で3つし

か有意な結果が出なかったことも不思議ではなかった（その後に類似する論文も同様な問題がある）。しかもリスクは「事前的」かつ多様であるが，会計変数は本質的に歴史的「事後的」であるから，リスク判断と評価に役立つが，完全にはリスクを説明することはできない。たとえば，Beaver らの研究で検証した会計変数は，サンプルのベータの分散の45％しか説明できなかった。また，会計変数の有効性についても，解決すべき課題が多く残されている。

80年代以後に，Ryan を含む一部の研究者は Beaver らの早期研究に基づいて，理論的にも会計変数と市場リスクの関係を探求し，それをベースに様々な実証研究を行った（たとえば，Laveren, et al. 1997；Penman 2001；Brimble and Hodgson 2007など）。これらの論文では，会計変数はシステマティック・リスクの評価・予測に役立つことは明らかにされたが，会計変数が依存するすべてのリスクを解釈できないということが明白である。しかも国によって，産業によって，また企業の規模によって，会計変数のシステマティック・リスクは相違する[5]。

## （2）会計変数のリスク・パーセプション研究の特徴と限界

会計上のリスク・パーセプションの研究は，実際に上記の Beaver らの研究に基づいて行われたものである。統計的リスク指標の代わりに，リスク・パーセプションは，「事前的」リスク指標として会計変数のリスク関連性の検証に用いられた。たとえば，Farrelly (1985) の論文と Ferris et al. (1989) の論文では，アメリカと日本のアナリストを対象に，回帰分析で Beaver ら1970年の論文で使われた会計変数のリスク・パーセプションの関連性を検証した。Lipe (1998) でも，伝統的方法で証明したリスク関連性の高い会計変数，つまり流動比率，財務レバレッジ，株主資本利益率，過去5年間株価収益率の分散，過去5年間の株価収益率とS＆P500の銘柄平均株価収益率との共分散を実験研究で用いた。しかし，会計変数とリスクの理論的関連性については，ほとんど触れられていない。しかも，リスク・パーセプションの有効性を検証する際に，証券の市場リスクとリターンとの間には線形的関係が存在するというファイナ

ンス理論を利用した（たとえば，Farrelly et al. 1984；Farrelly et al. 1985）。Beaver et al. 論文の後にも，会計変数の市場リスク関連性は活発に検討されてきたのに対して，Ferris 以後にはリスク・パーセプションをリスク代理変数として会計変数との相関関係を解明する研究は少ない。この意味でリスク・パーセプション分析は，会計の市場リスク関連性の早期研究と比較して大きな発展を遂げていないと言えよう。

　しかし，リスク・パーセプションは，実際に投資活動を行っている人が持っているリスクの認識であるので，株価に反映されているであろう。伝統的方法がマクロ市場を対象とするのと異なり，Farrelly et al. の研究等は，個人を対象に会計変数が投資者の実際のリスク判断に影響を与えることを証明した点で，会計のリスク関連性の研究に大きく貢献したと言える。少なくとも，投資者が実際に関心のある会計のリスク項目は，これらの研究である程度で明らかにされたことだろう[6]。

　しかも，リスク・パーセプションとベータのいずれがより優れたリスク代理変数であるかを明らかにするために，Farrelly et al.（1984）は，期待リターンとベータとの相関関係と期待リターンとリスク・パーセプションとの相関関係を比較するなど間接的方法を用いた。その結果，リスク・パーセプションは，ベータより優れていることを実証した。

　しかし，Farrelly らはリスク・パーセプションがベータなどの市場リスク指標より優れたリスクの代理変数であることを主張したが，90年代以後の会計研究では，やはり市場データベースのリスク指標と会計変数の関係の検証が中心に行われていた。それはおそらく伝統的ファイナンス理論がまだ主導的であり，会計研究も資本市場に基づく会計研究が支配的であったからであろう[7]。また，リスク・パーセプションのような主観的なデータは直接に測定できないので，間接的な方法に頼らざるを得ない。そのために，アンケート調査や実験研究などの手法を採用することが多い。データを入手する困難性は，このような研究を行うことを妨げる原因の1つとなっているであろう。それに対して，市場ベータは株式市場で公開されているので，誰でも容易に入手できるという利点があ

第8章 ボラティリティ，リスク・パーセプションと会計のリスク尺度

る。

## 第4節 小　　括

　会計情報は企業のマネジメントにより投資者に提供している財務情報である。投資者は債権者と同様に，企業の継続的存続を重視するが，継続的存続の前提をなすものとして投資者が最も関心あるのは，利益である。同時に，利益に伴うリスクも考慮に入れなければならない。ファイナンスは，投資者のリスク判断に対する理論的基盤を提供している。

　標準的ファイナンス理論は客観的測度の観点をとり，リターンのボラティリティをリスクとし，歴史的なデータに基づいてリスクを事後的に評価する。行動ファイナンスはリスクの主観的測度の観点を採用し，リスクはパーセプションという概念と併用されて事前的に測定される。「事前的」概念としてのリスクと，「事後的」概念としてのリスクの対峙関係について，リスクは「事前」に重要な概念であるが，それが主に実証的に測定されるのは「事後」にならざるを得ないというジレンマをBowmanは指摘した。しかし，留意されたいのは，リスク・パーセプションは研究するために作られてきた概念であり，実際のリスク尺度として利用することは，困難である。個々人のリスク・パーセプションを集めて平均値を計算することは，市場のリスク評価インフラ，たとえばレーティングシステムや産業が十分に発展された場合以外には，現実には利用しにくい。そこでは，リスク尺度として一般によく利用されているのは，「分散」，「標準偏差」，およびポートフォリオ理論と資本評価モデル（CAPM）に基づくシステマティック・リスクである。会計変数のリスク関連性研究は，ファイナンスとマネジメントの対話の1つをなすものであり，両者を結ぶブリッジの役割をなすものと考えられる。

　図表8-2に示されるように，会計変数のリスク関連性研究から以下のことが指摘される。

　① 会計変数のリスク関連研究は，CAPM理論とポートフォリオ理論に基

図表8-2　会計変数のリスク関連性研究

（会計）　　　　　　　　　　　（ファイナンス）

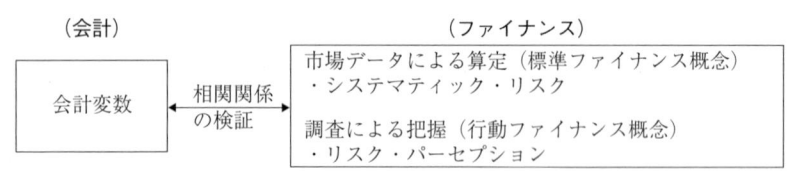

会計変数 ←相関関係の検証→ 市場データによる算定（標準ファイナンス概念）
・システマティック・リスク
調査による把握（行動ファイナンス概念）
・リスク・パーセプション

づいてシステマティック・リスク（市場リスク）を中心に行われてきた。したがって，非システマティック・リスク（企業特有リスク）と下方リスクについては，研究者はあまり重視して研究してきていない。

② 研究の結果，会計情報はリスク判断には役立つが，システマティック・リスク測度については，ベータにしても，リスク・パーセプションにしても，会計変数はリスクを十分に説明できていない。

③ 伝統のファイナンスリスク尺度とリスク・パーセプションはそれぞれ長所と短所を伴うので，これらの研究から会計情報のリスク判断における有用性は必ずしも十分ではないことが推定される。

では，リスク判断を行うために必要ではあるが，現在の会計システムが提供していないリスク情報とは何か，それはどのような意義と役割を持つか。これらの問題を究明するために，次章では，従来の会計のリスク関連性研究ではあまり取り扱われなかった企業特有リスクに焦点を置き考察することにしよう。

## 補論　ファイナンスにおける市場データに基づくリスク尺度

Markowitz, SharpおよびTobinらの3人は，リスクとリターンとを結び付けるポートフォリオ理論を構築し，この理論によってウォールストリートは一変した。この理論は標準ファイナンスの重要な内容になっている。標準ファイナンスのテキストにおいて，リスク概念はボラティリティとされ，市場データをベースにリスク尺度が提供されている。しかし，「ボラティリティ」は非常に誤解を招きやすい概念であり，リターンは正規分布であることに依存してい

る。リターンは正規分布ではない場合には，ボラティリティはリスクの特徴を部分的にしか表せない。

　ファイナンスのリスク研究が進んでいる現在，ファイナンスの分野では，統一化されたリスクの概念は存在しない。また学術研究と投資実践との間に認識の差異が存在する。特に近年，ファイナンスの実践では，様々なリスク測定手法が開発されてきた。利用の目的と入手できるデータに応じて，投資実践を行う投資者は自らのリスク尺度を利用している。しかし，投資実践のイノベーションと開発された様々なリスク尺度は，まだその有効性と妥当性も十分に検証されておらず，その価値も学術研究で未だ十分に裏付けられていない。

　市場データをベースにするリスク尺度には，標準偏差，分散，ベータ，下方リスクなどがある。伝統的ファイナンス理論では，リスクは上方リスクと下方リスクの両方を示し，主に利用されるリスク尺度は，標準偏差（リターンについて平均リターンからの変動を表す尺度），ベータ（マーケット全体のリターンに対する個別銘柄のリターンの変動）等がある。これに対して，近年のファイナンス研究は，下方リスクが上方と下方リスクの両方を表す分散より適切なリスク尺度であることを実証的に検証している。

① 標準偏差と分散

　近年，標準偏差と分散は，リスク尺度として広く受け入れられてきた。しかし，具体的応用には，様々な統計手法が用いられてきた。たとえば，一部の研究者（Tobin 1958；Cohen and Elton 1967；Modigliani and Pogue 1974など）は，予想リターンの標準偏差をリスクと定義し，予想リターンの分散を用いてリスクを測定した。Capstaff（1991）などは収益の共分散を，Turnbull（1977）は予想キャッシュ・フローの分散をリスクの測度とした。Selva（1995）は，収益の予想成長率（収益の変動）をリスクの測度としている。

② ベータとアルファ

　CAPMは主導的な価値評価モデル（valuation model）として近年40年ほど採

用されてきた。CAPMでは，システマティック・リスク，つまりベータが適切なリスク測度をなす。ベータは事後に測定されるものであり，「事前」のリスク（リスクは意思決定の前で判断すべきなので，本来的に「事前性」を持つ概念である）の予測をなすもののみである。ベータは投資実務において広範に応用されている。すなわち，ベータを販売する投資顧問機関や証券会社があり，ベータを利用して投資ポートフォリオを構築する投資専門家もいる。

　Warwick（2000）はアルファ（alpha）[8]をリスク測度として，リターンと非システマティック・リスク（市場リスク以外のリスク，リターンは投資者の投資の腕と業績に依存する）の関係を論述した。Eakinsなど（1996）は，機関投資者の株式投資の決定要素を検証して，これらの投資者がベータ値が高い株を追求するとともに，高い非システマティック・リスクを有する株を回避する結果を提示した。この結果はCAPM理論とは必ずしも一致しない。CAPM理論によれば，投資者は非システマティック・リスクに興味がないはずである。彼らの研究結果は，機関投資者は株式のリターンの分布に関与する個別銘柄の独特な要因も評価することを示唆した。

③　下方リスクの測定尺度

　分散はすべての不確実性をリスクと考える。それに対して，下方リスクはただ投資者の目標リターンを下回るリターンのみをリスクと考える。早期のファイナンス研究は，歪度，尖度，目標リターンを下回る金額などをリスクの代理測定値とした。ここ数年間，これらの代理測定値は下方リスクの概念に進化してきた。たとえば，Sortino and Price（1994），Sortino and Satchell（2001）は，下方リスクを測定するためのSortinoレシオを開発した。Sortinoレシオは，超過リターン（実際のリターンが下方リターンを上回る部分）の下方偏差に対する比率である。この尺度は実務上でも使われている。

　また，Unser（2000）はリスクを下方リスクと定義して，下方部分積率（Lower Partial Moments, LPMs）をリスク尺度として，下方リスクと主観的リスク・パーセプションとの関係を検証した。LPMsは参照点（目標リターン）からのネガティ

ブ偏差のみを用いてリスクを測定し[9]，これはリスク概念が「不利な結果」をとることを示唆している。

しかも，もう1つの尺度はVaR（Value at Risk）である。VaRはある資産を将来のある一定期間保有すると仮定した場合に，ある一定の確率の範囲内で，市場の変動により生じうる最大損失額を，過去のデータをもとに統計的に予測して計算したものであり，市場リスクを測定・管理する手法の1つである。VaRの利用は銀行業で始まった。VaRにより，異なる資産や証券にわたって金融手段，ポートフォリオ，集計したファンドのレベルでの市場リスクが報告可能となる。活発に取引されている流動性の高い市場で最も有用である。VaRは，歴史的データに依拠し，量的に測定可能なリスクのみを考慮することができる。劇的な事件や政治的リスク，流動性リスク，人的あるいは規制的リスクのようなリスクを考慮できない。VaRはもっとも進んだ技術の1つかもしれないが，リスクマネージャーたちにとってあまり助けとならないと考えられる。銀行でない一般事業会社によっては必ずしも最適な方法ではない。

それに類似する尺度はまだEaR（Earning at Risk）がある。EaRはリスクが収益に与える影響を測定するものであり，そのリスクが概念的な名目額でなく，収益そのものにどのような影響を与えるかの測度を持つことである。要するに，EaRは（一定の信頼区間の範囲で）市場要因の逆境的な変化によって引き起こされる潜在的最大収益損失額を計算する（Lam2003）。

以上のリスク尺度はすべて統計的リスク尺度であり，過去の客観的データに依存するものである。非頻発のリスクや過去のデータが足りない場合は，リスクの客観的な測定は不可能である。

注
（1） ここで言う伝統的会計学者とは，新古典派経済学と標準ファイナンス（standard finance）の理論と方法に基づいて会計研究を行う研究者を指す。
（2） 近年のファイナンス研究において，「ベータは死んでいる」という見方がある。この観点を支持する最も影響力がある論文は，Fama and French（1992）である。当該論文

および類似論文によれば，ベータは適切なリスク指標ではない。その後，「ベータは死んでいるかどうか」に関して，論争が起こされた。種々の理論と実証研究も行われてきたが，研究方法によって対峙する結果が表出した。どのようにベータを計算するかによって，結論も異なる。したがって，ベータはリスク指標として適切かどうか，まだ定説がない (Clare, Priestley, & Thomas, 1997；Fernandez, 2009；Grinold, 1993；Novak, 2009)。それにもかかわらず，早期の会計のリスク研究は，主にベータに基づいて行われてきたのである。

（3） 市場リスク指標としての分散（variance）やベータは，リスク指標としての妥当性についても研究者間で論争を引き起こした。

（4） Lev 1974；Lev and Kunitzsky 1974等がある。

（5） たとえばBrimble（2007）では会計変数とシステマティック・リスクとの強い相関関係が存在することが証明できるが，会計変数がシステマティック・リスクの67％しか説明できない。

（6） Ferris（1989）の論文によれば，会計変数がアメリカと日本のアナリストのリスク・パーセプションに対する影響を比較分析することによって，日本では投資家が比較的にベータを重視しない。アメリカでは短期的指標，たとえば流動性比率，配当などもリスクを評価する際に重要であるのに対して，長期リスク評価を重視する日本では財務レバレッジは唯一の有力な会計リスク指標となっている。

（7） Williams（2007）はこの現象について，次のように述べた「経済学理論はすべての会計問題を解決するための方法となっている……ほとんどの会計研究は歴史的データ，統計分析，大きなサンプルに基づいて行われていた」。会計は学術の領域で伝統経済学の下位学科となっている (Reiter and Williams 2002)。

（8） $\alpha$とは，株式市場や債券市場の平均収益を上回る"超過収益"のことで，その超過収益を市場平均より小さなリスクで達成した場合にはじめて価値を認められる。

（9） 下方部分積率は目標収益率下回る大きさのk乗の平均のことである。

# 第9章　企業特有リスクの尺度と非財務情報の重要性

　従来の会計のリスク関連性研究のほとんどは，標準ファイナンスのポートフォリオ理論のリスクモデルに従って行われてきた。ファイナンス研究と実践が発展するにつれて，従来の会計リスク研究の限界および会計のリスク尺度の限界も明らかになってきた。本章では，現在まで会計リスク研究が取り扱わなかった非システマティック・リスク，つまり企業特有リスクに関するファイナンス研究の結果を提示しつつ，企業特有リスクの重要性が高まるとともに，非財務情報の提供が必要になることを論述する。

## 第1節　企業特有リスクの重要性に関する理論的・実証的証拠

　第3章で述べたように，CAPMによれば，システマティック・リスク（市場リスク）のみを重視すればよい。非システマティック・リスク，つまり企業特有のリスクは分散できるので重要ではないのである。しかし，企業特有リスクは，理論的リスク指標として，その重要性が20世紀の70年代から既に研究者に注目されていた（たとえば，Levy 1978, Merton 1987などの論文を参考されたい）。現在は企業特有リスクが重要な研究課題になっており，近年，企業特有リスクの意義を提示する一連の論文が公表されてきた[1]。

　一体なぜ，企業特有リスクが研究者の研究興味を惹起したのであろうか。投資実践では，投資者が様々な外部の要因により，十分に分散されていない株式を持つという事実に関係している。ここで，次の3点に注意されたい。第1は，企業特有リスクは投資者の収益の変動に影響し，株価にも反映されるという研究結果があるという点である。第2は，株価に反映されるかどうかという点で論争があるにしても[2]，一部のアクティブ投資を行う投資者，あるいはオプション市場の投資者，特に数少ない株式を持つ個人投資者にとっては企業特有リス

クが重要な意味を持つという点である[3]。企業特有リスクは，リスクを分散できない個人投資者，アナリストの企業分析と企業予測の主な分析対象になるので，それが彼らのリスク評価と判断の主要な判断基準になることは必然であろう。第3に，企業特有リスクはイベント・スタディに重要である。イベントは個別企業の株式に影響しており，異常なイベントにかかわるリターンの統計的有意性は市場や業界に対する個別株式のリターンのボラティリティによって決定される。最後に，ファンダメンタルズの変化による企業特有リスクの変動は，ポートフォリオの組み立てに影響するという点である。近年の企業の事業再編，活発なM＆Aによって，企業の体質が大きく変化する可能性が高い。この場合，ポートフォリオに組み込まれた株式の分散効果が急に変わる可能性があり，企業の特有リスクを注意深く観察することが必要になる。

　理論上，研究者は様々な企業特有リスクを考慮した資産評価モデルを構築した。Levy（1978），Merton（1987）および Malkei and Xu（2001）は，CAPMモデルを拡張して，投資者が外部の原因（たとえば課税，取引コストなど）で分散されていないポートフォリオを検討した。彼らの研究では，株式のリターンと市場リスクおよびリターンと企業特有リスクの相関関係が実証された。また，Meyers（1976）は，人的資産の要素をCAPMモデルに組み入れて，上記の研究に類似した資本資産評価関係を理論的に検証した。それに対して，Barberis et al.（2001）は，プロスペクト理論（prospect theory）に基づいて全く異なる資産評価モデルを設定した。このモデルでは，投資者は自己の保有する株式の変動損失を回避しようとし，期待収益は企業特有リスクに関係することを明らかにした。

　理論研究のみならず，実証研究においても企業特有リスクに対する投資者の反応について，CAPMモデルの結論と異なる証拠を提供した。たとえば，Eakins et al.（1996）の論文は，機関投資者による普通株の選択基準を調査した。結論的には，機関投資者は高いベータの株式を選好する一方，高い非システマティック・リスクを持つ株式を回避する。機関投資者も個別銘柄の特徴に基づき投資評価を行おうとする。これは明らかにCAPMの意図に反する。CAPM

では，投資者は非システマティック・リスクに関心がないはずであるからである。しかも国内投資者のみならず，国際投資者の行動にも同様の傾向が示されている。日本市場では，外国投資者は会計業績が良く，かつ非システマティック・リスクが低い会社を選好するとの実証研究の結果がある（Kang & Stulz 1997）。

また，Goyal and Clara（2003）の研究は，株式の平均分散と市場のリターンとの相関関係を検証した。株式の平均分散は，主に企業特有リスクから構成されるから，平均分散と市場リターンの強いポジティブな相関関係は，企業特有リスクが株価に反映され，投資意思決定に重要の意義を持つことを示唆した。この結論に疑問を呈したのが，Guo and Savickas等である。彼等はGoyalらの研究のサンプルは特定化されているから，有効性を十分に証明できないと考え[4]，G7諸国のデータを利用して，企業特有リスクと市場リターンの関係を検証した。結果的には，アメリカ市場とイギリス市場ではこの相関関係が強いが，他の市場においては，同様の強い相関関係を確認することはできなかった。また株式市場の統合化によって，アメリカの企業特有リスクは国際株式市場のリターンと負の相関関係を示し，市場リスクは国際株式市場のリターンと正の相関関係を示している。以上のように，企業特有リスクが市場のリターンにどのように関連しているかはまだ合意が得られていないが，企業特有リスクが投資結果に影響することは共通の結論と言ってよいであろう。

Angelidis（2008）は，イギリス市場における企業特有リスクの性質と将来のリターンの予測能力を研究した。小型株の特有リスクの予測能力に関する証拠は得られたが，小型株の特有リスクは，企業の取引の対象とならない資本（すなわち，人的資本［human capital］または企業家資本［entrepreneurial capital］）によるものか，取引コスト，税金などの原因によって，分散されるポートフォリオの組み立てができないことによるものかは，将来の課題として提示された。

## 第2節　企業特有リスクの要因とその変化

　研究者は理論的,実証的研究で企業特有リスクの重要性を検討するとともに,企業特有リスクとは何かを究明しようとした。企業特有リスクには具体的に何が含まれるかについて,理論的には明確ではないが,ファイナンスにおいては,その要因を解釈するアプローチとして,次の2つがある。1つは,合理的意思決定の仮説に基づく「合理的アプローチ」(rational approach)であり,もう1つは,行動ファイナンスに基づく「行動的アプローチ」である(Vuolteenaho 2002)。合理的アプローチによれば,企業特有リスクは2つのショックに起因して発展してきた。1つは,期待キャッシュ・フローショックであり,もう1つは,割引率ショックである。効率市場において,割引率が一定とされる場合には,収益は完全に期待将来キャッシュ・フローによる。この場合,キャッシュ・フロー情報は主に企業特有のものである。したがって,市場総計の企業特有リスクは,部分的にファンダメンタルズで説明される。本書は情報の有用性に焦点を置いているので,行動アプローチによる行動要因の影響については議論せず,ファンダメンタルズの企業特有リスクに対する影響のみに注目することにしたい[5]。

　多数の先行研究は,ファンダメンタル要因に焦点を合わせ,市場総計の企業特有ボラティリティの特徴を探求した。たとえば,Malkiel and Xu (2003) は,一株あたり収益(EPS)の成長率と企業特有リスクとの関係を把握し,Wei and Zhang (2004) は,企業特有リスクと株主資本収益率や企業特有ボラティリティの関係を確認した。また,Chang (2005) は,大企業の企業特有ボラティリティが小さいことも発見した。特に,Guo (2008) は,企業特有リスクが「企業簿価－対－時価の比率(book-to-market)」に関連していることを提示した。

　「簿価－対－時価」の比率が相対的に小さい企業は,無形資産の比率が大きい企業であるという観点は広く受け入れられているので[6],無形資産が大きい企業は,企業特有リスクも大きいと考えられる。たとえば,技術イノベーショ

ンは企業の株価に2つの影響を与える。第1に,イノベーションは企業の将来の発展の新たな可能性を与えるから,株価を上昇させる。それに対して,第2に,イノベーションから得られる結果については,大きな不確実性が存在するから,企業の株価のボラティリティを増加させる。したがって,新技術を採用していない企業と比べ,新技術を採用している企業の株価と株価の変動はともに高い。これは近年の実証研究によって証明されている(Duffee 1995 ; Pastor and Veronesi 2003 ; 2005 ; Agarwal et al. 2004などの論文を参照されたい)。近年,経済基盤は無形資産を重視する知識創造社会へ移行しつつある。それとともに,企業の体質とファンダメンタルズも変化している。その変化の中で,企業特有リスクも変化しないものではないであろう。

また,研究者は1960年から2000年までのデータを分析した結果,企業特有リスクが過去40年にわたって変化しつつあることも発見した。たとえば,Campbell et al. (2001) ; Morck et al. (2000) ; Goyal and Santa-Clara (2003)などはアメリカを対象に研究を行い,市場ボラティリティと産業ボラティリティはあまり変化しなかったが,企業特有リスクが大幅に上昇したこと,換言すれば,アメリカでは,企業特有リスクの市場リスクに対する比率は増大していたという実証結果を示した[7]。

同様に,Guo (2008) はG7諸国のデータを分析して,企業特有リスクとバリュー・プレミアムとの強い関連性,および平均の企業特有ボラティリティは企業のサイズや「簿価-対-時価」により区分されるポートフォリオの株価収益のリターンの多様性を解釈できることを実証的なデータで示した。しかも,アメリカ,日本などの市場において,システマティック・リスクの変化状況はそれぞれ相違するが,企業特有リスクは30年の間に増加してきた結果を提示している。**図表9-1**は,日本とアメリカのシステマティック・リスクと非システマティック・リスクの時系列的変化を示している。

第3部　リスク情報の拡充化とその有用性

図表9-1　G7諸国の企業特有リスクの変化

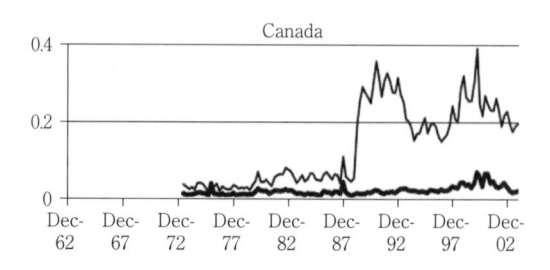

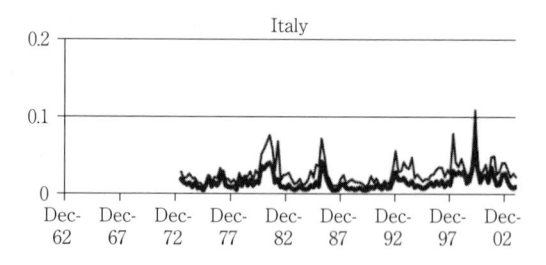

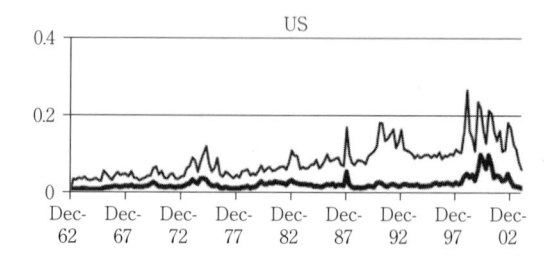

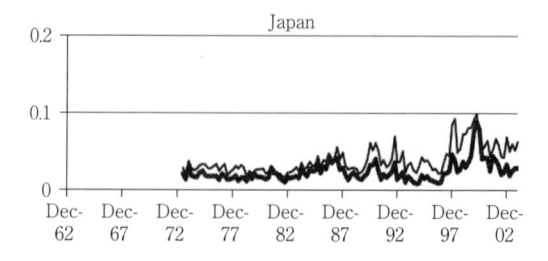

Canada

Italy

US

Japan

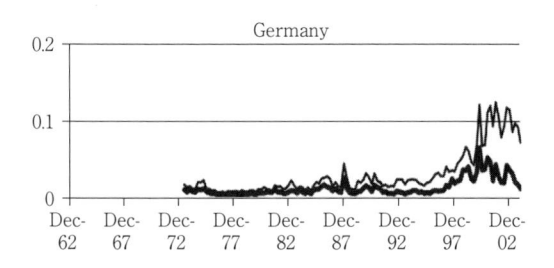

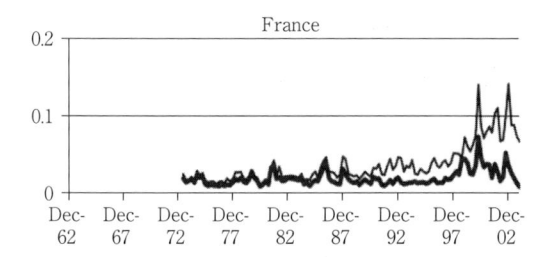

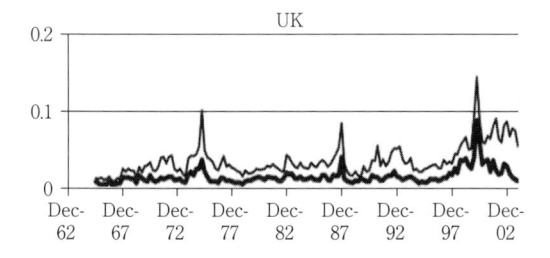

第9章　企業特有リスクの尺度と非財務情報の重要性

(出所　Guo 2008)

注　この図において，企業特有リスクを示す色が太い線と色が細い線はそれぞれ異なる方法で計算された平均企業特有リスクである。両方ともに企業特有リスクの増加傾向を表示している。

## 第3節　市場競争の激化と企業特有リスクの時系列的推移

　企業特有リスクがなぜ変化したかを解明することは，企業特有リスクに対する理解を深めるのに非常に重要であり，投資者のリスク判断にも役立つ。先行研究は，企業特有リスクの変化について経済と市場の構造，投資者の投資行動，企業のファンダメンタルズおよび投資情報など様々な側面から解釈を示した[8]。ファンダメンタルズはすべての企業特有リスクを説明できないが，前章で明らかにしたように，それはリスクに大きな影響を与えるので，ファンダメンタルズの変化とそれを反映する情報の質の変化は，企業特有リスクの変化を引き起こすと想定できるであろう。特に情報の質は，投資者の投資判断では情報リスクと密接に関連するから，ファンダメンタルズと情報の質は，やはり重要な視点をなすものである。

　企業特有リスクとファンダメンタルズのキャッシュ・フローのボラティリティとの相関関係は，Irvin et al.（2008）の論文で証明された。この結果から，何がキャッシュ・フローのボラティリティを増大させたかという問題を提起した。この問題については，彼らは競争の激化が企業の特有リスクを増大させたかもしれないと考え，G7諸国の企業特有リスクのデータと国家の競争力のランキング，競争力の変化および技術の競争力との相関関係を分析した。その結果は**図表9-2**で示したように，すべて統計的に有意な結果が出ている。国際比較でも相対的競争力は，企業特有ボラティリティと強く相関していることが指摘されている。

　**図表9-2**の結果は，競争と企業特有リスクの因果関係を示すものではないが，少なくとも両者は，統計的に強い相関関係を示している。競争と企業特有リスクとの相関関係には，論理的なつながりが存在する。市場の競争を激化させる要因として，たとえば情報技術の応用の普及などが数多く存在する。競争が激化している市場では，顧客が選択できる商品やサービスが増加するが，顧客がより多くの情報を入手できるから，個別企業に対するロイヤリティは減少

図表9-2　G7諸国の企業特有リスクと競争力

| 国名 | 企業特有リスク 傾向 | 企業特有リスク ランキング [3] | GCI競争力 [1] 2003 ランキング | 技術的競争力 [2] 2003 ランキング | ランキング変化 [4] 1997-2003 |
|---|---|---|---|---|---|
| カナダ | 0.18 | 1 | 16 | 8 | -2 |
| フランス | 0.008 | 5 | 24 | 11 | -7 |
| ドイツ | 0.015 | 2 | 13 | 5 | -2 |
| イタリア | 0.003 | 7 | 41 | 25 | -8 |
| 日本 | 0.012 | 3 | 11 | 2 | 7 |
| イギリス | 0.007 | 6 | 15 | 17 | -12 |
| アメリカ | 0.012 | 3 | 1 | 1 | 0 |
| 相関関係 | | | 0.66 | 0.82 | -0.68 |
| t-statistic | | | 1.96 | 3.16 | -2.06 |

(出所　Irvin et al. 2008, p.25)

注 (1) 国際経済フォーラムは毎年世界競争力指標（Global Competitiveness Index, GCI）を作成する。
　 (2) GCI指標は3つの構成要素に分解される。技術力は50%を占める。
　 (3) 企業固有リスクの成長率のランキング。
　 (4) 1997年から2003年までの技術的競争力のランキングの変化。

する。それゆえ，個別企業の市場パワーは弱体化していく。したがって，企業環境の変化によって，個別企業に対する影響は増大する。この場合には，企業はより大きな不確実性に直面し，キャッシュ・フローのボラティリティも増加する。また，競争力が強い国は，新技術の開発や利用およびイノベーションを一層熱心に促進するので，企業特有リスクは，競争力が相対的に弱い国と比較してより高くなる。マイクロソフトの1999年のアニュアルレポートに掲載された「経営の課題と不確実性」における最初のトピックは，「急激な技術面での変化と競争」であった。「急激な変化，新しいあるいは今後進んでいく技術革新に起因する不確実性，そして猛烈な競争が，PCソフトウェア業界の特徴である」。IT産業だけではなく，他の産業においても，競争の激化とそれに関連するイノベーションは企業をより大きな不確実性に晒し，企業リスクが従来より大きくなる。

## 第4節　企業特有リスクの変化，情報リスクと非財務情報開示の必要性

### （1）企業特有リスクの変化，財務情報の質の低下と会計改革への要請

　競争の激化は企業をより不確実性の高い世界に置くようになった反面，企業の体質は環境の変化とともに変わっていった。しかし，企業情報はこの変化を的確に反映できるであろうか。実際，ここ数年，情報リスクは増加している。Kothari（2000）は，世界中の株式リターンのボラティリティが増加してきたことを指摘し，ボラティリティの増加は，財務情報の透明性の低下と関係することを指摘した。財務情報の質を検討する論文は多数ある。多くの研究者は，株価やリターンと会計上の利益（earning）や簿価との関係を考察することによって財務情報の有用性，つまり価値関連性を究明した。しかし，研究方法によって対峙する結果が示された。たとえば Lev（1999）の研究では，会計情報の価値関連性が減少している結果が示されたが，Collins et al.（1997）と Landsman（2002）の結論は，財務諸表が提供している情報の量は変わらず，むしろ増加していることを示している。

　これらの研究と異なって，Rajgopal（2008）は，株式のリターンの分散は財務報告の質と関連して，つまり，リスクの側面から財務報告の質が低下しているかどうかを検証した。情報の質の変数も先行研究と違って，利益の質にはアナリストの予測の分散[9]も加えて2つの変数を用いた。アナリストの予測の分散は会計とファイナンス研究において情報の不確実性とみられ，情報の不確実性の代理変数として実証研究において利用されることがしばしばある。Rajgopal がリスクの側面から財務報告の質に対して行った研究の結果としては，他の影響要素を除いて，過去40年にわたる企業特有リスクの上昇は，財務報告の質の低下（利益の質の低下とアナリスト予測の分散の増加）に強い相関関係が存在することを明らかにした。

## 第9章 企業特有リスクの尺度と非財務情報の重要性

　企業会計と開示制度，つまり，財務報告の質は企業の情報環境に大きく影響しているから，財務情報の低下は情報リスクを増大させ，結局，企業特有リスクと融資コストを増やすことになる。したがって，開示制度や財務報告の質の改善は，企業の情報の非対称性を緩和し，株価のボラティリティを抑えることができるであろう。アメリカの一部の専門会計検討団体（最も有名なのはジェンキンス委員会である）や会計基準設定機関は，数年前に，経済が製造業中心から，ハイテク，無形資産，情報集約サービス業中心へ移行するにつれて，伝統的財務諸表の有用性は低下していたという情報リスクを意識し，より多くのリスク情報の開示を求めた。たとえば，アメリカ公認会計士協会（AICPA）は，1987年には財務情報の利用者のリスク情報に対する強い需要を認識した。企業は不確実性の中で事業活動を営んでいるから，企業情報の利用者は，企業の将来キャッシュ・フローや業績の評価，さらに意思決定を促進するために，企業のリスク情報を求めることは当然である。AICPAの会計基準実行委員会（AcSEC）『財務諸表におけるリスクと不確実性の開示の報告』では，企業はリスクと不確実性に関する情報を提供すべきと結論づけた。この場合，リスク開示を促進するためには，2つの提案がある。1つは，現存会計システムの発展であり，もう1つは，会計システムの改革，つまり将来指向の非財務情報の開示を求めることである。

### (2) 非財務情報の必要性とリスク情報の欠如

　しかし，その数年間，会計基準におけるリスク情報の提供については，大きく推進されてきていない。国際会計基準審議会も，アメリカ会計基準審議会（FASB）も，会計基準[10]において，金融資産による市場リスクのみの強制開示を求めた。同様に，アメリカの証券取引委員会（SEC 1997）は，FFR 8の公表を通じて，利子率，為替換算率，株式や商品の価格の変動による市場リスクのみの開示を強制した。これらの基準は，その他企業に影響するリスクに触れていない。

　以上の状況を補うために，近年，企業のアニュアルレポートの経営者の討議，

たとえばアメリカのMD & A（Management Discussion and Analysis），イギリスのOFR（Operating and Financial Review）という記載の部に非財務的リスク情報の開示を求めるようになってきた。しかし，リスク情報に対する定義や規定は曖昧であり，リスクの開示の量と質ともに利用者を満足させるには至っていない。ICAEW[11]（1998）がイギリスの記述的レポーティングを研究した結果，13パーセントの情報は企業の将来に影響する傾向があり，その中で18パーセントの情報のみが主要な事業に影響する将来的リスクや不確実性に関するものであった。このように，リスク情報の量が極めて少ないことが明白である。Beattie et al.（2004a）は，27社のアニュアルレポートの記述情報（narrative）に対してコンテンツ分析を行い，将来指向の情報が全体の6.6パーセントを占め，将来指向のリスクまた機会情報は2.4パーセントしかなく，さらに将来指向の情報の中で7パーセントのみが定量的情報というリスク情報の開示実態を明らかにした。Beretta and Bozzolan（2004）もイタリアの上場企業85社を対象に，アニュアルレポートのMD & Aの部分を分析した結果，企業の経営者は将来のリスクより過去や現在のリスクに注目することを指摘した。将来のリスクは開示されても，これらのリスクが企業に対してポジティブな影響をなすか，ネガティブな影響を与えるかは示されていない。Lajili and Zéghal（2003）は300社のアニュアルレポートのMD & Aに対する分析結果によって，任意開示的リスク情報のほとんどが定性的であり，しかも具体性が欠如し分析レベルが浅い開示状況を浮き彫りにした。日本では，有価証券報告書の事業リスクの部に企業の事業リスクの強制開示を規定している。しかし，「どのような内容を投資者の判断に重要な影響を及ぼす可能性のある事項として定義するか」，それを「どのような整理・区分でどこまで記載するか」は，各会社の判断に委ねられている。

　2000年から2012年までのリスク情報の開示に関する研究のレビューによると，ここ数年，各国の開示制度の改善によって，リスク開示の量と質とともに改善したが，全体的に，定量情報の欠如と開示の形骸化の問題が依然として存在している。

これは，非財務的リスク情報の研究の不十分，リスクの認識と測定の理論と技術非財務情報作成の技術的不成熟に関連すると考えられる。また投資者のリスク評価に役立つか，どのような非財務情報が投資者のリスク判断に役立つかについても，合意ある結論は得られていないことも原因の1つであろう。

## 第5節　小　　括

　従来の会計のリスク関連性研究は,行動ファイナンスのリスク・パーセプションを除いて，そのほとんどは標準ファイナンスのポートフォリオ理論のリスクモデルに従って行われていた。ポートフォリオ理論によれば，システマティック・リスク（市場リスク）のみを重視すればよい。非システマティック・リスク，つまり企業特有のリスクは分散できるので，必ずしも重要ではない。しかし，実務上，企業特有リスクはアクティブ投資を行う投資者，あるいはオプション市場の投資者，特に数少ない株式を持つ個人投資者にとっては非常に重要な意味を持ち，理論上，非システマティック・リスクはイベント・スタディにおいてよく利用されてきた。したがって，企業特有リスクは，理論的リスク指標として，その重要性が20世紀の70年代から既に研究者に注目されてきた。最近の研究では，企業特有リスクの重要性が実証されてきた。特に企業経営はダイナミックなプロセスであるので，ポートフォリオに組み込まれた株式の分散効果が事業再編，M＆Aなどにより大きく変化する可能性があり，企業特有リスクを注意深く観察することが必要になる。

　また，企業特有リスクは，時代の推移とともに変動しており，1970年代以降の40年間で大幅に増加している。企業特有リスクの増大原因には，様々なものがあるが,競争の激化と情報の質の低下が想定し得る2つの主要な原因である。これを背景として，より充実したリスク関連情報を提供するために，会計制度の変革が求められてきた。会計の変革には，2つのアプローチがある。1つは，会計基準の変更であり，もう1つは，開示制度の拡充化である。新たに設定された会計基準は，単なる市場リスクに関連する情報を要求されるが，それ以上

第3部　リスク情報の拡充化とその有用性

のリスク情報の提供には触れていない。ここに財務会計情報の限界が露呈され，非財務情報の重要性が改めて浮き彫りにされてきたのである。しかし，非財務的リスク情報について，各国の開示制度は多種多様であり，開示の実態も多様である。一般に，リスク情報開示の量と質の双方はまだ十分ではない。最も重要な点は，どのような非財務的情報が投資者のリスク判断に役立つかであり，まだ理論的，実証的に解明されていないままということである。

　以上の議論を受けて，次章では，リスク情報の特徴および経済社会基盤の移行と競争の激化など会計情報の質を低下させる原因を分析することを通じて，非財務的リスク情報の内容をさらに深く探求することにしたい。


注
（１）　Malkiel and Xu (2001)；Goyal and Clara (2003)；Malkiel and Xu (2004)；Bali et al. (2005)；Ang et al. (2006) などの論文を参考されたい。
（２）　企業特有リスクが株価に反映されるかどうかについて，実証研究では矛盾する結果が出ていた。たとえば，Goyal and Santa-Clara (2003)；Malkiel and Xu (2004) らの論文は企業特有リスクは株価に反映されることを実証したが，Ang et al. (2006)；Bali et al. (2005) の論文では逆の結論を出した。
（３）　次のような理由がある：①企業特有リスクはアクティブ投資者の収益に一致する (Grinold and Kahn, 1999)；②企業特有リスクは裁定取引者のミスプライシングを修正する能力に影響する；③企業特有リスクは株式のトータルリスクの主要決定要素なので，オプション価値を影響するなどがある。
（４）　同様な考えを持つ研究はまた Wei and zhang (2005) や Bali et al. (2005) などがある。
（５）　多くの実証研究は証券のファンダメンタルズはリターンのボラティリティを完全に説明できないことを指摘した。投資者の行動が非合理的であり，彼らの行動も株式のリターンに影響されるという行動ファイナンスの研究結果がある (Hirshleifer 2001の論文を参考されたい)。したがって，企業特有リスクはファンダメンタルズと投資者の行動の双方に起因すると考えられる (Chang & Dong 2005)。
（６）　確かに，時価が簿価を上回る部分には財務諸表に計上されていない無形資産以外，投資者の感情的なものや他のノイズなども含まれる。しかし，簿価時価比率が小さな企業にはオフバランスの資産は多いという可能性が大きいと考えられる。
（７）　企業特有リスクの変化に関する実証研究は，2000年以前の40年の間に，企業特有リス

クが増えてしまったことに異議がない。しかし，最近の論文，たとえば，2008年に発表された4つの論文，つまり Brandt et al.（2008），Bekaert et al.（2008），Guo and Savickas（2008）および Angelidis（2008）は2000年以後（2003年まで）は企業特有リスクも継続的に増加することに疑問を投げかけた。彼らの実証結果は90年代末以後に企業特有リスクは減少する傾向を呈した。

（8） たとえば，資本市場の開放状況が拡大し（Li et al. 2004），機関投資者の役割が増大するとともに，彼らは群れ行動の傾向を示していること（Malkiel and Xu 2003），企業の事業がますます集中化したり，または経営者の報酬として株式オプションが増加したなどファンダメンタルズの変化を生じたこと（Wei and Zhang 2004），企業間の競争が激しくなってきたこと（Irvine and Pontiff 2005），または財務報告の質が低下してきたこと（Rajgopal and Venkatachalam 2011）などがある。しかし，これらの解釈はいずれも実証的根拠があるが，他の解釈の合理性も否定できない。したがって，これらの要因のすべては，企業特有リスクの変化に影響しているかもしれない。企業特有リスクの原因分析の論文のほとんどは2000年以前の40年間ぐらいの上昇する状況に基づいて，その期間のデータを分析して結果を出したのである。注7で説明した，1997年以後2003年までに企業特有リスクが90年代の前期の水準に戻ったという事実は，これらの論文の有効性を損なわないと考える。なぜならば，1997年以後の企業特有リスクは，40年の長いタイムスパンからみると，特に80年代以前と比較して，高い水準になっていたからである。

（9） 利益の質は（Dechow 2002の論文を参考にして），会計発生高がどの程度営業キャッシュ・フローに組み込まれるか，また異常な発生高の絶対値によって決められる。アナリストの予測の分散を加える理由は，予測の分散が多ければ多いほど，つまり情報の質が悪いことによって企業の利益に対する予測可能性が低いことを説明できることにある。しかも，アナリストは財務情報以外の他の情報，たとえば非財務情報，経営者により任意開示された情報を組み入れる能力がある。

（10） 国際会計基準のIAS No.32とIAS No.39とアメリカFASB会計基準のSFAC No.133。

（11） Institute of Chartered Accountants in England and Wales。

# 第10章　知的負債とリスクの認識・測定の重要性

　前章では，企業特有リスクの要因や時系列的変化の分析，およびその財務情報の低下との関連性の分析を通じて，非財務的情報の重要性とリスク情報の欠如の状況を明らかにした。また，企業特有のリスクの増加と競争の激化の相関関係は，無形資産ないし知的資産[1]の重要性を浮き彫りにした。知的資産が競争優位性の核心要因になっており，その活用（たとえば，イノベーションの進展）は，企業経営に大きな不確実性とリスクを引き起こしやすいからである。つまり，知的資産は利益の源泉であるが，時には損失をもたらす要因にもなる。ITバブルの崩壊，および企業の様々な失敗例から，研究者は知的資産のような価値ドライバーが存在すれば，それと同時に価値毀損ドライバーも存在することを企業経営者に向けて提起してきた。このような背景の中で，知的負債という新たなリスク概念が登場した。本章では，知的負債の意味と意義を解明することによって，リスクの認識と測定の研究に新たな視点を提供することにしたい。

## 第1節　知的負債概念の登場

　会計基準の改善によって，従来，オフバランス処理された資産と負債がすでにオンバランス化された（たとえば，ファイナンス・リースの認識，一部の開発費の資産計上）。しかし，保守主義の適用によって，まだ不確実性が大きい資産と負債を財務諸表で計上することを制約してきた。これは，財務情報の信頼性を確保する一方，意思決定に有用な情報を適時に提供できなくなる可能性をもたらす。最も典型的な例は無形資産の費用化である。
　1990年代以降，いわゆる「ニュー・エコノミー」の台頭とともに，ブランド，特許権，ノウハウ，技術力といった無形資産ないし知的資産は，企業価値創出

のドライバーとして大きな注目を受けるようになった。重要な経済資源と価値ドライバーとしての無形資産や知的資産のオフバランス化は，財務情報の関連性の低下の要因となることが多くの研究によって指摘された[2]。知的資産の測定の困難性は，そのオフバランス化の重要な原因となり，現在，知的資産の認識・測定と開示は，経営学の中でも，会計学の中でも重要な課題となっている。

すべてのものに両面があるように，知識の発展は，経済の活性化に貢献する反面，その不安定さをもたらす原因にもなる。知的資産の認識と測定に対する注目が高まるにつれて，90年代末には，「知的負債」というコンセプトも新たに登場することになった[3]。一部の研究者は資本等式「資産－負債＝資本」を援用して，知的資産についても同様に「知的資産－知的負債＝知的資本」を構想し，知的資産が存在するとすれば，それに対応する知的負債が存在することも無視できないことを指摘した。加えて，他の研究者はリスク管理の視点から，知的負債を考慮する重要さを強調した。

しかし，知的負債の概念は，これまで会計研究上もほとんど取り上げられておらず，いまだ曖昧かつ未解明である。特に知的負債は，知的資産より遅れて登場するようになったので，知的資産に対するわれわれの認識も未だ不十分な状況の中で，知的負債に対してより多くの疑問と課題が提起された。会計上の資産・負債概念と同様に，知的資産に対して「知的負債」なる概念が合理的であるか。知的負債は本当に存在するか。また存在するとした場合には，それは何を意味するか。その認識と測定は，会計上，どのような意義があるか。

知的負債は，知的資産と対照する概念として提示されたのである。したがって，これらの問題に答えるために，まず，知的資産の概念と資産性から考察する。

## 第2節　知的資産の概念と資産性

### (1) 知的資産,知的資本概念の生成基点

　一般に,知的資産は無形資産 (Intangibles),知的資本 (Intellectual capital) などと同じ意味で使用されることが多い。無形資産は会計学の文献でよく用いられるのに対して,知的資産と知的資本は,一般に経営学の文献に使用される。Lev (2001) が指摘するように,これらはそれぞれ使用されるコンテクストは異なるものの,それらは実質的には同一のもの,すなわち「将来的便益に対する形のない請求権」を指すものである。しかし,無形資産や知的資産と知的資本が同じものとしたら,会計上のロジックに従って,資産マイナス負債がイコール資本によって,知的負債が存在する余地がなくなるであろう。知的負債の存在を探求しようとすれば,まず,知的資産と知的資本の原点から知的資産と知的資本の本質を求める以外はない。

　Bukh et al. (2001) によれば,「知的資本報告書」の中の「資本」という用語は権威性ある会計上の専門用語ではなく,「知識は資本である」という隠喩を含むことによって,「知的資本」という概念に意味を与えた。多くの抽象的な概念は隠喩に基づくものであり,すべての隠喩はその概念のある側面を目立たせると同時に他の側面を隠す。知識も例外ではない。源泉ドメイン (source domain) の「資本」の特徴が目標ドメイン (target domain) の「知識」を説明するために用いられることによって,「知識」の概念は理解できるようになる。この場合,「資本」の特徴は次のようになる：資本は価値がある；資本は重要である；資本は他の資源の部分的な特徴を有するが,他に資源がない新しい特徴を持つ特殊な「物質 (substance)」である；資本は費用ではなく,将来のための資産である；資本はリターンを目指すなどである。経済学の理論の中で,資本はより広い理論構造の部分であり,リターンのある投資,投資者がリターンを追求する能力,機会コスト,資本市場の可能性などを含める (Baron &

Hannan 1994)。「知識は資本である」という隠喩は，以上のような言外の意味を「知識」概念に移転し，その結果，「知識」は重要な資産になった。資本の隠喩は，「知識」をファイナンシャル・フローとして組織のモデルに組み入れようとするものである。同様に，「知識は資産である」の隠喩は，「知的資産」を企業経済活動の言語としての会計に導入することとなった。

　しかし，「資本」は目標ドメインの「知識」に移転できない特徴も持つ。それは，次のようなものである：資本は所有されることができる；資本はストックである；資本は測定し管理できる；しかも測定また管理すべきなどがあげられる。Andriessen（2006）は，詳細な文献レビューを行い，研究者が22の異なる隠喩を使用して「知識」を概念化することを明らかにした。その中の12は「物質」の隠喩である。これらの「物質」の隠喩は，西洋研究者の著作の中で支配的であり，それと対照的に，「知識は思想や感覚である」という隠喩は，日本人の研究者，野中＝竹内（1995）によって採用され，名作『知識創造企業』の理論ベースになった。この隠喩は知識が道具とは異なり，その主観的資質に焦点を合わせている。知識は人間社会の発展の至るところまで存在するものの，企業価値の創出や経済の発展への影響が強く見えるようになってからこそ，「知識」と「資本」，「知識」と「資産」がともに学界や実務界の研究において，キーワードになってきた。それゆえ，「知的資本」，「知的資産」は隠喩の使い方として利用され，内容的に厳格に分けられていない。

　興味深いのは次のような点である。すなわち，「知的資産」という言葉がますます広く用いられ，ビジネスの世界と学界において注目されるようになってから，人々の関心は「資産」に傾き，元々「資産」が知識を定義するための隠喩であることは忘れられた。知識資源や知識活動がいかに資産概念に当てはまるか，資産として計上することによっていかに知識資源や知識活動を可視化するかといった問題が注目されてきた。この「知的資産」の中で「資産」が強調されてきたことが，「知的資産」という用語とその意味とを会計と緊密に結びつけて理解しようとされた原因ではなかろうか。それが，おそらく「知的負債」概念を導く理由の1つと考えられる。「知的資産」という言葉も，会計上の無

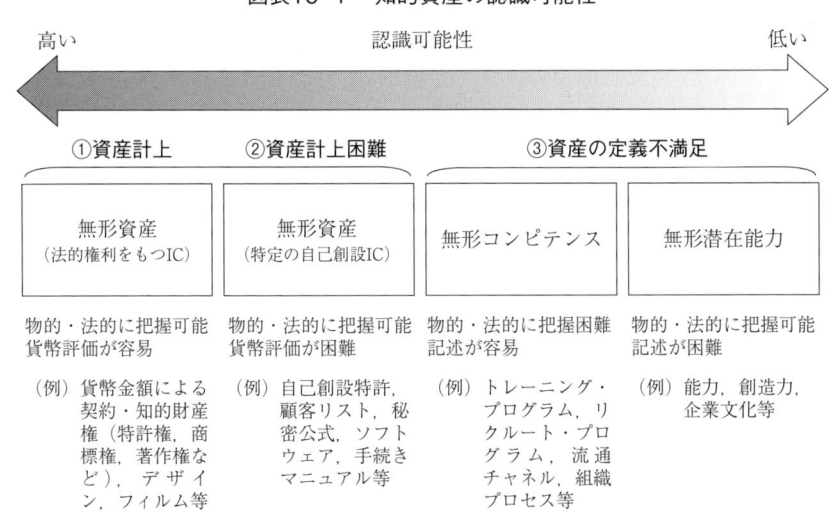

## 図表10-1　知的資産の認識可能性

高い　　　　　　　　　認識可能性　　　　　　　　　低い

| ①資産計上 | ②資産計上困難 | ③資産の定義不満足 | |
|---|---|---|---|
| 無形資産<br>（法的権利をもつIC） | 無形資産<br>（特定の自己創設IC） | 無形コンピテンス | 無形潜在能力 |
| 物的・法的に把握可能<br>貨幣評価が容易 | 物的・法的に把握可能<br>貨幣評価が困難 | 物的・法的に把握困難<br>記述が容易 | 物的・法的に把握可能<br>記述が困難 |
| （例）貨幣金額による契約・知的財産権（特許権，商標権，著作権など），デザイン，フィルム等 | （例）自己創設特許，顧客リスト，秘密公式，ソフトウェア，手続きマニュアル等 | （例）トレーニング・プログラム，リクルート・プログラム，流通チャネル，組織プロセス等 | （例）能力，創造力，企業文化等 |

（出所　古賀（2011）を修正・加筆）

形資産と代替できるようになった。しかし，知的資産は本当にイコール無形資産であろうか。まず知的資産の資産性を考察しよう。

### （2）会計基準の資産概念と知的資産の資産性

　会計上の資産概念について，資産として認識されるためには，先ず(a)将来の経済的便益，(b)過去の取引や事象，(c)支配可能性の3要件を満足しなければならない。上記のように，知識は多種多様な特徴を持つため，すべての知的資産は会計上の資産として認識・測定するにあたって大きな困難性を伴う。これらの3つの要件を満足できる知的資産はごく限定されている。しかも，ほとんどの知的資産は活発な市場が存在しないので，資産の定義を満足しても，会計上は認識し難い。近年，FASBとIASBの概念フレームワークの改訂によって，資産の定義や認識要件も大きく変化する可能性がある。しかし，いくら資産概念を変更するにしても，知識の本質的な特徴においては，人間の感情，意識な

どの主観的，暗黙的な次元が存在するので，知的資産がすべて会計上の資産になることは難しい。

知的資産は，認識可能性の差異によって①財務諸表に計上できる資産，②資産の定義を満足するが計上できない資産，および③会計上の資産の定義を満たさないが，将来の経済的便益をもたらす無形的資源と連続的に区分される。

## 第3節 リスク源泉としての知的資産

すべてのものには両面があるように，知的資産についても，その価値創出源泉としての側面と同時に，リスク要因としての側面に留意すべきである。知的資産にかかわるリスク，またその情報の有用性は，資本市場ベースの実証研究と意思決定プロセスの研究によって裏付けられている。

### (1) 経済学および資本市場ベースの実証成果

個々の知的資産は計量的に評価することが困難であるため，計量分析には，時価と簿価の差を無形資産の合計として認識することが多い[4]。ここでの無形資本は，価値創出に資する資産から，価値毀損をもたらす負債を引いた純無形資産のことを指す。無形資産のリスク研究も，R＆Dなど定量的なデータを入手しやすい項目を除いて，無形資産の合計を対象に行われた。知的資産のリスクに係る資本市場ベースの先行研究には，大きく次の2つのタイプがある。

第1のタイプの研究は計量経済学の研究である。これは無形資本[5] (intangible capital) の評価モデルの構築を本来の目的とするものであるが，リスクが無形資本の評価に影響を与えることを明らかにし，その結果，無形資産のリスク研究に大きな示唆を与えた。たとえば，Hansen (2005) は，Hall (2001) のリスクの側面から無形資産を考察するという発想に基づいて，Fama (1992) と同様に簿価対時価の比率によって5つのポートフォリオ[6]を構築した。

**図表10-2**は，5つのポートフォリオの時価対簿価の時系列変化の幅を示すものである。この図表に示されるように，5番目のポートフォリオは時価対簿

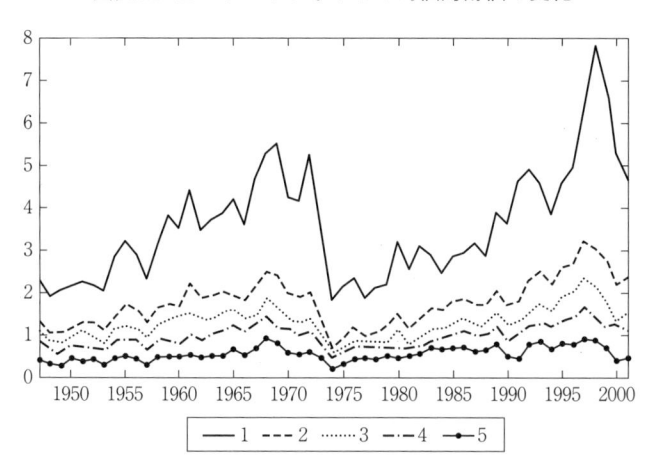

第10章 知的負債とリスクの認識・測定の重要性

図表10-2 ポートフォリオの時価対簿価の変化

(出所 Hansen 2005)
注 Hansen (2005) は図を見やすくするために，簿価対時価ではなく，時価対簿価の比率の変化（いずれにしても，結果は変わらないから）を示した。縦軸は時価対簿価の比率である。

価の比率が最も低く，その時系列的変動は最も小さい。変動の大きさは無形資産と有形資産の比率の変動を反映し得るとともに，この2つの財に対する相対的評価の変動も反映することができる。この相対的評価の変動は，投資家がいかにリスクを認識するかの変動を示す可能性がある。データ分析の結果，簿価対時価比率が低いポートフォリオ，つまり無形資産の比率が高いポートフォリオはシャープレシオも低い。しかも，これらのポートフォリオの配当リスクを比較すると，財務諸表に計上できる資産への投資より，資産として計上できない無形資産への投資のリスクが圧倒的に高いという結果が示された。

第2のタイプの研究では，企業特有リスクとの関連性分析である。財務情報の株価との関連性が低下した反面，財務情報のシステマティック・リスクとの関連性は，30年もの間あまり変わっていない (Brimble and Hodgson 2007)。Brimble等はこの矛盾を市場がより不安定になったと解釈したが，市場不安定の理由を述べていない。言うまでもなく，市場不安定の要因は多い。株価はシ

ステマティック・リスクと非システマティック・リスクとともに影響するから，1つの観点としては，財務情報の非システマティック・リスクとの関連性が減少していると考えられるであろう。財務情報と非財務情報との企業評価の補完関係により，非財務情報は非システマティック・リスクとの関連性を示していると推測される。

この推測は近年の企業特有リスクに関する研究によって実証されている（第9章を参照されたい。財務情報の質の低下は企業特有リスクを増大させる主な原因の1つであることを実証研究で明らかにした）。簿価対時価の比率が相対的に小さい企業は，無形資産の比率が大きい。無形資産が大きい企業は，企業特有リスクも大きい（Guo 2006など）。特に，1970年代以後の40年間，競争の激化と情報の質の低下[7]によって，企業特有リスクが増大している点に留意されたい（Goyal 2003；Guo 2008など）。競争力が強い国は，新技術の開発や利用およびイノベーションを一層熱心に促進するので，企業特有リスクは，競争力が相対的に弱い国と比較してより高くなる（Irvine 2008）。

さらに，企業特有リスクとシステマティック・リスクとの比重を分析すると，無形資産の役割がより明白になっている。たとえば，Oh（2001）がオーストラリアのe-commerce産業を対象に，知識集約企業の企業特有リスクと市場リスクとの比重について研究を行った。その結果，非システマティック・リスクは82％を占め，システマティック・リスク（18％）よりはるかに大きいことが明らかになった。したがって，知識集約企業にとっては，企業特有リスクはシステマティック・リスクより重要であり，企業価値を高めるために，価値ドライバーとしての知的資産のリスクを戦略的に管理することによって，企業特有リスクを最小化することが重要である。

このように，以上のいずれの研究でも，財務諸表に計上されていない無形資産のリスク関連性および無形資産のリスクの重要性が示されている。

（2）意思決定プロセス研究の結果

まず，実際に投資業務を行う投資者にとって無形資産情報の価値は何かを明

らかにするためには，実際の意思決定プロセスが明確にされなければならない。リスク評価と無形資産情報の情報価値に関する先行研究は極めて少ない。その重要な先行研究としては，Hollandによるファンドマネジャーの意思決定に関する一連の研究がある。特にHolland（2006）は，投資プロセスにおけるリスクコントロールと知的資産情報の活用について分析を行っている。Hollandによると，いったんファンドマネジャーは企業の価値創出プロセスを把握すると，彼らはマクロまた競争環境の変化，それらの変化の企業に対する影響と企業側の対応を評価する。そうすることによって，企業リターンとリスクおよび企業価値を推定することができる。

Hollandは，4年にわたって，イギリスにおける40名のファンドマネジャーを対象としてインタビュー調査を行い，リスクコントロールと知的資産情報の関係を議論した。その内容の要点は，およそ次のとおりである（Holland 2006, pp. 304-309）。

第1にリスクコントロールにおける知的資産情報の役割について，ボトムアップのリスクコントロールにおいても，トップダウンのリスクコトロールにおいても，知的資産情報はファンドマネジャーによって活用される。ボトムアップ・プロセスにおいて，ファンドマネジャーは関係企業との直接的なコンタクトによって，ハイリスク，ローリターンの会社をまず取り除く。彼らが最も関心あるのは，ブラック・ホール（black holes）ないし企業の主な損失である。ファンドマネジャーは，安全性が第一の方針のもと，損失を生ずる可能性が低いにもかかわらず，大きな損失を被る可能性のある会社に投資しない。企業の人的資産（過去管理リスクの不良記録）および構造資産（弱いリスク管理システム）などの定性的な情報は，企業の経済的なパフォーマンスへの理解を促進する。

ボトムアップのリスクコントロールのプロセスにおいて，ファンドマネジャーの大部分は定量的な方法ではなく，定性的な方法を利用してリスクを評価する。投資意思決定の時間的プレッシャーの中で，伝統的な確率概念および期待価値，分散および正規分布などの意思決定理論を利用して分析する時間がないから，平均分散データなどはただ少数の定量分析を行うファンドマネ

**図表10-3　企業評価プロセスとリスク評価に対する知的資産の役割**

| 企業評価プロセス | 投資判断の焦点 | 知的資産情報の利用実態 |
| --- | --- | --- |
| 第1段階：<br>企業の業績に対する認識の形成 | 企業価値創出とマクロないし競争環境変化との相互作用 | 企業レベルの知的資産が(他の企業要素とともに)いかにマクロ経済状況および競争状況の変化と相互に作用し合うかを理解して総合的に評価・勘案し、リスク評価の実施 |
| 第2段階：<br>評価変数の推定 | 個々の企業のリスクやリターンをフォーマルに評価する | 最終的な意思決定を行うために利用される情報の25％から50％は私的情報（無形資産情報）伝統的なバリュエーションモデルに必要な数値の予測のうち、予測できない将来については、管理者の質、期待されるR＆Dの費用などの変数に依存 |
| 第3段階：<br>評価段階 | 統合的な意思決定プロセスにおける選択と評価 | 将来キャッシュ・フローなどの変数の数値を推定するのに重要な役割の実施 |

ジャーが資産分配をするのに使われるのみである。

　第2に、企業評価のプロセスにおけるリスク評価に対する知的資産情報の役割について、企業評価は3つの段階に分けられる。①企業が儲けるか損するかに対する認識の形成段階、②評価変数の推定段階、および③評価段階。これら3つの段階それぞれにおけるファンドマネジャーと知的資産情報との関係を要約的に示したのが、**図表10-3**である。

　以上、Hollandの研究は、ファンドマネジャーが外部のマクロないし競争リスクおよび企業側の対応を重要視することを明らかにしている。企業リスクに対して、企業側の見方とファンドマネジャーの見方は必ずしも一致するわけではない。にもかかわらず、重要なことは、知的資産は企業リスクをコントロールすることや価値創出に貢献することによって、企業の将来性に著しく関連する点を看過すべきではない。知的資産情報は、投資者によってリスクを評価する際に重要な役割を果たす。それは知的資産情報の情報価値の重要な1つの側面である点に留意すべきであろう。

## 第4節　知的負債の意義と認識

　以上の研究から，知的資産の複雑さはその不確実性とそれが有する両面性，つまり，資源としての価値創造性とリスク性にあることが明らかになった。知的資産を適切に管理・利用しなければ，いつか損失が生じるかもしれない。研究者が指摘するように，企業の純資産の市場価値と簿価の差は，厳密に言えば，無形資産ないし知的資産の価値ではなく，知的資産から知的負債を差し引いた後の純知的資産のことを意味している(Stam 2009)。この差がプラスであれば，知的資産が知的負債より大きいことを意味し，それに対して，マイナスであれば，知的負債が知的資産より大きいと考えればよい[8]。では，知的負債とは何か，具体的にどのように定義されるであろうか。

### (1) 知的負債に関する定義の多様性

　知的負債については，様々な定義がある。たとえば，「知的負債はネガティブな価値である」(Cuganesan 2005, p.360)，「ネガティブの価値創出ドライバー」(Viedma Marti 2003, p.221)，「ネガティブ知的資産」，あるいは「知的負債の概念は，組織劣化の潜在的な非物理的な原因として解釈されるべきである」(Stam 2009, p.95) などと例示される。しかしながら，これらの定義はほとんどHarvey & Lusch (1999) とCaddy (2000) に基づくものである。一般的に，知的負債の問題を明確に最初に提起したのは，この2つの論文と考えられる。多くの研究者は[9]，彼らの研究から示唆を受け，異なる視点から知的負債を定義し，その理論の重要性を強調した。以下は，彼らの主張を分析した上で，知的負債とは何かを検討することにしたい。

　Harvey & Lusch (1999) の主張では，知的資産・負債の貸借対照表 (Intellectual balance sheet) に記入されるすべての資産に対して，対応する負債か資本かが存在する。しかし，知的資産の将来的便益に伴って発生する知的負債は，どこに位置付けられるであろうか。この問題に答えるために，彼らは基本的会計等

式「資産＝負債＋持分」に注目した。彼らによると、すべての知的資産への投資は持分の増加をもたらすという考えは近視眼的である。企業の財政状況を正確に反映するために、対応する負債が存在するとした場合には報告しなければならない。つまり、価値創出ドライバーと価値毀損ドライバーとの両方が存在し、いずれも報告しなければならない。

Caddy (2000) も同様に会計上のロジックから知的負債の存在を類推した。両者の差異は、Caddyでは「資産－負債＝持分」、つまり、知的資本は知的資産マイナス知的負債であり、単なる知的資産の合計ではないという。彼によれば、情報と知識経済の急速な発展は企業の知的資産、すなわち価値創出のための便益を提供する。その反面、このような発展は、混乱と不安定およびサプライズ、さらには巨額の負債をもたらす可能性がある。したがって、もし無形（知的）資産が確実に存在する場合、それらの組織活動の結果を反映する鏡も存在するはずである。この鏡が無形（知的）負債である。

それではこれらの負債は、なぜ計上されていないのであろうか。Harvey & Luschによればオフバランスしている負債は、企業が他の実体に対する義務または持分の漸減を反映するものである。しかし、企業自体はこの義務や持分の漸減をまだ認識していないか、認識するための適切な会計プロセスが存在しない。これらの義務や持分の漸減を反映する知的負債とは、具体的に次のようなものが例示される。たとえば、危険な製品や劣悪なサービス、不適切なR＆D、訓練をよく受けていない従業員や管理者、不適当な新製品開発プロセスなどである。

会計上の負債は、企業や個人がある特定の日に資産とサービスの移転を伴うものであり、企業が他の個人や実体に対して負う義務と責任を反映している。しかし、Harry & Lusch (1999) は他の実体に経済的資源を移転する、またはサービスを提供する責任があるかどうかを知的負債の認識判断を行う際の決定要因とは考えない。彼らは知的負債がその責任負担を認識要因の1つをなすことを否定することなく、収益の削減能力を反映するものでもあると考える。

たとえば、ある映画の市場価値が簿価より高い場合、他の要素を除ければ、

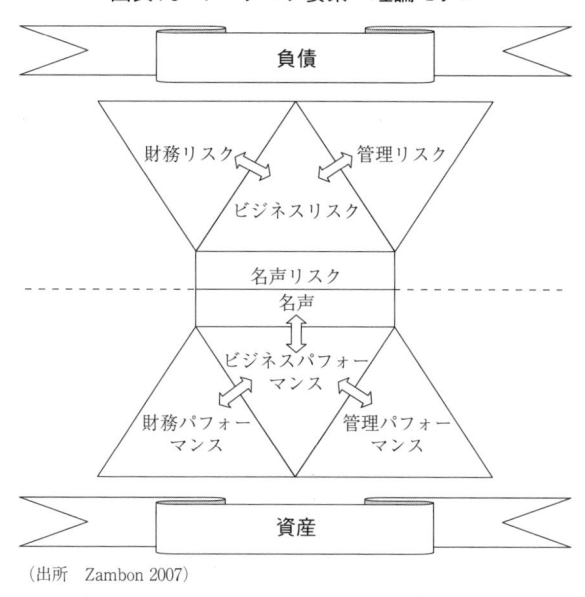

## 図表10-4　リスク要素：理論モデル

```
負債
├ 財務リスク　管理リスク
│   ビジネスリスク
│     名声リスク
─ ─ ─ 名声 ─ ─ ─
      ビジネスパフォーマンス
├ 財務パフォーマンス　管理パフォーマンス
資産
```

（出所　Zambon 2007）

普通は無形資産ないし知的資産が存在すると考えられる。もしこの映画が簿価より低い価格で販売されているならば，同様に会計上計上していない無形負債ないし知的負債が存在すると考えられる。この知的負債は外部の実体に対する義務が存在しておらず，株主持分の減少を示すにすぎない。

　上述の例からみると，知的負債の概念は会計の論理に従って導出されるものの，Harveyらが考えている知的負債は，実は知的資産と同様に会計上の概念を超えた広い意味での企業に対するネガティブな影響を持つものであり，企業の価値毀損ドライバーである。

　また，Zambon (2007) は知的負債を知的資産の対照的存在とし，リスクと関連づけながら，次のような新たなモデルを作成した。知的資産は企業のパフォーマンスに貢献するものであり，知的負債は企業パフォーマンスを破壊するリスクをもたらすものを示す。知的負債は会計上の負債であることより，そ

の言葉を借りて，知的資産に対するリスクの面を反映するものといえる。

　Zambon のモデルでは**図表10-4**のようにリスクは3つに分けられる。財務リスク，管理リスク，および名声（reputation）リスクである。これらのリスクの要素は，無形負債という名目のもとに入れられる。

　このモデルは現在からみると，理論的厳密性が十分ではなく，具体性も足りないが，知的負債のリスクの側面を提示したことが後の研究に一定の示唆を与えたと考えられる。

### （2）知的負債と会計

　Harvey & Lusch（1999）と Caddy（2000）は，会計の論理に基づき，それぞれ資産と資本に着目し，知的負債の概念を導出している。しかし，実際には，彼らの研究は会計研究ではなく，経営学の研究である。彼らの目的も財務諸表への計上の検討ではなく，その認識と測定を通じて，経営者によって企業に関する全面的情報を提供することである。したがって，会計学者からみると，彼らの説明は説得力を欠くところがあるかもしれない。

　この会計上の等式から導出された知的負債概念の反対者（Otiz 2006）も，経営学の専門用語「知的資本」と会計上の「資本」，「持分」とを比較する意味がないと論じた。この指摘は，経営学の知的資本はすべての無形資産を包括するものとして，会計上の資本概念とは異なることを明らかにするものであり，会計等式から知的負債の概念を導出することの妥当性に疑問を呈した。

　しかし，前節で分析したように，知的資本，知的資産は会計上の用語でなくとも，その内容は会計上の無形資産（計上できる無形資産と計上できない無形資産の両方を包含する）とそれ以外の企業価値創出に貢献できる無形資源（resource）を含める。知的負債を考える際に，知的資産に対応して会計上の負債と会計外の負債に分けて考えるべきである。

　会計要素は契約関係や法律関係およびビジネス慣行に依存ものであり，権利と義務を強調するものである。したがって，その範囲を無制限に拡大することはできない。会計上の負債は義務に焦点を合わせ，この義務は法律上の義務だ

けではなく，道徳の拘束，社会慣習の拘束によるものでもある。しかも，一部の引当金，たとえば予想されるある種の将来の危険に備えた会計処理，すなわち修繕引当金は法律上の義務ではないが，負債として計上することができる。

　知的負債は会計上の概念に対応する場合は，義務がある場合は，むしろ偶発損失に類似するものである。義務がない場合は，将来にあり得るリスクに備えるための経済的損失を示す。ここで，新技術の発展，または非効率的管理，利用によって生じる知的資産自体の価値の減損と，潜在的費用や経済的損失をもたらす要因となる知的負債を区分する必要があることに留意されたい。たとえば，新技術の出現による既存の技術の価値低下は知的資産の減損であり，技術の発展により新技術の出現の可能性が高く，それに伴う新技術導入に係る予想費用は知的負債といえる。また，企業の従業員の知識の老化は知的資産価値の減損であり，企業のレピュテーションを損なう従業員（悪いサービスを提供したり，不正行動を起こす場合）は，知的負債と言える。

　概して，知的負債は，その一部は単に知的資産の非効率的な利用を表示するものであり，他は潜在的な費用，つまり様々なリスク要因（企業の内部構造，人的資源あるいは利害関係者に係るリスク）による将来の経済的損失を示すものである。知的負債が会計上の負債として計上できる部分は，極めて限られている。その理由は，知的負債に対して，多くの場合には明確な債権者が存在せず，その金額も予測しにくいことにある。しかし，知的負債の存在は，将来的に，だれかに義務を担わせなければならず，企業と株主の価値の毀損をもたらす可能性を生じさせる。その概念の提出は，研究者が企業の経営者に対する一種の警告とみられる。というのは，会計情報に反映されていない様々なリスク，特に知的資産にかかわるリスクを把握・対処しなければ，企業の将来の負債（あるいは株主価値の減少）になる。

　それゆえ，Harveyらの会計の視点から，無形資産ないし知的負債の存在可能性の分析は，論理に欠陥があるにしても[10]，理論上と実務上に重要な意義がある。また，その特質や範囲を確定するために，Harveyらは「義務の負担者」，「情報の完全性」および「計量可能性」など3つの規準を提示した[11]。これ

は監査上でも意味がある。というのは，知的負債は企業に対するネガティブな影響を与えるものであり，監査上のリスク判断の参考になるからである。

## (3) 知的負債認識の重要性

現在まで多くの研究は，知的資産がなぜ企業の価値創出の源泉となり得るか，また，その価値創出のプロセスに焦点を合わせている（古賀 2005を参考されたい）。たとえば，Holland (2003)，Morck et al. (2003) などは知的資産を活用した企業の価値創出モデルを提示した。しかし，知的資産のネガティブな側面や知的負債については，まだ十分に議論されていない。知的資産概念が登場してからの研究者の視点は，知的資産マネジメントの価値創出の側面から，知的資産マネジメントのリスク管理の側面へ転換させた点で知的負債概念は重要な意義を持つ。

人間は一般的に失敗より成功に注目しやすい。失敗した要因より成功する要因に注目しやすい。これは知的資産研究の台頭が知的負債の登場より早いことにも窺える。また，ある経営者が指摘するように，われわれは失敗とリスクばかり考えていては，何もできなくなる[12]。この考えを支持する人は多い。インターネットで検索すれば，成功企業の分析，その経営の研究や事例分析が，失敗した企業よりはるかに多い。同様に，価値ドライバーとしての知的資産に関するコンテンツは311,300件あり，価値毀損ドライバーとしての知的負債に関しては，1,390件しかない。しかし，事実は，良い会社こそ，失敗する要因，つまり様々なリスクを十分に考慮に入れた上で行動する。その意味で，知的負債に対する理解を深める必要がある。

しかも，知的負債をめぐる議論は，デリバティブに関する論争と類似している。金融デリバティブは，最初にリスク移転商品として人気を博することになった。しかしながら，デリバティブは，適切に使えなければ大きなリスク・ファクターにもなる。特に一部のデリバティブは市場の動きに非常に敏感である。市場の変化につれて巨額な損失をもたらす。それゆえ，多くの者は，デリバティブが金融の安定性に対する脅威であると考えるようになった。これは偏った見

方であり，巨額損失のほとんどは根本的には管理プロセスの失敗に帰するものであった。知的負債も同じように，知的資産が十分に管理利用されていないか，知的資産の経営が外部の環境の不確実性に十分に対応できていないことによって生じるものであると考えられる。

　企業の利害関係者は，企業が価値創出のためにどの程度のリスクを取っているか，また現在の価値創出戦略がどの程度持続可能かに関心がある。したがって，経営管理者は，投資者や他の企業関係者に企業のリスクと不確実性をうまく管理していることを示さなければならない（DeLoach 2000）。これは企業が全会社ワイドで有効なリスク管理システムを構築することを要求されるとともに，戦略的リスク管理に関する有効なコミュニケーション・ツールを策定することを求められる。

　しかし，会計基準の中でリスクに関する規定は，金融デリバティブのみに限定されがちである（e.g., FAS 119, FAS 133, IAS 32, and IAS 39）。アメリカだけではなく，世界の諸国においても，体系化されたリスクレポーティングは確立されていない。知的負債は企業リスクを考察する1つの視点を提供し，知的負債情報と知的資産情報と対比してみるならば，企業が直面する機会とリスクを両方観察でき，企業の全貌をイメージできる。したがって，知的負債に対する理解が深ければ深いほど，企業の不確実性に対する認識が明らかである。知的負債に対する体系化した認識は，企業リスクレポーティングのフレームワークを設ける際に1つのモデルを提供するであろう。

## （4）知的負債の認識と測定のフレームワーク

　知的資産に関する知識が増大し，知的資産の区分が定着しつつあるにもかかわらず，財務報告や非財務報告フレームワークのいずれにおいても，知的負債という項目はまだ含まれていない。知的負債の認識と測定の理論フレームワークが必要である。

　上述のように，知的負債のほとんどは財務諸表に計上できないものであり，内部の価値創出のプロセスに企業価値毀損のドライバーである。企業の総負債

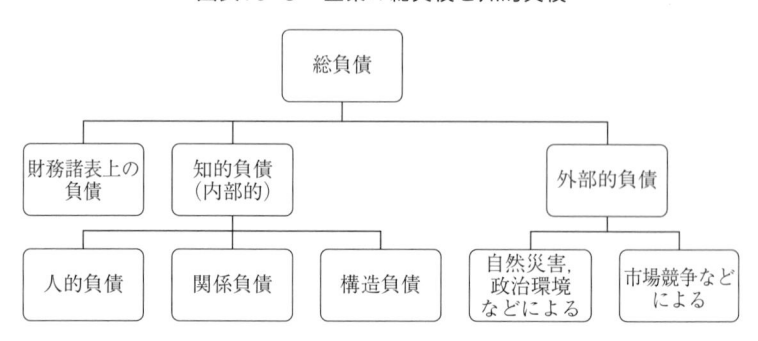

図表10-5　企業の総負債と知的負債

```
                        総負債
          ┌──────────────┼──────────────┐
   財務諸表上の      知的負債              外部的負債
     負債          (内部的)
                 ┌──┼──┐          ┌─────┴─────┐
              人的負債 関係負債 構造負債   自然災害,    市場競争など
                                      政治環境      による
                                      などによる
```

には,財務諸表に計上できる負債と会計上認識できない負債があり,認識できない負債には,知的負債のような内部的負債以外に,外部的にコントロール不能なリスク要因,たとえば自然災害,政治問題,市場競争などにより企業価値の毀損を示す「負債」も存在する。また,知的負債は知的資産に対照する概念として,その分類は知的資産の分類に照らして行うことができるであろう。企業の総負債と知的負債のフレームワークは,**図表10-5**に示されている[13]。

知的資産について,10数年間の実務実践の中で,基本的属性に即して多種多様な区分法が提唱されてきた。その中で,Sveiby IC モデルでは,知的資産を人的資産,構造資産および関係資産の3つに区分する方法が広く採用され,定着しつつある[14]。それに対応して,知的負債も構造的負債,人的負債,関係負債と分類することができるという考えである。

① 構造負債は成文化された知識,手順,プロセスおよび文化などの非人的資源(従業員が組織を去った後も,企業に残るもの)から生じる企業価値劣化の原因を指す。研究者などは失敗した企業の例から,構造的負債をまとめた。たとえば,トップマネジメントの均質性や集団思考などがあげられる。

② 人的負債とは企業の経営者や従業員から生じる価値劣化の原因であり,組織内の従業員の暗黙の知識,技能,経験と態度,経営者の能力,経験,人格などに係るものである。

**図表10-6　知的負債の例示**

| 知的負債 | | |
|---|---|---|
| 構造的負債 | 人的負債 | 関係負債 |
| ・集団思考<br>・トップマネジメントの均質性<br>・管理者による長期在職<br>・戦略的計画脆弱性<br>・プロセス<br>・悪い情報や知識<br>・インフラ<br>・隔離された知識<br>・無知の代価<br>・権力闘争<br>・組織の慣性<br>・組織硬化症<br>・知識創造に適合しない文化<br>・複雑な組織 | ・高い従業員の離職率<br>・主要な従業員を失うリスク<br>・内部競争<br>・NIH症候群 [1]<br>・不十分なトレーニングと能力開発 | ・企業の悪い評判<br>・製品やサービスの質に係る悪い評価<br>・潜在的な製造物責任訴訟<br>・戦略的提携の欠如 |

（出所　Stam 2009を参考に作成した。）

注(1)　NIH症候群（Not Invented Here syndrome）とは，ある組織や国が別の組織や国（あるいは文化圏）が発祥であることを理由にそのアイデアや製品を採用しない，あるいは採用したがらないこと。

③　関係負債は顧客，サプライヤー，およびその他の外部の利害関係者との関係から生じる価値劣化の原因を意味している。一般的に，企業のレピュテーションの毀損が行われた時に存在すると考えられる。

しかし，知的負債については，確定的なリストがない。各企業がそれぞれの規模，業種によって，知的負債の内容は異なる。たとえば，業種別で分析すれば，自動車産業にとっては，オペレーショナル・リスクおよびレピュテーション・リスクの分析が最も重要であろう。これは構造負債と関係負債に係わっている。製薬およびバイオ産業では，知的財産権や製品の安全性が相対的に重要である。これは構造負債に関連する。しかし，同じ構造負債にしても，保険，銀行，電気通信，ITなどの業種は不正リスクに最も関連している。

にもかかわらず，以上の分類は，各企業には自社の知的負債を認識するフレームワークを提供している。Stam（2009）は先行研究のレビューに基づいて，知的負債を体系的にまとめた。図表10-6でいくつかの例を示すことにしよう。

　これらの知的負債は，中長期的に企業の価値を毀損する影響があり，貨幣測定が不可能な項目が多く，非財務的情報としてのみ開示可能になる。非財務的情報には定量的指標に加え，定性的情報も含まれているからである。具体的な認識と測定プロセスについては，第4章の図表4-5を参照されたい。

　ただし，1つ留意されたい点は，知的負債は知的資産に対照する概念として存在し，知的資産の認識フレームワークに基づいて認識することができるが，必ずしも鏡のようなものではないということである。というのは，知的負債と知的資産とは非対称的存在である。ある知的資産が企業の価値創出に重要な役割を果たすとしても。それに対応する知的負債が，必ずしも同じ程度に企業価値の毀損をもたらす訳ではない。リスク情報としての知的負債の各項目の重要性は，知的資産の価値関連性と必ずしも一致しないかもしれない（Giuliani 2013）。

## 第5節　小　　括

　経済社会情報化，グローバル化および自由化の流れのもとで，高度な資本蓄積をした先進諸国では工業化時代が終焉し，「個」の時代に生きる消費者は，多様な価値を求めて嗜好の多様化を図っている。かかる進化や変化の環境の中で，企業の将来の価値は不確実性に晒されており，経営の本質はまさに不確実性から価値を作り出すこととも言える（刈屋 2005）。この不確実性には価値に対するネガティブな影響とポジティブな影響との両方がある。知的資産はその不確実性を持つものであり，企業の価値創出の源泉となる反面，企業損失の源泉にもなる。それが適切に管理・利用されない場合，企業の知的負債になる。たとえば，内部の不確実性の源泉としてのR＆D活動，新製品開発プロセスなどは，失敗した場合には，企業に新たな価値創出に貢献するより，むしろ損

失をもたらす。

　知的負債のほとんどは，会計上計上できない下方リスクを反映するものであり，企業価値毀損のドライバーとなるものである。会計は，これらを負債として計上することを排除したが，その情報が企業の経営者や投資者などにも重要な意義を持つ。したがって，知的負債の認識と測定が重要になる。知的資産は構造資産，人的資産，関係資産に区分されるので，知的負債も同様に構造負債，人的負債，関係負債に区分し，認識することができる。ただし，知的負債のほとんどは貨幣全額で測定することができず，定性的，定量的指標として開示されなければならない。ここでリスク情報をいかに開示し，情報利用者のニーズを満たすかが重要になるのである。


注
（1）　本章では，知的資産と無形資産は同じ意味で使われる。
（2）　資本市場に基づいた実証研究の結果は，財務情報だけでは企業の全貌は反映できず，財務情報と無形資産などの非財務情報とを併用して企業の実態をより適切に反映できることを実証した。たとえば，Demers（2002）および Lev（2000）は，財務諸表のデータと財務諸表以外のデータ（たとえば，ウェブサイトにアクセスする人の数，顧客ロイヤルティなど）との組み合わせがよりよい企業評価に役立つと結論づけた。Amir and Lev（1996）は，セルラー（cellular）会社を対象として，情報の価値関連性を明らかにした。Amir and Lev の研究結果は，財務情報は単独では，企業の価値評価に妥当性を欠くが，非財務情報と結びつき，また知的資産の過度な費用計上を調整することによって，株価との関連性を説明できると主張し，財務情報と非財務情報との補完関係を明らかにした。
（3）　知的資本ないし知的資産という用語がフィンランド・スウェーデンなど北欧諸国において台頭し，普及したのは1980年代，90年代以来であった。
（4）　確かに，時価が簿価を上回る部分には財務諸表に計上されていない知的資産以外，投資者の感情的なものや他のノイズなども含む。しかし，簿価時価比率が小さな企業にはオフバランスの資産は多いという可能性が大きいと考えられる。
（5）　ここでの無形資本の資本は厳格な会計用語ではなく，価値創出のために投入した経済資源を指す。知的資本を交換して使用することができる。

第3部　リスク情報の拡充化とその有用性

（６）　簿価対時価の比率によってポートフォリオを構築する場合には，比率が近似していれば，異なる産業の企業は同じグループに分類される。
（７）　企業特有リスクの増大をもたらす原因は様々と考えられる。たとえば，資本市場の開放状況が拡大し（Li et al. 2004），機関投資家の役割が増大するとともに，彼らは群れ行動の傾向を示していること(Xu and Malkiel 2003)，企業の事業がますます集中化したり，または経営者の報酬として株式オプションが増加したなどファンダメンタルの変化を生じたこと（Wei and Zhang 2005），企業間の競争が激しくなってきたこと（Irvine and Pontiff 2005），または財務報告の質が低下してきたこと（Rajgopal and Venkatachalam 2008）などがある。しかし，これらの解釈はいずれも実証的根拠があるが，他の解釈の合理性も否定できない。したがって，これらの要因のすべては，企業特有リスクの変化に影響しているかもしれない。が，競争の激化と情報の質の低下は想定しうる主な2つの原因である。
（８）　時価対簿価比率は1より大きい時に，つまり，純資産の時価は簿価より大きい時に，知的資産が存在するとする。一部の研究者はこの比率はノイズ（noise），たとえば人間心理的な要因が入っているので，厳密に無形資産の大きさを示すことができないと批判したが，この比率はよく無形資産ないし知的資産の存在を示す指標としてよく用いられる。
（９）　たとえばCaddy（2002）やTacket et al.（2007）は監査の視点，Stam（2009）やGiuliani（2013）は経営の視点，Zambon（2007）はリスクマネジメントの視点から知的負債の理論フレームワークを検討した。
（10）　Harveyらによれば知的負債の分類は知的資産（広い意味の）と対応する分類法に従って行うべきとされる。彼らが採用した分類法では知的資産をプロセス資産，人的資産，構造（configurational）資産，情報（informational）資産に分けている。しかし，彼らの研究から10余年経た今日，このような分類法はいずれの概念フレームワークにおいても採用されていない。しかも，彼らの認識と分類は未熟である。たとえば，指標になるものと知的負債自体を混同している。その一例は，プロセス負債の中に製品の劣悪な質も含めることである。製品の質は製品の属性であり，劣悪な質は知的負債になることである。その論理に従えば，製品の良質性も知的資産に帰属可能であろうか。製品の属性を製品そのものと異なった資産として認識することなど，Harveyらの論文は問題が多いと考える。
（11）　第4章を参照されたい。
（12）　2010年インタビュー調査による。
（13）　Stam（2009）では，知的負債を内部的負債と外部的負債に分けている。筆者はそれが

妥当ではないと考える。知的資産は企業の価値創出に利用できる資源である。それに対応している概念の知的負債とは企業に存在し，まだコントロールできるリスクのことと考えて，知的負債は内部的負債とした。

(14) 多くの研究者は，知的資産の開示を研究する際に，Sveiby IC モデルに依拠している。たとえば，アニュアル・レポートやアナリスト・レポートのコンテンツ分析では，ほとんどこの分類法に基づいてキーワードやフレーズを決定している。しかも，現行のレポーティング，特に新しく作成されたフレームワーク，たとえば拡充事業報告書（EBR）においても採用されている。

# 第11章　投資リスクの判断と非財務情報の有用性

## 第1節　研究目的と課題

　経済学とファイナンス研究はマクロの視点から，市場ベースのリスク尺度と会計ベースのリスク尺度の有用性と限界に対して理論的・実証的論拠を提供し，非財務情報を補完的情報として開示することを示唆している。しかし，実際の投資意思決定において，投資者はリスクについてどのように認識しているか，つまり，ファイナンス理論とマネジメント理論のリスク概念やリスク指標がどの程度，専門投資者に影響しているかはまだ具体的に解明されていない。また，非財務情報がどのような役割を果たすか，具体的にどのような非財務情報がリスク判断において重要性を持つかは，実証的に裏付けられていない。本章は，日本の専門投資者を対象に質問票調査を実施することによって，投資者のリスクに対する意識状況，および非財務情報のリスク関連性を究明することを主な目的とするものである。

　意思決定に必要な情報を把握するためには，コントラストをなす2つの方法が考えられる。1つは「過去指向アプローチ（backward-looking approach）」であり，情報を過去的なフィードバックや経験に基づいて把握しようとする方法である。もう1つは，「将来指向アプローチ（forward-looking approach）」であり，情報を将来に対する認知的イメージ[1]（cognitive image）に基づいて把握する方法である（Gavetti and Levinthal 2000）。

　いずれか一方の方法のみを利用して意思決定を行うより，両者いずれかを重視しつつ併用する方がより現実的であろう。Ricciardi（2004）は過去的・客観的リスク尺度を参考として，その他の情報や主観的要素も加味したリスク尺度を利用するリスク判断と意思決定モデルを構築した（第3章を参照されたい）。

リスク判断の主観性要因はリスク情報の選択と利用を促進し，最終的な意思決定にも影響する。したがって，投資者がリスクをいかに認識するかは，極めて重要である。

また，非財務情報が企業内部管理情報としてどの程度投資者のリスク判断に役立つかも，興味深い問題と考えられる。投資者はどのように非財務情報を理解し，利用するか，また，ファイナンス理論に基づく市場ベースのリスク指標，会計リスク指標および非財務リスク情報は，それぞれリスク判断に対してどの程度の重要性を持つかが，本章の重要な課題の1つをなす。しかも，非財務情報は多様であるので，その中でどのような非財務情報が投資者に重視されているか，企業側が適切と考えるリスク情報と投資者が求めるリスク情報とが一致するかどうかも興味ある問題である。

よって，具体的には，本章では，次の3つの問題を解明しようとするものである。

① 「投資者によるリスクの認識状況」：投資者がリスクについてどのように認識し，その認識結果はリスク情報の利用にどのような影響を与えるか。
② 「非財務情報の重要性」：非財務情報が会計情報や市場情報と比較して，どの程度の重要性を持つか。
③ 「リスク判断に関連性ある非財務情報の項目」：どのような非財務情報がリスク判断に役立つか。

以上の3つの課題に対応すべく，本章は次のように構成されている。まず，第2節では，研究方法を説明する。本章は非財務情報の有用性を検証することを目的とするので，第3節では，理論分析，文献レビューやコンテンツ分析の方法によって，企業が開示しているリスク関連の非財務情報を体系的に整理し，非財務情報の項目を選定することにしたい。第4節では，アンケート調査票の概要を説明する。第5節では，調査結果の分析を行い，最後に，第6節では，本調査研究の結論と課題を提示する。

## 第2節　研究方法

　本研究の研究方法は，非財務情報の特徴を考慮しつつ決定しなければならない。非財務情報と財務情報とは，次の3点で異なっている。

　第1に，非財務情報は，その利用にあたってより多くの主観的な要因を含む。非財務情報は厳格な会計基準に従って算定された数値ではなく，種々の価値評価指標の他に定性的情報をも包含する。定性的情報の利用は，認知的側面から考えれば，客観的データより困難である。投資者ができるだけ定性情報を定量的に変換して用いることは，先行研究の調査でも明らかである。このような再加工によって情報の客観性はある程度失われ，主観的判断要素が情報には組み込まれる。

　第2に，会計情報や市場ベースのリスク指標は，過去的情報である。それに対して，非財務情報は企業の過去的状況やそれが企業の将来にどのように結びついているか，また，企業の将来の業績に影響する多種多様な要因は何かなどに関する説明を含むものであり，過去的情報と将来的情報の両方を包摂するものである。

　第3に，会計情報は，外部に公開する制度化された情報であるに対して，非財務情報は，従来，外部に開示されない内部管理用の情報が一般的である。外部開示情報としての会計情報は，長年にわたって投資者に利用されてきたのに対して，従来，非公開情報としての非財務情報には特定の形式がなく，どの程度投資者に理解され，重視されているかは，いまだ未解明のままである。このような非財務情報の特徴は，投資者の意思決定とリスク判断における有用性にも大きな影響を与える可能性がある。

　非財務情報の相当な部分は定性的情報であるので，会計情報のリスク関連性と同様の方法で，経済的モデルを用いて，その有用性を検証することはできない。非財務的リスク情報は，有価証券報告書の財務諸表以外の「事業リスク」のセクションやアニュアルレポートなどで開示され，投資者に利用されている

ので，代替的方法として定性的分析手法を通じてリスクを把握する方法も考えられる。リスクを把握する定性的方法については，Baird（1990）の論文でいくつか示されている。コンテンツ分析，アンケート調査などはその一例である。

コンテンツ分析は，実際にどのような状況でリスクに言及し，どのような変数がリスクの増減と関連するかを分析する方法の1つである。アンケート調査のメリットは種々の会社で，様々な環境のもとで投資判断を行う時に用いられるリスク尺度を収集することができ，しかも，これらのリスク尺度の影響要因やリスク管理の方法などに関する情報も入手できる点にある。

以上，非財務情報の特徴を把握した上で，本章においても，経済的モデルを利用せず，企業と投資者とのコミュニケーションの有効性に焦点を当て，アンケート調査の方法で非財務情報のリスク関連性を究明することにしたい。

決算発表期において，証券アナリストなどの専門投資家に対するアンケート調査の回収率が極めて低いという実情を考慮し，本研究では2回に分けて調査を実施した。1回目は2009年10月に大手機関投資家の4社を対象に，各社の担当部門を通じて100通のアンケート票を配布した。そのうち33通を回収し，回収率は33％であった。2回目は12月に日本証券アナリスト協会主催の研修会で，参加者83人にアンケートを配布し，35通を回収した。有効な回答は31通であり，そのうち，大手機関投資家からの回答は19通であった。したがって，本論文では，2回にわたるアンケート調査によって得られた証券アナリストからの有効回答52通に基づいて調査分析を行った。次節では，アンケート調査で検討する非財務情報項目の選定およびアンケートの構成について説明したい。

## 第3節　非財務情報項目の選定

非財務情報項目の選定にあたっては，理論的な考察と実際のコンテンツ分析の結果を参照し，両者を併用しつつ実施した。

## （1）理論整理と文献レビュー

　まず，どのような非財務情報項目が適切かについて，企業の視点から理論的に検討する。企業は厳しい競争環境のもとで継続的価値を創出するために，資産の蓄積と管理に依存せざるを得ない。しかし，知的資産投資の拡大は，企業特有リスクを高めることになる。無形資産投資のリスクが有形資産より大きいことについて，ファイナンス研究で実証的な証拠が得られている。知的資産は企業の重要な資源として，価値創出に貢献するとともに，経営失敗の場合には企業のリスクの源泉にもなる。一方，リスクマネジメントの発展によって，オペレーショナル・リスクを重視し，リスク管理と事業プロセスとの統合化を求める傾向が示されている。このように，リスクマネジメントは知的資産など企業の重要な資源とプロセスの利用と管理とに関連し，知的資産経営がリスクマネジメント，特にオペレーショナル・リスクの管理と表裏一体の関係になることはマネジメントの視点からの分析でも論証されていた。したがって，知的資産と知的資産経営に関する情報は，リスク情報と結びつくことになる。企業がリスクをコントロールするために利用する指標は，企業の知的資産経営の状況を表す情報を含むと考えられる。

　企業のリスクマネジメントの主たる目的は，外部変化に対して企業の市場価値や収益が過度に連動しないようにすることである。しかも，リスクを管理することによって企業は経営目標を達成し，株主価値を最大化することができる。リスク指標には，「早期警告指標」として機能するような将来予測の指標が含まれることが重要である。早期警告システムは，外部市場データと内部データの両方を用いる。

　外部システムは企業が晒されているリスク量の変化を示すために，市場および経済データを活用する。この方法で一般的に用いられるデータには，金利，外国為替レート並びにこれらの変数のボラティリティなどが含まれる。内部システムは，リスク水準の変化を示すために企業固有のデータを活用する。たとえば，信用スプレッドの拡大は，高いデフォルト率や市場流動性の低下に対す

る早期警告指標となる。従業員の転職率の上昇は，ミス発生率の上昇や顧客満足度の低下などオペレーショナル・リスク増大の先行指標であるかもしれない。このような早期警告指標によって，経営者が潜在的リスクを減らすために予防策を講じることが可能となる。

しかし，このような場合には，数十，数百のリスク指標を追跡することになるかもしれないが，必ず注意を要する少数の指標に絞り込んで外部投資者に報告すべきである。したがって，本研究で非財務項目を選定する際に，細かい指標を網羅するよりは，重要な分類に従って項目を決定すべきであると考えられる。

知的資産は一般的に人的資産，構造資産，関係資産の3つに大きく区分される（MERITUM 2002）。①人的資産は，個々人の知識，経験，スキル，才能など従業員の退職時に一緒に持ち出す知識を示す。②構造資産は，組織的プロセス，データベース，マニュアル，特許権など従業員の退職時に企業に残留する知識をいう。③関係資産は，顧客関係，顧客ロイヤリティーと満足，流通関係，その他パートナーやステークホルダーとの関係など企業の対外的関係に付随したすべての資源をいう。

リスクの分類は種々多様であるが，リスク管理の専門家は一般に企業リスクを信用リスク，市場リスクおよびオペレーショナル・リスクに大別している。信用リスク，市場リスクの測定は，ファイナンスの分野で開発された手法を援用し，市場情報，景気情報，会計情報などを利用して計算できる点で最も発展したものである。それに対して，オペレーショナル・リスクは比較的新しいものであり，主に企業内部情報によって判断される。オペレーショナル・リスクにはまた，具体的にプロセス・リスク，人的リスク，システム・リスク，イベント・リスク，事業（競争，風評）リスクなどが含まれている[2]。

したがって，**図表11-1**では，知的資産と対応する具体的リスク項目を含む非財務的リスク項目が一覧表示されている。

## 第11章　投資リスクの判断と非財務情報の有用性

**図表11-1　企業の非財務的リスク項目一覧**

| | | 企業の重要な資源とプロセス | 企業リスクをもたらす可能性がある事象 |
|---|---|---|---|
| 知的資産・負債 | 関係資産 | 主要な顧客<br>主要なサプライヤー<br>企業／事業提携<br>企業ブランド・企業イメージ<br>サプライチェーン<br>政府関係など | 大手顧客に対する製品やサービスの大幅な変動<br>主要なサプライヤーの変化<br>大手サプライヤーからの原材料の仕入れの大幅な変動<br>企業イメージの変化—ブランドのランキング変化<br>M＆A<br>政府規制の変動 |
| | 構造資産 | ITシステム・情報システム<br>研究開発（R＆D）<br>知的財産権<br><br>従業員の健康と安全保障システム<br>品質保証システム | 情報システムに関するリスク<br>研究開発に内在する不確実性<br>知的財産権に関するリスク<br>新技術独占禁止違反<br>劣悪な操業環境<br>製品の安全性 |
| | 人的資産 | 従業員の教育訓練<br>キーパーソン<br>従業員評価システム | 従業員や労働組合との契約の変動 |
| 外部的リスク | 市場 | マーケット・シェア | 製品やサービス価格の変化<br>製品の主導性／位置づけ<br>製品の構成の変動，新製品の発売<br>潜在的に新規の競争者<br>会社の相対的競争ポジションの変動可能性<br>潜在的に代替性を持った製品<br>顧客の需要の変化 |
| | 環境 | | 環境汚染によるリスク—環境浄化の義務 |
| | 自然災害 | | 地震，火災，その他災害による操業停止 |
| 金融リスク[(1)] | | | 利子率<br>為替レート<br>インフレ<br>支払能力の低下 |

注（1）Parkerによれば，企業リスクは大きくプロダクト市場リスクとキャピタル市場リスクからなる（Parker 1995）。投資先の金融市場を取り巻くリスクには，市場リスク，決済リスク，流動性リスクなどがあげられる。外国投資市場を含む場合は，カントリーリスクも考慮に入れなければならない。投資者は株式に投資する前に，投資市場，特に海外市場のリスクを分析しなければならない。個々市場の市場規模，市場インフラ，法律規制の整備および発展レベルは異なるので，主なリスクも異なっているはずである。これは本研究の焦点ではない。

## （2）IR優良企業のリスク情報の集計

しかし、実際に日本企業が開示しているリスク情報はどのようなものであるかについて、現在までほとんど検討されたことがない。本研究では、1996年から2008年まで日本IR協議会で選出されたIR優良企業賞を受賞した企業を対象にし、その有価証券報告書の「事業リスク」のセクションとアニュアルレポートの中で開示されたリスク情報の項目を収集した。IR優良企業[3]は投資者とのコミュニケーションを重視し、情報開示について積極的な姿勢を示しており、開示情報の質も相対的に高く評価されている。IR優良企業はそれぞれ特徴があるが、企業のポジティブな側面とネガティブな側面などを反映し、投資者に企業の実態をよりよく理解できるように努力している点では、他の多くの企業より著しく優れている。「とくに経済の先行きが不透明でも適切な情報開示をしている点や、グローバルな競争力が高い点などに個人投資家は注目している。アナリスト・機関投資家からも、IRを継続する姿勢や業績見通しや為替変動の影響の開示、IRサイトやアニュアルリポート、説明会資料などへの評価が高い」（受賞理由説明）[4]。たとえば、エーザイがなぜ優良企業に選ばれたかについて、エーザイのリスク情報の開示が優れていたという評価がある。

研究の結果、日本では、アニュアルレポートは強制開示ではないので、すべての企業が開示しているものではない。しかも、アニュアルレポートには、明確にリスク情報として記載する部分はほとんど含まれていない（それはリスク情報が全く含まれていないことを意味するものではないが、コンテンツ分析の目的は開示情報の量と質の分析ではなく、リスク情報としての非財務情報を選択するための参考データを提供することであるので、アニュアルレポートの詳細の分析については、省略した）。そこで、リスク項目の集計は、有価証券報告書の「事業リスク」に基づいて行った。

集計されたリスク項目を参考に、**図表11-4**に示された項目を調整しつつ、最終的に20項目、つまり、マーケット・シェアの変化、顧客の需要の変化、大手顧客に対する製品やサービスの大幅な変動、主なサプライヤーの変化、大手

第11章　投資リスクの判断と非財務情報の有用性

サプライヤーからの原材料の仕入れの大幅な変動，ブランドのランキングの変化，M＆A，政府規制の変動，情報システム，研究開発，知的財産権，操業環境の安全性，製品の安全性，環境問題，従業員や労働組合との契約の変動，利子率，為替レート，インフレ，支払能力，経営者の変更などを選択した。集計の結果からみると，経営者の情報は，事業リスクの部に開示されていない[5]。しかし，人的資源の重要な部分として，企業に大きな影響を与えているので，検証すべき項目に含めている。また，市場シェアに影響する要因は企業によって種々なものがあるので，一括して市場シェアの変動という項目にした。しかも，操業の安全性，雇用者や労働組合との契約などの項目もほとんど開示されていないが，重要性を考えた上で，リストに入れた。しかも，具体的な知的資産情報関連の項目以外に，知的資産情報との相対的重要性を明らかにするために，金融市場リスク関連の3項目および環境リスクも加えた。このように，理論的に適用する項目と実際に各企業が開示している項目を総合的に考慮した上で，検証したい非財務情報の項目を決定した。

## 第4節　アンケート調査内容の構成

本研究の3つの研究課題に対応して，先行研究のレビューを踏まえて，アンケート内容を次のように構成している。

### I 「リスクと無形資産に対する基本的認識」

リスクとは何か，どのように測定されるかは，投資戦略の策定と投資意思決定に重要な影響を与える。リスク概念や測定指標の多様性はBlume（1971）などの研究者が注目したが，未だファイナンス学者や投資専門家の間では，リスク概念に関して統一的な見解は確立されていない。ファイナンス理論のリスク概念ともマネジメント理論のリスク概念とも異なって，投資者のリスクに対する認識は，彼らのリスク情報の選択やリスク情報の判断に影響がある。

しかも，無形資産が台頭した知識創造経済社会では従来のものづくりを中心

とする経済社会と比べて異なった特徴を持つ。この顕著な経済基盤の転換に対する人々，特に投資者の認識が十分であるかどうかは，投資者のリスク情報の解釈にも影響すると考えられる。そこで，調査票の「第1部」では，投資者によるリスクと無形資産の認識をまず明らかにしたい。

具体的には，次のようにアンケートを工夫して作成した。リスクの概念が多様なので，投資者を誘導することのないように，選択肢を予め提供することはせず，投資者にリスク概念について自由に記入させることにした。これを通じて，投資者がリスクをどのように認識しているか，リスクとして何を重視しているかを把握することができるであろう。次に，ファイナンス理論でよく利用されるリスク指標に関して，財務指標と非財務指標をリスク判断においてどの程度重視しているかについて，リッカート5段階評価法（1：重視しない，3：どちらともいえない，5：最も重視する）を用いて投資者に回答を求めた。続いて，知的資産や知識創造社会に対する投資機会や投資リスクについて，リッカート7段階評価法を利用して投資者の認識を測定した。

Ⅱ「リスクの内容について：どのような非財務情報がリスク判断に役立つか」

調査票の「第2部」は，具体的な非財務情報について投資者のリスク・パーセプションを明らかにすることを目的とするものである。被調査者に提供されている非財務情報は，前節の文献レビューを通じて把握してきたものである。被調査者に対して，20項目の非財務情報それぞれに関して投資意思決定有用性並びに各項目によるリスクの大きさにつき，リッカート7段階評価法を用いて回答を求めた。

Ⅲ「情報開示について：リスク情報開示のあり方」

調査票の「第3部」では，日本企業のリスク開示に対する投資者の評価および投資者のリスク開示のあり方について質問票調査をした。世界各国において，リスク情報を含む非財務情報の開示について，たとえば，強制開示が適当か，任意開示が適当かは，各国の規制による。日本の有価証券報告書では，事業リ

スクの強制開示を求めている。強制開示のリスク情報が投資者のニーズにとって満足できるか否かは，まだ未解明の状態である。また，リスク情報の体系的な開示が必要かどうかも重要な問題である。通常の有価証券報告書やアニュアルレポートは100ページに近いが，100ページを超えることも珍しくない。膨大な情報量は投資者に有用な情報を提供するとともに，多大な負担もかけている。リスク情報を体系的に提供すべきか否かなど，被調査者の回答を通じて把握することによって，リスク情報開示のあり方に対して重要な示唆を与えることができると考える。

## 第5節　調査結果と分析

### (1) 調査結果

アンケート調査の結果は，以下のとおりである。

Ⅰ 「リスクと無形資産に対する基本的認識」
① リスクに対する認識
　調査票の第1部では，まず投資者のリスクに対する認識実態を明らかにするために，投資リスク概念を投資者に自由に記載するように求めた。その結果，165項目のリスク概念を得ることができた。これらのリスク概念を分類して，要約的に示したのが**図表11-2**である。

　**図表11-2**から明らかなように，ファイナンス理論のボラティリティ，分散のリスク概念より，投資者は，経営者と同様に，損失をもたらす様々な具体的な要因に注目している。これらの要因を投資意思決定のプロセスに即して再分類して示したのが**図表11-3**である。投資先企業のリスク，すなわち，企業経営に負の影響を与える外部環境の不確実性と内部管理の事業リスクや事象に投資者が焦点を合わせている点が指摘される。続いて，金融市場におけるリスクも重要なリスクと考えている。その他として，ファイナンスのリスク概念，会

第3部 リスク情報の拡充化とその有用性

### 図表11-2 リスクに対する認識（分類1）

| リスク概念の分類 | 専門投資者によるリスクに対する認識 | | その他専門家によるリスクに対する認識[1] | |
|---|---|---|---|---|
| | 項目数 | 割合(%) | 項目数 | 割合(%) |
| 個々の具体的リスク原因 | 116 | 70.30 | 21 | 56.76 |
| ボラティリティ，分散 | 20 | 12.12 | 1 | 2.70 |
| 損失の結果 | 14 | 8.48 | 2 | 5.41 |
| その他（コントロール不可能性など） | 5 | 3.03 | 2 | 5.41 |
| 不確実性 | 4 | 2.42 | 2 | 5.41 |
| リスク測度 | 3 | 1.82 | 3 | 8.11 |
| リスク対象 | 3 | 1.82 | 6 | 16.22 |
| 合　計 | 165 | 100 | 37 | 100 |

注（1）その他専門家とは，2回目の調査でアンケートに回答した大手投資機関の投資者以外の証券アナリスト協会検定会員であり，企業での管理職やコンサルタントである。ここでは参考として彼らの回答をその他専門家として表に併記することにした。

### 図表11-3 リスクに対する認識（分類2）

| リスク分類2 | 専門投資者によるリスクに対する認識 | | その他専門家によるリスクに対する認識 | |
|---|---|---|---|---|
| | 項目数 | 割合(%) | 項目数 | 割合(%) |
| 投資先企業リスク（信用リスク，オペレーショナル・リスクなど） | 55 | 32.31 | 13 | 35.14 |
| 金融市場のリスク | 51 | 30.91 | 1 | 2.70 |
| ポートフォリオ理論のリスク概念 | 20 | 12.12 | 2 | 5.41 |
| 投資先企業の外部環境（法規制,景気,経済等） | 16 | 10.91 | 7 | 18.92 |
| その他（確率,結果の大きさ,アノマリー,不確実性） | 14 | 8.48 | 7 | 18.92 |
| 会計のリスク尺度 | 4 | 2.42 | 4 | 10.81 |
| 投資結果 | 2 | 1.21 | 2 | 5.41 |
| 情報リスク（情報の量と質） | 2 | 1.21 | 0 | 0 |
| 意思決定リスク（予測の見誤り） | 1 | 0.61 | 1 | 2.70 |
| 合　計 | 165 | 100 | 37 | 100 |

図表11-4　リスク指標の重要性

| ランキング | リスク指標 | 最小値 | 最大値 | 平均値 |
|---|---|---|---|---|
| 1 | 財務指標 | 1 | 5 | 4.12 |
| 2 | 非財務指標 | 1 | 5 | 3.5 |
| 3 | 収益の分散 | 1 | 5 | 3.18 |
| 4 | ベータ | 2 | 5 | 3.18 |
| 5 | 収益の共分散 | 1 | 5 | 2.78 |
| 6 | 株価の分散 | 1 | 5 | 2.78 |

計のリスク尺度，情報リスク（情報の質と開示数量に対する不安），投資者自身の予測・判断の誤りのような意思決定リスクなどが含まれる。

　さらに，投資先企業のリスクの中で，オペレーショナル・リスクは，投資者のリスク概念の中で46％を占めている。しかし，投資者が重視する具体的なオペレーショナル・リスク要因については，多種多様である。競争の激化，M＆A，経営者の交代が最も多く指摘されたが（他に，需要，新製品，新規参入，不祥事なども含む），信用リスクと資金繰りなどの財務リスクの方がはるかに投資者の投資リスクを考える時，重要な要素として意識している。

　また，リスク指標の相対的重要性は，**図表11-4**で示したとおりである。ファイナンスにおいてよく用いられているリスク指標として，株価の分散，収益の分散，共分散，およびベータ，下方リスクなどがある。ファイナンスのリスク尺度，会計のリスク尺度および非財務のリスク尺度の中で，財務指標がリスクの尺度として投資者に最も重視されている。非財務指標は投資者にとってそれに続く重要なリスク指標となっている点が注目される。財務指標や非財務指標に比して，ファイナンス理論のリスク尺度の重要性は相対的に低い。最も重要な指標としては，収益の分散とシステマティック・リスクの指標としてのベータである。各リスク指標の相対的重要性をコレスポンデンス分析によって再検証し，同じような結果が出てきた。

　第2回目の調査を行う際に，ポートフォリオ理論以外の最近のファイナンス

図表11-5 リスク指標の重要性（下方リスク指標を入れた結果）

| ランキング | リスク指標 | 最大値 | 最大値 | 平均値 |
| --- | --- | --- | --- | --- |
| 1 | 財務指標 | 1 | 5 | 3.77 |
| 2 | 非財務指標 | 1 | 5 | 3.61 |
| 3 | 収益の分散 | 1 | 5 | 3.23 |
| 4 | 下方リスク（VaR, 半分散, Sortino ratio など） | 1 | 5 | 3.13 |
| 5 | ベータ（$\beta$） | 2 | 5 | 3.03 |
| 6 | 株価の分散 | 1 | 5 | 3 |
| 7 | 収益の共分散 | 1 | 5 | 2.93 |

研究の結果も考慮した上で，図表11-4の6つの指標に下方リスク指標も加えて，これらの指標の相対的リスク重要性を求めた。下方リスク指標として，VaRなどの測定手法もよく発展し，金融市場リスクなどのリスク指標として利用されているので，このようなリスクの指標を加えて比較することがより合理的な結果をなし，有意な研究結果が得られると考えられる。図表11-5で示されているように，財務指標は最も重要な指標であり，非財務情報が次に重視される。しかし，下方リスクは収益の分散より重要性は劣るが，ベータ等のポートフォリオ理論のリスク指標より投資者に重視されている。

さらに，システマティック・リスクと非システマティック・リスクの相対的重要性については，図表11-6のような結果が判明した。システマティック・リスクと非システマティック・リスクの双方を重要であると考える投資者が，最も大きな割合を占めている。しかし，システマティック・リスクより，非システマティック・リスクを重視する投資者の方が多い点も指摘される。アンケートの被調査者の多くはアクティブな投資戦略を採用しているので，その結果は，アクティブ投資者が銘柄の特有リスクも重視することと一致する。企業特有リスクを重視する投資者は，企業のファンダメンタルの面の分析を重視するので，個々の企業の会計指標と非財務指標をともに重視することは不思議ではない。

図表11-6　システマティック・リスクと
　　　　　非システマティック・リスクとの相対的重要性

| 両者ともに重要ではない | 4.0% |
|---|---|
| システマティック・リスクの方が重要 | 10.0% |
| 非システマティック・リスクの方が重要 | 24.0% |
| 両者ともに重要 | 58.0% |
| わからない | 4.0% |
| 合　　計 | 100% |

② 無形資産と知識創造社会に対する認識

　無形資産の重要性は，すでに多くの投資者が意識している。86.5％の投資者は，無形資産が企業の価値創出に重要であることに賛成している。その中で56％の投資者は，無形資産が非常に重要であると考える。

　設備投資に焦点を合わせる旧来の工業化社会から，ナレッジを重視する知識創造社会への転換に伴う投資リスクと機会に対して，38.4％の投資者は，投資機会が従来の工業化社会より増大したという考えに賛成するのに対して，投資機会が増えていると思わない人は17.3％であった。また，40.4％の人は，投資リスクが従来と比べ増大しているとの意見に賛同し，反対する人（11.5％）を大幅に上回っている。しかも，知識創造社会における投資機会と投資リスクと比較した結果，機会よりリスクの方が大きいと考える人と，リスクより機会の方が大きいと考える人の割合は著しい差はない。

　概して，投資者は無形資産の重要性に対してほぼ共通の意識を持つといえる。また知識創造社会の到来とともに，投資機会と投資リスクがともに増大していると認識している投資者が多い。しかし，従来と比べて，投資機会の増加より，投資リスクの増大がより投資者の意識にあることも確かであろう。

Ⅱ 「非財務情報の投資意思決定有用性とリスク関連性」

　次の２つの表は，非財務情報の投資意思決定有用性とリスク関連性を示して

第3部 リスク情報の拡充化とその有用性

図表11-7　非財務情報の投資意思決定有用性

| 非財務情報項目 | 平均値 |
|---|---|
| 顧客の需要の変化 | 6.00 |
| 経営者の変更 | 5.94 |
| マーケット・シェアの変化 | 5.85 |
| 支払い能力 | 5.75 |
| 為替レート | 5.67 |
| 政府規制の変動 | 5.58 |
| 大手顧客に対する製品やサービスの大幅な変動 | 5.46 |
| M＆A | 5.44 |
| 研究開発 | 5.37 |
| 主なサプライヤーの変化 | 5.06 |
| インフレ | 5.04 |
| 大手サプライヤーからの原材料の仕入れの大幅な変動 | 5.04 |
| 知的財産権 | 4.94 |
| 環境問題 | 4.71 |
| 製品の安全性 | 4.62 |
| ブランドのランキングの変化 | 4.61 |
| 利子率 | 4.60 |
| 従業員や労働組合との契約の変動 | 4.31 |
| 情報システムの安全性 | 4.31 |
| 操業環境の安全性 | 4.25 |

いる（**図表11-7**および**図表11-8**参照）。すべての項目が投資意思決定の有用性とリスク関連性を有することが判明した。しかも，これらの項目の投資意思決定有用性とリスク関連性との間に，強い相関関係が存在することも明らかになった（付録4を参照されたい）[6]。つまり，リスク関連性がある非財務情報は，投資意思決定にも利用されることになる。

図表11-8　非財務情報のリスク関連性

| 非財務情報項目 | 平均値 |
|---|---|
| 経営者の変更 | 5.90 |
| 為替レート | 5.77 |
| 支払い能力 | 5.73 |
| M＆A | 5.67 |
| 顧客の需要の変化 | 5.65 |
| 政府規制の変動 | 5.62 |
| マーケット・シェアの変化 | 5.31 |
| 大手顧客に対する製品やサービスの大幅な変動 | 5.23 |
| インフレ | 5.16 |
| 大手サプライヤーからの原材料の仕入れの大幅な変動 | 5.04 |
| 製品の安全性 | 5.04 |
| 主なサプライヤーの変化 | 4.87 |
| 研究開発 | 4.83 |
| 環境問題 | 4.63 |
| 知的財産権 | 4.63 |
| ブランドのランキングの変化 | 4.58 |
| 利子率 | 4.54 |
| 従業員や労働組合との契約の変動 | 4.54 |
| 操業環境の安全性 | 4.31 |
| 情報システムの安全性 | 4.06 |

　また，これらの表から示されるのは，経営者の変更が投資者のリスク判断と投資意思決定においてともに最も重要な情報である点である。企業の内部管理プロセスよりは，投資者が企業の外部経営環境の不確実性，つまり顧客の需要の変化，マーケット・シェアの変化，M＆A，および企業の外部利害関係者が企業により大きなリスクの源泉となるという認識が投資者には強い。企業の

製品の安全性，操業環境の安全性，情報システムの安全性，ブランドランキングの変化，従業員と労働組合の契約の変動，知的財産権，研究開発などが企業にもたらすリスクは，外部要因ほど大きくはない。

以上の結果から，次のような重要な示唆を得た。市場競争が激化している社会において，環境の不確実性は企業の重要なリスクの源泉になり，企業のリスクの概念は安全性を損ない，危険を引き起こすよりも，戦略的に市場の変化に即して対応しているかどうかに関連するようになった。企業の経営は，流れに逆らって舟を進めるようなことであり，進まなければ押し流されてしまう。投資者によるリスク判断の焦点は，単に安全性を維持できるかどうかから，不確実性の環境の中で継続的に価値創出能力があるかどうかへ転換してきた。また，企業内部のプロセスより，外部の関係資源の利用がますます注目されてきた。

## Ⅲ 「リスク情報開示のあり方」

第3部の調査結果は，投資者のリスク情報開示の現状とあり方に対する意識状況を示すものである。まず企業の経営成績や財政状態に対してネガティブな影響を及ぼす事項や環境に関する情報のニーズを，ポジティブな影響を及ぼす事項や環境に関する情報のニーズと比較した結果は，ほぼ50％の回答者においてネガティブな情報に対するニーズがより大きいことを示した。32.7％の回答者は，両者がともに重要と考える。それは，おそらくポジティブな情報は様々な情報源から入手されるのに対して，ネガティブな情報は概して入手しにくいからである。

また，業界に関連する共通のリスクより，企業に特有のリスクを重視して開示すべきかどうかという質問に対して，57.7％の回答者は企業特有のリスクを重視して開示すべきと回答した。業界共通のリスクの方がより重要であるという選択肢を選んだ者は，皆無であった。

しかも，現在，有価証券報告書に開示されているリスク情報は投資判断に役立つかどうかについて，「ある程度役立つ」と答える人が最も多く，38.5％を占める。「どちらとも言えない」と「役に立たない」と思う投資者は48％であり，

著しく役立つと選択したのは13.5%である。したがって，有価証券報告書におけるリスク開示は投資者に積極的に評価されている一方，これらの開示はまだ完全には投資者のニーズを満たしていないことが明らかになった。

無形資産の開示については，意見は分かれている。有価証券報告書に記述的に開示すべきと考える者は29.4%で最も多い。有価証券報告書に定量的開示をすべきと考える者は21.6%であり，財務諸表の注記に定量的開示をすべきと考える者は19.6%を占める。知的資産報告書のような独立した報告書の形で開示すべきとする者は6%にすぎなかった。リスク情報は有価証券報告書の「事業リスク」の部に記述的に開示すべきと考える者は57%で最も多い。しかも，事業リスクの強制開示を主張する者は55.8%で過半数を超えている。

（2）調査結果の分析

以上の調査結果を分析した上で，次のような示唆が得られる。

① 投資者のリスクの認識と非財務指標の重要性

第1に，投資者は様々な異なるリスク概念を持っている点が指摘される。投資者のリスク概念は抽象的なボラティリティを意味するか，具体的な要因による損失を示すか，リスクの対象そのものを指すか，あるいはリスクの測度（測定値）でリスクの概念を表示する。しかも，客観的リスク概念以外に，主観的リスク，例えば意思決定の誤りや，知識の欠如なども含む。ファイナンス理論はリスクの測定に焦点を合わせ，ファイナンス理論のリスク測定手法[7]，例えばCAPMモデルはトップダウンのアプローチであり，リスク要因をあまり考慮せずに，総合的リスク水準を示す。しかし，投資者は経営者と同様に具体的原因，例えば外部環境の不確実性，金融市場の動向や企業の信用問題，および企業経営のプロセス等によるリスクを意識している。回答者のほとんどは，アクティブの投資戦略を採用している。彼らの投資リスク概念は標準ファイナンス理論の分散とボラティリティより，損失をもたらす具体的な要因や企業と投資者個人の業績目標達成に影響する要素，つまり多様な不確実性や事象による

リスクを指すことが多い。

　さらに分析すると，投資者の回答から，彼らは投資リスクを考える時に，どのようなことを重視するかも，このリスクの認識調査によって窺える。投資リスクを想起する時，投資者は金融市場リスクや企業の信用リスク，また財務リスクを回答する人が多い。それは投資者が金融リスクと信用リスクを重視することを表すものである。総括すれば，オペレーショナル・リスクも投資者に明確に意識されているが，オペレーショナル・リスクは相対的に新しいリスク概念であるので，その内容も豊富であり，投資者は全体的オペレーショナル・リスクより，個々のオペレーショナル・リスクを考慮し，それに対する理解も多様である。

　第2に，投資者のリスク概念はどのようなリスク指標を利用するかに影響を与えている。彼らのリスク概念に対応して，リスク判断にあたって，会計システムによって提供される財務情報が最も重要であり，非財務情報が続いてそれに重視されている。ファイナンス理論のリスク尺度は重要なリスク尺度ではあるが，会計リスク尺度や非財務指標ほど重要ではない。それはおそらく，第4章で分析したように，まず，会計情報の中には，市場データベースのファイナンスリスク尺度のようなノイズが混入していない。また，会計データは具体的なリスク要因を示し，これらの要因の変化を監視・予測することによって，リスクをより適切に予測・管理することができる。さらに，歴史が浅い企業は統計的市場データが不足しているので，会計のリスク指標は，ファイナンスのリスク指標より重要な判断材料となっている。しかも，会計のリスク指標は，非財務指標より客観性が高く，利用しやすいので，投資者にとって最も重視されるであろう。

　第3に，ベータがリスク指標として重要性を持つことは，調査である程度明らかになった。標準ファイナンスのCAPMモデルでは，ベータは最も重要なリスク尺度であるので，早期の会計のリスク研究は主にベータに基づいて行われていた。近年のファイナンス研究において，「ベータは死んでいる」という見方がある。この観点を支持する最も影響力がある論文は，Fama and French

(1992)である。当該論文および類似論文によれば,ベータは適切なリスク指標ではない。その後,「ベータは死んでいるかどうか」に関して,論争が起こされた。様々な理論研究と実証研究も行われてきたが,研究方法によって対峙する結果が導出された。どのようにベータを計算するかによって,結論も異なる。したがって,ベータはリスク指標として適切かどうか,まだ定説がない(Clare et al. 1997；Fernandez 2009；Grinold 1993；Novak 2009)。本調査の結果は,ベータがまだ専門投資者にとって重要なリスク指標として利用されていることを示している。したがって,早期の会計のリスク関連性研究が完全に無意味なのではない。ただし,伝統的ファイナンス理論と異なって,非システマティック・リスクはより多くの投資者に重視され,システマティック・リスクより重要であると考える投資者の方が,逆に考える投資者より割合が大きい。ファイナンス研究によると非システマティック・リスクが1960年代から40年間にわたって増大してきたという事実は,無形資産などの非財務情報の重要性を示唆するものである。投資者も非システマティック・リスクの重要性を意識し,それを把握するために非財務情報を重視していると推定できないであろうか。なお,ファイナンスのリスク研究の発展により新しいリスク指標が次々と開発され,これらの下方リスクと比べ,ベータの重要性が減少していることも明らかである。しかし,下方リスク指標も会計情報と非財務情報ほど重要ではないと投資者は考える。それは下方リスク指標も本質的な欠陥が存在するからであろう。

第4に,無形資産の重要性は投資者に広く認識されている。経済基盤が設備投資に焦点を合わせる旧来の工業化社会から,ナレッジを重視する知識創造社会への転換に伴って,投資者は投資機会が増加しているとの認識を示す一方,投資リスクが従来より顕著に増大したと感じている。ニュー・エコノミーの特徴として経済と市場の相互依存関係の増大とネットワークを通じた事業運営の国際化,技術主導型の事業とそれに関連する新しいオペレーショナル・リスク,また,市場規制の緩和や民営化,新しい競争の影響,合併・吸収や戦略的提携,外部委託,リエンジニアリングなどの影響などがあげられる。これらはすべて

の産業に影響し，企業をより大きな不確実性にさらし，知的資産の経営と戦略的リスクマネジメントの重要性に対する注意を喚起するであろう。

② 具体的非財務情報のリスク関連性と投資意思決定有用性

具体的非財務情報のリスク関連性と投資意思決定有用性が，調査結果で示されている。調査の第2部の結果によって，投資者は無形的なものが企業にもたらすリスクを明確に認識している。アンケートに記載されているすべての非財務情報が投資者のリスク判断と投資意思決定に役立つが，その中で，企業内部の日常的経営プロセスより，外部環境の不確実性，たとえば，顧客の需要の変化やマーケット・シェアの変化，M＆A，政府規制の変動などは特に企業に重要なリスクをもたらし，したがって，これらの情報がリスク判断に極めて役立つと考えられる。例外的なのは，人的資産の中で経営者の変更である。この情報は外部の影響要素より企業を左右すると考えられ，最も重要なリスク情報となっている。これは調査の第1部のリスク認識の調査結果と一致する（投資者が投資リスクを想起する際に示したのは金融リスク，信用リスク以外では，オペレーショナル・リスクの中の経営者の交代やM＆A，需要等であった）。また，外部関係者，たとえば，重要なサプライヤーの変化などに関連する情報もリスク判断に比較的役立つ。しかし，これまで定量的無形資産のリスクに関する会計研究の主要対象であったR＆Dは，投資者の判断にとって重要であるが，上記の経営者，外部関係者，市場シェアほど影響は大きくない。知的財産権，ブランド力の変化も特に重要ではない。知的資産の中で，会計上で認識されるのはこれら限定された項目しかない。ここから，定性的非財務情報のリスク情報としての重要性が改めて明らかになった。しかも，調査結果によって，相対的に最も重要性が低いのは，操業環境の安全性や情報システムなどの内部システムであった。

以上の調査結果は，IR優良受賞企業のリスク項目のと比較して，差異が明白である。環境リスクは，50％以上の企業では「事業リスク」の部に開示されているが，投資者は環境リスクをそれほど重要なリスクとは考えていない。研

究開発，ITシステムや情報管理に関するリスクを開示する企業は相対的に多いが，それらの情報の持つリスク判断に対する価値はそれほど大きくなく，経営者と投資者の間で差異が存在することは明らかである。しかし，経営者と投資者とに共通するのは，外部の不確実性に対する認識である。規制の変動，マーケット・シェアの変化などは重要な情報として投資意思決定に有用性を持つ。

　ここで留意すべきことは，知的資産の価値創出の能力はダイナミックな企業経営プロセスの中で発揮されるという点である。知的資産経営の中核をなす部分は，不確実性の中で価値を創出する能力である。リスクマネジメントは事業プロセスと統合化しがちであり，それは不確実性の中で企業のパフォーマンスを最適化する管理活動である。したがって，知的資産経営はリスクマネジメントと表裏一体の関係を持つ。知的資産経営の情報とリスク情報の交流は，本調査である程度明らかにされた。しかし，本研究のコンテンツ分析と調査データが限定されたものであること，非財務情報を選定する際の主観的判断に偏差が混入し得ること，また，業種別の分析を行っていないことなどから，将来更なる詳細な調査が必要であろう。

③ 開示問題

　情報の有用性問題は，最終的には開示問題に帰結する。現在，日本の上場企業は，有価証券報告書においてリスク開示が強制されている。投資者は「事業リスク」の部に掲載されているリスク情報を積極的に評価している一方，これらの開示はまだ完全には投資者のニーズを満たしていないことが本調査で明らかになった。上記の分析の結果，経営者と投資者との間に，リスク情報に対する認識ギャップが存在することが判明した。

　しかも，無形資産の開示については，投資者の間でも意見が分かれている。有価証券報告書に記述的に開示すべきと考える者が最も多い。それに対して，知的資産報告書のような独立した報告書の形で開示すべきとする者は，6％にすぎなかった。

　知的資産報告書は，企業の価値創出のストーリーを語る目的で投資者に提供

すべきものとして提唱された。しかし，これは，本来，内部管理目的で開発されたものである。知的資産管理の指標が「早期警告指標」としてオペレーショナル・リスクの指標になる可能性もあるというのは理論的に合理性を持つかもしれないが，知的資産報告書は，主として企業の強みを示す目的で開示されるので，それを通じてリスク情報が伝えられるかどうかは別問題である。最も大きな障壁は，このような定性的リスク情報の識別と判断が困難であることであろう。したがって，リスク情報の「事業リスク」の部での強制開示を主張する投資家が最も多い。その理由は，企業の開示情報の量が膨大であるので，集中的にリスク情報を開示することが投資家の時間と努力を節約することができるからであろう。

## 第6節　小　　括

　本章は調査研究を通じて，非財務情報のリスク判断の重要性を裏付けることを主たる目的とするものである。アンケートは「リスクと無形資産に対する認識」，「非財務情報のリスク関連性と投資意思決定有用性」および「リスク情報開示のあり方」の3つの部から構成される。具体的非財務情報は次のようにして決定された。まず理論分析に基づき先行研究のリスク調査結果も加えて，無形資産情報とリスク情報との対応関係を分析し，また，日本IR優良企業のリスク開示情報を集計し，それを参考にしながら，20項目の非財務情報を選出した。本調査の結果は，ファイナンス理論におけるリスク尺度の限界も併せて提示している。しかも，本調査の結果から，投資家は損失の原因に注目しており，損失の原因としての外部環境と外部関係者の不確実性に対応できるかどうかが，投資家のリスク判断にとって最も重要と考えられる要素であることが判明した。会計のリスク指標は最も高い客観性と具体性を持つので，投資家に最も重視される一方，知的資産関連の非財務指標も「事前的な」指標として，投資家のリスク判断に役立つことは本調査での大きな知見といえる。

第11章 投資リスクの判断と非財務情報の有用性

注
（1） イメージは心的表象として働き，記憶と思考において重要な役割を果たしていると広く信じられている（Barsalou 1999；Prinz 2002など）。心理学の研究において，表象（cognitive representation）とは，ある存在に対する頭の中の対応物。たとえば，ネコがいるとすると，そのネコについて考えている時の思考内での「ネコ」に対応する。イメージと表象は，知識の研究にとって重要な問題であり，認知表象は経営意思決定の決定要素の1つをなす。特に意思決定のための情報の検索や利用に関する研究によれば，意思決定者の外的世界に対する認識は直接に彼らの情報選択や情報利用，さらに意思決定に影響する（Huff 1990；Walsh 1995など）。
（2） Ernst & Youngは事業リスクについて，2007年において，企業を対象に調査を行った。当該調査は，12ヶ国の企業のリスク管理担当者を対象にして，900名以上へのインタビューを通じて，経営者に重要と思われるリスクを抽出した。このような膨大な調査データに基づいての議論は，説得力を持つと思われる。この調査では，リスクは戦略リスク（市場のダイナミクス，利害関係者，計画や資源配分などに関連するリスク），オペレーショナル・リスク（バリュー・チェーン，有形資産，人的資源，知識，情報などに関連するリスク），コンプライアンス・リスク（法律，規制，ビジネス慣行に関連するリスク），および財務リスク（金融市場，流動性や信用，会計や情報報告，資本構造などに関連するリスク）と四種類に大別されていた。このような分類方法は異なるにしても，具体的なリスクの内容としては大差がないとみられる。
（3） IR優良企業を評定するIR協議会は1993年設立のIR普及を目的とする非営利団体である。会員数は（平成21年9月1日時点）で687社に達した。審査委員は証券アナリスト，機関投資家やジャーナリストなどの専門家から構成されているので，一定の客観性と権威性が保証できる。これらの選択されたIR優良企業を，日本企業の代表として研究の対象にするのは妥当だと考える。
（4） https://www.jira.or.jp/jira/jsp/usr/activities/pdf/2009syou_news.pdf
（5） 開示情報の他の部分に計上されていることがある。
（6） すべての項目の投資意思決定有用性とリスク関連性との強い相関関係をピアソン検定によって明らかにした。
（7） 現在，ファイナンスの分野においても，様々な統計的なリスク指標を開発されている。これらのリスク指標は歴史的な市場データに基づく算定されるものもあれば，シミュレーションによって得られるものも含まれる。具体的には本論で議論しない。

# 第12章　新興国投資のリスク判断と非財務情報の役割

　近年,新興国を含め世界規模で産業構造がプロダクト指向型経済から知識創造指向型経済へと移行しつつあるとともに,証券市場と証券投資のグローバル化が急速に進展しつつある。投資の国際化,特に投資市場が新興国まで拡大されたことは,投資者をより複雑な投資環境に置き,彼らをより大きな不確実性とリスクに直面させることになるであろう。新興国市場は先進国市場と比べると,産業構造,経済の発展状況のみならず,資本市場の整備,情報市場の発達状況など様々な面で,異なる特徴を持っている[1]。投資者にとって,新興国の投資によって,投資機会が増大するとともに,投資意思決定における不確実性も増大している。しかしながら,新興国市場での投資意思決定,特にリスク判断を行う際に,非財務情報がいかなる役割を持つかは,未だほとんど解明されていない状況である。そこで本章では,投資意思決定とリスク判断に対する非財務情報の有用性に焦点を合わせ,新興国投資における重要な不確実性とリスクとは何か,情報と新興国投資リスクの関係はどのようなものか,新興国における投資意思決定において非財務情報はどのように役立つかを論ずることにしたい。

## 第1節　新興国市場,投資の拡大と産業構造の変化

### (1) 新興国市場と投資の拡大

　新興国市場に関する明確な定義があるわけではないが,一人当たり国民所得,GNPと比較しての資本市場の大きさ,資本市場インフラの整備状況,工業化の程度,外国投資規制の度合いといった側面から定義することが多い。世界銀行の定義する高所得経済,中所得経済,低所得経済の中で,一般に高所得以外

に該当する国々が「新興国」と認識される。新興国市場については、現在BRICsと呼ばれるブラジル(Brazil)、ロシア(Russia)、インド(India)、中国(China)の4ヶ国がある。最近ではこれら新興国に次ぐ「ポストBRICs」というべき国々が注目を浴び始めている。たとえば、ベトナム(Vietnam)、インドネシア(Indonesia)、南アフリカ(South Africa)、トルコ(Turkey)、アルゼンチン(Argentina)の国々は、それらの頭文字を取って「VISTA」と呼ばれている。世界の経済を先進国6ヶ国、BRICs4ヶ国、VISTA5ヶ国の3つのグループに分けて、GDP成長率を比較してみると、日本を含む先進国の成長率は後方に追いやられ、BRICs、VISTAの台頭がはっきり窺える。2011年9月末時点のMSCI新興国時価総額の地域構成比はアジア59％、ラテンアメリカ22％、EMEA（Europe, Middle East, Africa：ヨーロッパ、中東、アフリカ地域の新興国）は19％となっている（小林2012）。

2012年末の世界各国の株式時価総額トップ20ヶ国の時価総額とGDPは図表12-1に示されている。2012年末時点の世界株式時価総額は約55兆6600億ドルである。そのうち、先進国の割合は70～75％、新興国の割合は25％～30％となっている[2]。また、IMFの2012年4月の予測によると、2003年～2017年の間に、新興・途上国の世界のGDPにおける割合は、13％から42％にまで拡大する（2010年34％）。

## （2）新興国の産業構造の変化

新興国の経済は高い成長率で特徴づけられるとともに、知識創造経済への産業構造の変化も台頭しつつある。国際的競争は2つの面で行われている。1つはITやバイオなどのハイテク産業の創出、発展であり、もう1つは産業の統合化である。前者については、欧州や米国などの先進国では、鉄鋼や自動車産業のような物づくり産業にはこだわらず、ITやバイオ、医療など先端的な技術開発を生み出すシステムが大学の研究室やシリコンバレーなどのハイテク産業基地から発信されてきて、新しい産業を創出してきている。新しい産業、たとえばITを巡る構造変化については、欧米や日本のみならず、さらにはインド、

第12章 新興国投資のリスク判断と非財務情報の役割

figure12-1 2012年世界各国の株式時価総額トップ20ヶ国

| 国　名 | 時価総額（1） | 対世界比率 | GDP（2） | （1）／（2） |
|---|---|---|---|---|
| アメリカ | 20008334 | 35.9% | 15653366 | 127.8% |
| 中国 | 3697376 | 6.6% | 8250241 | 44.8% |
| 日本 | 3681994 | 6.6% | 5984340 | 61.5% |
| イギリス | 3396504 | 6.1% | 2433779 | 139.6% |
| フランス（＋α） | 2832188 | 5.1% | 2580423 | 109.8% |
| 香港 | 2831945 | 5.1% | 257950 | 1097.9% |
| インド | 2497827 | 4.5% | 1946765 | 128.3% |
| カナダ | 2058838 | 3.7% | 1770080 | 116.3% |
| ドイツ | 1486314 | 2.7% | 3366651 | 44.1% |
| オーストラリア | 1386873 | 2.5% | 1542060 | 89.9% |
| スイス | 1233438 | 2.2% | 622860 | 198.0% |
| ブラジル | 1227447 | 2.2% | 2425052 | 50.6% |
| 韓国 | 1179419 | 2.1% | 1151270 | 102.4% |
| スペイン | 995088 | 1.8% | 1340270 | 74.2% |
| 南アフリカ | 903371 | 1.6% | 390920 | 231.1% |
| ロシア | 825340 | 1.5% | 1953555 | 42.2% |
| シンガポール | 765077 | 1.4% | 267940 | 285.5% |
| 台湾 | 735292 | 1.3% | 466050 | 157.8% |
| メキシコ | 525056 | 0.9% | 1162890 | 45.2% |
| トルコ | 315197 | 0.6% | 783060 | 40.3% |
| 上位20ヶ国 | 52582928 | 94.5% | 54349522 | 96.7% |
| 世界合計 | 55664069 | － | － | － |

（出所　海外投資データバンクより（http://www.world401.com/data_yougo/jikasougaku_world.html）
注　表のフランス時価総額にはオランダ・ベルギー・ポルトガルも含まれている。
また，MSCIの区分で先進国は背景が白，新興国は灰色の背景に色分けしている。
なお，香港は中国本土とは別扱いで先進国に分類されている。

中国等の新興国も同様の環境下にあるが，諸外国のIT産業は世界的な構造変化を前向きに捉え，攻めの作戦・ビジョンを描きつつある。

たとえば，2010年，中国のIT企業のコア・コンピタンスに直結するR＆Dへの投資もトップ100企業の合計は，2007年と比べると21.1％増で434億元となった。売上高に占めるR＆Dの比率も3.9％となり，全産業平均の2.1％より1.8ポイント上回っている。そうした全体の傾向の中で，高い開発力や価格競争力，高度なマーケティング戦略，そして何よりも経営の素早い決断力を武器に，欧米や日本の先進国市場でも続々と受注を獲得してきた。

一方，後者の産業の統合については，伝統産業の国際的競争優位性は単なる技術の更新，労働力コストの削減から産業の統合による産業チェーンの効率の向上によって求めることへ転換している。産業チェーンは，製造を含む製品設計，原料調達，在庫運輸，オーダー処理，卸売経営および最終小売などから構成される。新興国は国際的な産業チェーンの分業の中で，価値が最も低い製造業に位置づけられたが，近年成長してきた一部の企業が製造と産業チェーンの他の部分との融合にも戦略的に足を踏み入れた。このような産業チェーンのイノベーションは，新興国企業が激しい国際競争を生き抜き，長期的に競争優位性を占めるのにますます重要に思えるようになってきた。新興国は先進国のように知的ないし無形的な要素にまだ大きく依存していないが，産業構造の変化や新興国企業の近代化につれて，研究開発，組織および産業チェーンのイノベーションなどの無形的なものは企業価値創出のドライバーとして，ますます注目されるようになってきている。

## 第2節　投資プロセスにおける不確実性の評価と情報の重要性

上記の経済の産業構造の変貌や異なる投資環境と投資対象は，投資の不確実性を高めた。しかし，なぜこのような不確実性の中で，投資者は国境を越えて証券投資の範囲を新興国にまで広げたのであろうか。なぜこの投資範囲の拡大が制約を受け，結局，ホームバイアスの現象が現われているのであろうか。こ

れらを分析するのに，キーワードになるのは情報である。本節では，投資の国際化，投資リスクと情報を結びつけて説明し，これらの問題を明らかにする。

### （1）投資リスク，投資の国際化と情報の重要性

大規模なファンドを運用するマネジャーの投資実践の知的拠り所としての現代ポートフォリオ理論（MPT）は，次の3つの公理に基づいて構築された。第1に，金融市場は，価格形成と関連性があるすべての入手可能な情報を織り込んでいるという意味で効率的であること；第2に，市場の非効率性がシステマティックではなく非システマティックである場合には，当該市場の不完全性は市場裁定の働きによって必然的に消滅すること；そして第3に，合理的経済参加者が非合理的経済参加者から搾取することを通じて前者が後者よりも優勢であるという意味で，市場行動は合理的であること，以上3つである。

市場の効率性の仮説によれば，割安の銘柄も割高の銘柄も存在せず，非システマティック・リスクを利用して，超過リターンを獲得することはできない。このような意味で，効率市場仮説は「個別銘柄に投資しても市場平均に勝つことができない」という仮説である。しかし，TMTバブル，および市場投機を行う人々による市場のシステマティック・ミスリーディングが，これら公理の妥当性に問題を投げかけてきた（Clark et al. 2004；Shiller 2000）。証券市場に関する定型化された3つの事実は，現代ポートフォリオ理論のベースになる市場効率性を否定する。第1に，コア市場がより一層効率的になるにつれて，相対的に非効率的な市場で高い収益率を獲得する機会が発見される；第2に，経済のグローバル化が進んだ世界では，国ではなく産業ごとの競争が重要であり，必ず投資資金がより低い価格で生産を行うことができる地域へ流れることを示唆している；第3に，市場の不完全性を見つけだし，そして，それを新しい投資機会に結びつけることが出来れば，市場がその不完全性に気づいて追従するまでの間に利益を上げることができる。

概して，理論的に効率市場仮説は「常に市場は効率的である」としているが，実際には「しばしば非効率的である」というのが現実である。長い目で見れば，

市場は効率的かもしれないが、ある局面では市場は非効率的である。市場全体が沈滞化しているとき、企業の情報が市場全体に十分に伝わっていない場合などである。つまり、効率的市場の仮説に基づけば、インデックスファンド（パッシブ戦略）に適していることになるが、実務的にアクティブ投資戦略と銘柄選択は重要な意味を持っている。

投資者は世界市場を巡り、市場の非効率性を探して、超過リターンを求める。アングロ・アメリカの金融市場が付加価値を増大させることが困難になり、先進国市場と比較して、一般に新興国市場は非効率的であると認識されている投資はそれ以外の地域、たとえば新興市場へ焦点を移行しようとするなど、証券市場投資のグローバル化が進んでいる。

しかし、新興国市場ではアクティブ戦略がどのような力量を発揮できるか。近年ファイナンス研究の結果によって、インデックスファンドであっても新興国株式投資を単に加えることでグローバル・ポートフォリオの効率が改善した時代がすでに終わった[3]。このことは新興国株式投資の価値を否定することではなく、新興国選択や銘柄選択での付加価値追求が不可欠な時代になったことを意味する。新興国投資は巨額なリターンを提供する可能性があり、そのためには、投資者がより選択的にならなければならない。新興国投資の意義は、アルファを追求する選択肢の増加にあるのである。

具体的な投資戦略について、パッシブ戦略とアクティブ戦略のいずれが適切かつ優れているかを評価することが本章の目的ではない。投資活動を指導するファイナンス理論と投資実務の背景の紹介を通じて、世界規模の投資活動や投資リスクは企業情報に著しく依存する点が重要であることを明らかにしたい。市場の非効率性を探求するために、投資活動は国境を越えて、グローバルに広がっている。それは、市場に十分に伝わっていない企業の特定の情報を追求するプロセスとも言えるであろう。

## （2）新興国投資へのバイアスと情報の非対称性

一方、MICIの投資インデックス（all-country-world-index）では新興国の割合

は15％弱に過ぎない。新興国の市場と投資が拡大する一方，新興国投資へのバイアスがあることが窺えるであろう。このバイアスは新興国投資の不確実性に関連付けられていると考えられる。不確実性とは，知識の欠乏を反映するのではなく，むしろある範囲内の知識の不足を指す。そのある程度の知識の不足は，更なる情報の提供によって改善できる（Mock & Vertinsky 1985）。投資者は更なる情報を利用して，リスク発生の可能性と影響を判断する，企業の将来性をより正確に分析,予測することができる。この意味で投資の不確実性を削減し，投資リスクをコントロールするために，情報が重要である。情報を入手することができないか，また，すべての情報が得られるにしても，投資者は自らの知識や経験，および心理的な原因によって情報を十分に解釈できず，重要な情報を見失ったり，無視したりすることが情報リスクあるいは情報の非対称性を生じさせる。新興国投資へのバイアスについても，最も広く認められた1つの解釈は，情報の非対称性である。新興国の市場は情報の透明性が乏しい。投資者が得た情報は，投資意思決定にとって不十分であるために，不確実性とリスクを削減するために，投資者は情報を十分に獲得し，解釈できる先進国株に偏重することになった。先行研究によれば，財務報告の質，情報開示，距離，ファンドマネジャーやアナリストの言葉・文化的バックグランドなどが情報の非対称性を生み出す可能性を生じさせる原因をなすことが指摘された（Cooper & Kaplanis 1994；Covrig et al. 2005；M. Grinblatt & Keloharj 2001など）。

　概して，不確実性と市場の非効率性が存在するために，超過利益を獲得する機会が存在する。国際投資者はこの不確実性と非効率性によってもたらされるチャンスを利用し，国際的な投資活動を行う。この投資活動自体は，市場価格に織り込まれていない企業情報を探すプロセスとも言えるのである。しかし，これらの企業特定の情報は上記の様々な原因で得られないか，もしくは正しく解釈できないため，国際投資活動を制約することとなり，バイアスの現象が現れたのである。

　近年，会計情報の各国間の比較可能性を高めるために，会計基準の国際化が進行してきた。新興国もこの流れに遅れないために，高質の会計情報を提供す

るよう自国の会計基準の改革に努めた。会計基準の国際化は大きな成果を果たしたにもかかわらず，会計情報の質に影響する他の様々な要因，たとえば，投資者保護の欠如，ガバナンス構造の未整備などによって，新興国の情報の非対称性問題は依然として深刻である。

## 第3節　新興国企業の特有リスクと主なリスク要因

　先進国市場と比べ，新興国市場における投資の不確実性は，企業の将来の継続的な価値を創出する能力のみならず，企業が直面している様々なリスクに関連づけられる。経済学やファイナンスの研究は，リスクをボラティリティとして把握している。新興国市場のボラティリティはより大きいので，リスク問題はより深刻であると考えられる。新興国投資は特にリスクが高いというイメージを投資者によく与えてきた。

　また，先進国の市場において，企業特有リスクはトータルボラティリティの最も重要な組成要素とみられる。たとえば，Campbell et al. (2001) は，アメリカの市場において，市場リスクより企業特有リスクがトータル・リスクに占める割合は高いとの証拠を提供した。先進国と比べ，新興国市場におけるトータル・リスクの中で企業特有リスクの割合は，先進国の企業特有リスクの割合より低い。企業特有リスクと市場リスクとを統合させてこそ，はじめて将来のリターンを予測することができる (Angelidis 2008)。また Agusman et al. (2008) は，1998-2003年のデータを用いて上場しているアジア銀行の46社の会計リスク指標と市場リスク指標との関係を検証し，アジア銀行の企業特有リスクがシステマティック・リスクより重要であると結論づけた。これは Claessens (2002) の研究でも指摘された点である。アジアの上場企業は単独の株主に支配されることが多い。主要株主が銀行の行動に大いに影響するから，システマティック・リスクより銀行特有のリスクに関心を持っているであろう (Claessens et al. 2001)。この結果からみれば，新興国の企業の業績は先進国と比べ，企業特有な要素より，環境要素に相対的に大きく影響されている。しか

第12章 新興国投資のリスク判断と非財務情報の役割

**図表12-2 新興国市場における企業の主要リスク**

| ランク | 先進国企業の視点 | 新興国企業の視点 | 新興国市場におけるリスク（合計） |
| --- | --- | --- | --- |
| 1 | 政治リスク | 市場または競争リスク | 政治リスク |
| 2 | 為替リスク | 為替リスク | 市場または競争リスク |
| 3 | コンプライアンス・リスク | 政治リスク | 為替リスク |
| 4 | トレード信用リスク／顧客リスク | コンプライアンス・リスク | コンプライアンス・リスク |
| 5 | 市場または競争リスク | 価格設定リスク | 労働力リスク |
| 6 | オペレーショナル・リスク | トレード信用リスク／顧客リスク | 価格設定リスク |
| 7 | サプライチェーン・リスク | 労働力リスク | オペレーショナル・リスク |
| 8 | 労働力リスク | 税務リスク | サプライチェーン・リスク |
| 9 | 価格設定リスク | オペレーショナル・リスク | 不正，贈収賄，腐敗リスク |
| 10 | 安全性リスク | 移転リスク | 技術 |
| 11 | 不正，贈収賄，腐敗リスク | サプライチェーン・リスク | 安全性リスク |
| 12 | 財務報告リスク | 技術リスク | 移転リスク |

（出所　Ernst & Young（2007）の調査データに基づいて作成。）

し，新興国の企業のみを見る場合に，企業特有な要素は市場要素より影響力が大きいといえる。新興国の実態に関する実証研究はまだ少なく，特に後者の結論はアジアの銀行を対象に研究した結果にすぎないので，産業別，国別の更なる分析が必要である。

それに対して，マネジメントのリスク研究はリスクの詳細に注目し，この場合のリスク概念は業績のボラティリティではなく，将来の業績の変動に影響する可能な要因（機会と損失），特に損失をもたらす要因とされる。Ernst & Youngが2007年において12ヶ国の企業のリスク管理担当者を対象にして，900回以上のインタビューを通じて，経営者に重要と思われるリスクを明らかにした。主要なリスクは，**図表12-2**に示されている[4]。

当該調査の対象新興国はブラジル，中国，インド，ロシアおよびトルコである。どの国が最もリスキーかを分析するのは意味がない。なぜならば，リスク

はその国の経済規模，変化のペースおよび現在の経済発展によって決まる。しかし，どのリスクが重要で管理すべきかを理解することは重要である。当該調査は管理者の視点からみた新興国企業のリスクであるが，管理者は企業の事業活動を実際に担当しているので，企業内外の状況を最も熟知している。彼らが考える主要なリスクは，投資者にとっても非常に参考になるであろう。

## 第4節　新興国における財務情報の限界と非財務情報の有用性

　財務レポーティングシステムは，投資者の投資意思決定（意思決定においてコントロールできない不確実性および倒産リスクが発生する可能性などの推測を含む）に有用な情報を提供すべきである。大部分の財務報告や業績尺度は，企業が当該期間にいかに有効に経営資源を利用したかという写像を提供する点で投資目的に対して価値関連的であり，意思決定者に有用な情報をなす。

　しかし，リスク情報の開示が少なく，会計情報の価値関連性は減退していることが多数の研究において指摘された（Collins et al. 1997など）。確かに上記の研究は先進国を中心に行っており，新興国と直接関連する研究はほぼ皆無であろう。新興国の場合には，財務情報の価値関連性の検証は先進国より複雑で，同様な結論や解釈が出ないかもしれない。なぜならば新興国の近年の会計国際化に伴う財務情報の質が変化したからである。国際会計基準が高質の会計基準であるならば，新興国の会計基準の国際化によって財務情報の価値関連性が促進されるかもしれない。しかし，新興国の会計基準が高い質を有する場合には[5]，国際化による財務情報の価値関連性は下がる可能性がある。また，たとえ国際会計基準自体の質が高いことを証明できたとしても，財務情報の質はそれだけで決定されるものではなく，インセンティブ，強制力（enforcement），社会文化の影響などを受けているので，会計基準の国際化による財務情報の質の改善を図ることができるかどうかは厳密な分析をしないと簡単には判断できない。

　残念なことに，これについての研究は欠如している。したがって，新興国の財務情報の価値関連性を検証する際に，2つのファクターを考慮に入れるべき

である。第1は，会計の国際化による財務情報の価値関連性に対する影響であり，第2は，新興国産業構造の変容に基づき無形資産の役割が高まることによる伝統的な財務情報の価値関連性に対する影響である。これら2つの影響要因はともに財務情報の価値関連性に作用するので，新興国投資に対する伝統的財務情報の有用性は先進国の場合とは異なる特徴を示すであろう。

　新興国の財務情報の質が，先進国と同じレベルになったかどうかは定かではないが，伝統的財務情報はあくまで過去的写像を提供するのみであり，企業が将来どれほどの利益なりキャッシュ・フローをもたらすかについては，必ずしも適切に反映されるものではないと広く認識されている。新興国の株式に投資する際に，企業の価値創出源泉，リスクや不確実性を把握するために，財務情報より財務報告に提供されていない将来指向的非財務情報を加えることが不可欠であろう。

　投資者が国際投資，特に新興国投資リスクに対してどのような認識を持つか，無形資産情報のような非財務情報が新興国市場の投資意思決定とリスク判断においてどのように役立つか，および新興国投資分析において非財務情報の利用にはどのような影響要素が作用しているかを，以下は調査研究によって解明しようとする。新興国を対象とする先行研究は少ないので，本章の研究課題については，まず，第5節では，ケーススタディーによる定性的方法を用いて分析する。次に，第6節では，アンケート調査を通じてケーススタディーの結果がどの程度普遍性あるものかを検証する。

## 第5節　新興国投資における非財務情報の利用：A社のケース

### （1）研究方法

　本研究は日本の大手アセットマネジメント会社A社のファンドマネジャーを対象にしたインタビュー調査と質問票調査を行い，ファンドマネジャーの新興国市場に対するリスク意識，ファンドマネジャーによる投資意思決定プロセス

および無形資産情報などの非財務情報の役割，しかも文化，金融，市場環境などがファンドマネジャーによる非財務情報の利用に対してどのような影響を与えているか明らかにしようとした。

調査は2段階に分けられる。第1段階において，新興国市場と先進国市場の投資意思決定プロセスと非財務情報の活用を中心に調査を行った。ここで用いた質問票は，先行研究のレビューを踏まえ，調査対象としてのA社と同様のアセットマネジメント会社B社に対するパイロット・インタビュー調査結果の分析に基づき，作成されたものである。B社は新興国に投資していないが，A社同様にアクティブな運用哲学に従って資産運用をし，主要な上場・公開企業を対象として綿密な情報収集と業績予測を行っているので，B社の調査結果の分析は，A社の質問票を作成するのに有効と思われる。次に，B社の調査結果に基づいて，無形資産情報の役割を明らかにするために，質問票を作成し，A社に回答を求めた。第2段階は，リスクのアセスメントに焦点を合わせ，追加的な質問票をA社に送付し，A社の回答を求めた。本研究の質問内容は次のように構成される。

① 「市場によるリスク認識の差異：国別配分と銘柄選択に当たって，新興国市場と先進国市場におけるリスクに対して，どのように認識しているか」
② 「リスク対策と情報の利用差異：投資者はそれぞれのリスクに対して，どのように対応しているか，どのような情報を求めているか」
③ 「両市場による無形資産の認識差異：新興市場と先進市場において，ファンドマネジャーは無形資産に対してどのように認識しているか，また，無形資産情報に対してどのような見方をもっているのか」

以上の調査項目について，調査を行った。

(2) 調査結果の分析

上記の論点を中心にインタビュー調査を行った結果から，新興国投資に関して，次のような点が明らかになった。

第12章　新興国投資のリスク判断と非財務情報の役割

**図表12-3　投資先市場の主要リスク**

| | 先進国市場リスク | 新興国市場リスク |
|---|---|---|
| 1 | マクロファンダメンタルズ | カントリーリスク（クレジット，為替） |
| 2 | 為替リスク | 経済規制などの政策リスク |
| 3 | — | マクロファンダメンタルズ |

**図表12-4　投資先企業の主要リスク**

| 重要性 | 先進国企業<br>（投資者の視点） | 新興国企業 | |
|---|---|---|---|
| | | 投資者の視点 | 企業側の視点 |
| 1 | 市場または競争リスク | クレジットリスク，為替リスク [1] | 市場または競争リスク |
| 2 | 為替リスク | 市場または競争リスク | 為替リスク |
| 3 | コンプライアンス・リスク | 金利リスク | 政治リスク |
| 4 | 金利リスク | 流動性リスク | コンプライアンス・リスク |
| 5 | 政治リスク | 価格変動リスク | 価格設定リスク |

注 (1) 調査を受けたファンドマネジャーは政策リスクという用語を使ったが，政策リスクの実の内容から見ると，第3章に定義したクレジットリスク，為替リスクである。

① 先進国と新興国市場によるリスク認識の差異

　ファンドマネジャーの国際株式ポートフォリオへの期待としては，リスク軽減と高い収益率の獲得の両方の効果を期待している。特に，新興国の場合には，収益率への期待を中心に投資戦略を考えているようである。国別分配（country allocation）をする際に，先進国市場と新興国市場において，最も重要かつ，企業の業績と将来性に最も影響を与えるリスクとして，ファンドマネジャーは図表12-3のようなリスクをあげている。

　投資市場の面から見ると，新興国市場のリスクがより重視される。国別のカントリー・リスクが最も重要なリスクとなり，政府の政策リスクも重視される。これらはシステマティック・リスクの要因になるので，新興国と先進国とは，それぞれのリスクの要因は異なることが指摘される。

　また，銘柄選択をする際に，図表12-4に示されるように，先進国の銘柄選

択にあたって，市場または競争リスクが最も重要なリスクとして考えられる。しかも，コンプライアンス・リスクも主要リスクの1つであることが投資者に認識されている。先進国の投資では，新興国投資よりも企業の特定なリスクが重視されている。それに対して，新興国では，市場リスク，金利，流動性リスクなどマクロレベルのリスクが重視されている。新興国企業のミクロレベルのリスク，たとえばコンプライアンス・リスクやオペレーショナル・リスクはあまり注目されていない。市場または競争リスクのような戦略リスクはいずれの市場においても，投資者と企業の経営者ともに重視されている。新興国市場において，概して，投資者は企業リスク全般にわたって配慮するよりも，リスクの一部しか注目しない傾向がある。企業内部におけるオペレーショナル・リスクなどよりも，企業の外部市場に対する戦略リスクを重視しがちである。

② リスク対策と情報利用の差異

　リスク対応に向けての情報の入手方法について，ファンドマネジャーは，市場と競争リスクやコンプライアンス・リスクおよび価格変動リスクをコントロールするために，個別企業の調査を行い，「投資先企業の開示情報」や「セルサイド・アナリスト」等の外部情報の取得を含め，自社の調査活動に基づいて情報を収集，分析する。また，ファンドマネジャーは企業への直接的コンタクトを重視している。企業との直接コンタクトによって，財務レポーティングなど公開される情報ソースに含まれない情報を求める。たとえば，管理者に対する評価は，直接に会議などを通じて入手される。

　ファンドマネジャーによる投資決定の分析アプローチについては，国際株式に対するアプローチと国内アプローチとが著しく異なっているわけではない。つまり，国際株式の場合もボトムアップを主なアプローチとして，企業パフォーマンスの趨勢分析と株のバリュエーション分析をベースにすることである。そのために，特定の企業に固有な情報を求めることが必要である。しかし，国際株式の投資分析を行う際，為替リスクなどのリスク管理を念頭に置くのが必要であるので，より多くの要素を考慮しなければならない。無形資産を考慮に入

れる場合も，無形資産情報のリスクに留意すべきである。また，投資プロセスにおいて，無形資産情報の利用の仕方についても，Holland 等の分析と大きな差がない（Holland et al. 2007；古賀 2007を参考にされたい）。国際株式の投資分析にあたっても，無形資産情報などの非財務情報は財務情報の補助材料として使われ，投資先企業の業績予想，将来キャッシュ・フローや会計利益の予測と，それに対する裏付け材料として利用することができるのである。

　しかし，新興国投資と先進国投資の両市場の情報利用の点で，ファンドマネジャーの差異が次の引用文から明らかである。

　　「ポートフォリオ管理上の（対ベンチマークでの）リスクコントロールにおいては，先進国と新興国との間で，大きな違いがない。先進国・新興国間での情報の違いについて，あえて言えば，リターン獲得・リスク削減のために必要な①情報入手のスピード，②情報の加工力の中で，新興国においては①の情報入手のスピードを求める必要があると考えている。」

　それに対して，先進国投資を担当するファンドマネジャーは，情報の入手可能性について，情報入手による運用パフォーマンスは短期的トレーディングのように瞬時的にすぎず，長期にわたる運用パフォーマンスに大きく寄与するかどうかは定かではないとみる。タイムリーな情報の入手可能性の点では，現地機関投資者の方が一般に有利であり，証券投資の経験，ファンダメンタル分析技術の面から見ると，先進国の投資者は新興国の投資者よりも有利であるといえる。

　しかも，A社は海外拠点を持っており，世界規模の情報ネットワークを通じて，海外の情報収集能力が優れているといえる。したがって，情報の非対称性の問題は，会社全体的な問題より，むしろファンドの担当者個人の問題として理解できるであろう。海外拠点において，特定企業に固有な情報の収集より，マクロレベルの情報の収集は相対的に容易であり，特定な投資先市場の特定な企業の特定な情報を解釈，分析，利用する能力は個々のファンドマネジャーによるものである。

　外国人投資者は企業訪問を行い，経営陣その他関係者とのミーティングを通

じて情報を入手することが出来るが，彼らは投資先企業の属する地域の文化的バックグランドがないか，言語的ハンディにより，得られる情報が現地投資者より少ないかもしれない。情報そのものより，情報を生み出すバックグランドが投資判断する際に決定的に重要となる。現地の言葉から英語か日本語かに訳した二次的情報はオリジナル情報より，概して伝えられる内容は少なく，信頼性も削減される。

　情報の不確実性問題と投資者の文化的バックグランド，言語などによる知識問題は，情報の入手可能性と情報の処理・解釈能力に大きな影響を与える。換言すれば，情報自体ではなく，情報を生み出す社会的・文化的コンテストは，外国人投資者にとって極めて重要な課題である。情報リスクは，投資をする際に注意すべきものである。

③ 新興国市場における無形資産に対する認識と非財務情報の利用
　無形資産を積極的に評価しようという姿勢は，一般に欧米の方が強い。アジアでは，一般に無形資産情報が株価の評価に十分に反映されているとはいえない。反映されているにしても，積極的に無形資産の価値を評価していないと見られる。無形資産をどのようにみるかは，各国の社会制度や文化とも密接に関連づけられるので，無形資産を統一的な評価モデルを用いて画一的に評価することは，通常難しいであろう。無形資産は，その投資先企業の背後の価値基盤をなすので，無形資産情報企業の今後の事業展開を分析し，将来性を判断するには定性情報として重要視される。投資先企業の無形資産がどのような役割を果たすかは，投資先企業が属する社会システム，市場状況および文化に依存するために，新興市場において，無形資産は「不確実性」や「リスク」に関連づけられる。したがって，無形資産はいかに株価との価値関連性があるとしても，情報の利用にあたっては，その妥当性（validity）と信頼性（reliability）が確認されなければならない。

　新興市場における企業は相対的に規模が小さく，成長の潜在力は高いが，国際競争の中で必ずしも競争優位性を持つわけではない。したがって，ファンド

マネジャーがもっとも重要視するのは，投資先企業の外部競争環境，経営戦略および戦略を実現するための具体的方策に関する情報である。それらは明らかに企業の人的資産を代表する経営者の質と，企業戦略目標を実践する構造資産に関する情報である。

## 第6節　新興国の投資リスクの認識と非財務情報の有用性に関するアンケート調査

### （1）研究方法

以上のインタビュー調査の結果はどの程度の普遍性があるか，つまり，投資者の新興国投資リスクに対してどのように認識するか，および非財務情報がどのような役割を持つかを解明するために，第11章のアンケート調査と同時に，新興国投資のリスク問題と情報問題についてもアンケート調査を行った[6]。国際投資経験がある投資者に関する情報はないので，アンケートに国際投資経験があるかどうかを回答者に記入を求めることによって，その回答に基づいて回収されたアンケートを区分した。国際投資経験がある投資者には新興国の問題を回答させた。

### （2）調査問題の構成

本研究の課題に対応して，先行研究のレビューとインタビュー調査の結果を踏まえて，調査内容には次のような内容が含まれる。

① 投資者のリスクに対する認識

投資者にとって，新興国市場の投資意思決定において,不確実性はより高い。新興国投資はより大きな挑戦となっている。投資者のリスクに対する認識は，彼らのリスク情報の選択やリスク情報の判断に影響がある。しかし，ファイナンス学者や投資専門家の間ではリスク概念に関して統一的な見解は確立されて

いない。したがって，まず投資者が国際投資する際にどのように投資リスクを認識しているかを調査すべきであろう。

具体的には，次のようにアンケートを工夫して作成した。リスクの概念について，投資者を誘導することをしないように，選択肢を予め提供することはせず，投資者にリスク概念と国際株式の投資を行う場合の投資リスクについて自由に記入させることにした。これを通じて，投資者がリスクをどのように認識しているか，また，リスクとして何を重視しているかを把握することができるであろう。

② 非システマティック・リスクに対する認識と各種のリスク指標の相対的重要性

非財務情報の重要性が非システマティック・リスク，つまり企業特有リスクの重要性と関連していることはすでに前章で論述した。国境を超える国際投資の駆動力の１つは，非システマティック・リスクを利用して超過利益を追求することである。一方，企業特有リスクとシステマティック・リスクの特徴は世界の各国において，それぞれの市場，産業，企業の構成，開示情報などの状況によって異なることは想定できる。しかも，国際投資は国内投資に比べ，カントリーリスクも考慮しなければならず，新興国と先進国のカントリーリスクと産業別のリスクの特徴も，情報利用に影響を与える。したがって，新興国の投資のシステマティック・リスクと非システマティック・リスクの相対的重要性はいかほどであるか，カントリーリスクと産業別リスクはどのような特徴を持つか，標準ファイナンス理論のリスク尺度，また，会計情報と非財務情報などのリスク指標はどの程度の相対的重要性を持つかを検証することが本調査の質問事項をなすものである。

③ 無形資産による不確実性とリスクに対する認識

無形資産ないし知的資産は，価値創出に貢献するとともに不確実性とリスクの源泉にもなる。インタビューの結果から明らかになったのは，新興国の経済，産業の発展には無形的なものがより重要な役割を果たしているが，新興国にお

ける無形資産の有用性は先進国ほど大きくないという認識が存在することである。また，投資先企業の無形資産がどのような役割を果たすかは，投資先企業が属する社会システム，市場状況および文化に依存するために，新興市場において，無形資産は「不確実性」や「リスク」に関連づけられることである。インタビュー調査は1社のみを対象に行ったので，無形資産の重要性と価値創出の不確実性について一般的な見方を浮き彫りにするために，アンケートではこの質問事項を加えて設定した。

④ 情報の信頼性問題

新興国の投資へのバイアス問題は，情報の対称性に関連することが先行研究で指摘された。行動研究の研究者は不確実性が知識と情報の欠如に関わり，国際株式に投資する際に，投資者は継続的に様々な不確実性に悩まされているので，投資バイアスを1つの手段として，これらの不確実性と知識の欠如や情報の非対称性に対応しているという解釈が示された。

情報の信頼性問題は新興国に特に深刻である。インタビュー調査の結果によって，ファンドマネジャーは新興国における無形資産情報の利用について，「無形資産がいかに株価との価値関連性があるとしても，情報の利用にあたっては，その妥当性と信頼性が確認されなければならない」ことを強調した。近年，新興国は開示情報を改善するために，会計制度の改革を行った。この状況の中で，新興国の情報の信頼性に対する指摘がどの程度広く認識されたかをアンケート調査によって究明したい。

(3) 調査結果と分析

① 投資者のリスクに対する認識

新興国投資リスクに対する投資者の認識に関して体系的な研究は少ない。今までの投資実践や研究は，先進国を中心として国内投資リスクに焦点を合わせるものであった。本調査の結果，投資者の国際株式の投資を行う場合の投資リスクに対する認識は，国内投資リスクに対する認識と比べて，相対的に集中し

第3部　リスク情報の拡充化とその有用性

図表12-5　国際株式投資リスクに対する認識

| ランク | リスク概念 | 割合(%) |
|---|---|---|
| 1 | 為替リスク | 34.78 |
| 2 | カントリーリスク | 27.54 |
| 3 | 政治リスク | 11.59 |
| 4 | オペレーショナル・リスク（不祥事など） | 6.00 |
| 5 | 情報リスク | 4.35 |
| 6 | 流動性リスク | 4.35 |
| 7 | その他 | 4.16 |
| 8 | 業績 | 2.89 |
| 9 | 倒産 | 2.89 |
| 10 | 知識不足 | 1.45 |
|  | 合　　計 | 100 |

ていることが明らかになった。投資者は抽象的ボラティリティより，具体的なリスク，特に為替リスクに最も大きな関心を持つ。カントリーリスクと政治リスクなども重要なリスク概念として強く意識されている。国際投資リスクの概念には，国内投資リスクの調査結果と比べオペレーショナル・リスクが占める割合が小さい。しかも，市場と競争リスクは投資者に提示されていない。オペレーショナル・リスクとして主に不祥事などのイベント・リスクが指摘された。これはErnst & Young（2007）による企業に対する調査の結果，インタビュー調査の結果と異なる。全体的に，リスク概念として，投資者は企業より，金融市場や投資先国のリスクを重視する。また，情報の非対称性や会計不正に関する投資者の指摘は，国内投資調査と比べて多い。したがって，この投資者のリスクに対する認識の調査を通じて，新興国投資の情報リスクが高いという投資者の見方は，改めて明らかになった。

また，**図表12-6**で明示されるように，多くの投資者が新興国投資と先進国投資とを比べ，新興国投資のリスクが著しく高いと考える。

図表12-6　新興国投資と先進国投資リスクの相対的大きさ

| 回　　答 | 有効パーセント |
|---|---|
| 1：新興国投資のリスクが著しく高い | 48.0 |
| 2：新興国投資のリスクが高い | 16.0 |
| 3：どちらとも言えない | 28.0 |
| 4：先進国投資のリスクが高い | 4.0 |
| 5：先進国投資のリスクが著しく高い | 4.0 |
| 合　　計 | 100.0 |

図表12-7　新興国のシステマティック・リスクと
　　　　　非システマティック・リスクとの相対的重要性

| 新興国株式に投資する場合，システマティック・リスクは非システマティック・リスクより重要である。<br>1＝強く反対<br>3＝どちらとも言えない<br>5＝強く賛成 | 回答 | 有効パーセント |
|---|---|---|
| | 2 | 11.1 |
| | 3 | 38.9 |
| | 4 | 38.9 |
| | 5 | 11.1 |
| | 合計 | 100.0 |

② 非システマティック・リスクに対する認識と各種のリスク指標の相対的重要性

　以上の投資者のリスク概念は彼らの非システマティック・リスクとシステマティック・リスクの相対的重要性の判断にも反映されている。新興国のシステマティック・リスクと非システマティック・リスクの相対的重要性については，**図表12-7**で示したように，前者が後者より重要であることに賛成する人が半数を占める。非システマティック・リスクの方がより重要であると考える人はわずか11％程度に留まる。その結果は国内投資リスク意識の調査結果と異なる。

　ファイナンス研究の結果では，先進国の市場において，企業特有リスクがトータル・リスクの最も重要な組成要素である(Campbell et al. 2001)。先進国と比べ，新興国市場のボラティリティはより大きいから，リスク問題はより深刻であると考えられる。しかし，新興国市場におけるトータル・リスクの中で，企業特

第3部　リスク情報の拡充化とその有用性

図表12-8　新興国投資のカントリーリスクと産業別リスクとの相対的重要性

| | 回答 | 有効パーセント |
|---|---|---|
| 新興国株式に投資する場合，カントリーリスクは産業別リスクより重要である。<br><br>1 = 反対<br>3 = どちらとも言えない<br>5 = 賛成 | 1 | 3.8 |
| | 2 | 3.8 |
| | 3 | 30.8 |
| | 4 | 34.6 |
| | 5 | 26.9 |
| | 合計 | 100.0 |

図表12-9　先進国投資のカントリーリスクと産業別リスクとのの相対的重要性

| | 回答 | 有効パーセント |
|---|---|---|
| 先進国株式に投資する場合，カントリーリスクは産業別リスクより重要である<br><br>1 = 反対<br>3 = どちらとも言えない<br>5 = 賛成 | 1 | 34.6 |
| | 2 | 26.9 |
| | 3 | 34.6 |
| | 5 | 3.8 |
| | 合計 | 100.0 |

有リスクの割合は，先進国の企業特有リスクの割合より低い（Angelidis 2008）。このファイナンス研究の結果は，本調査の結果で示したように，投資者の認識と一致する。

さらに，本調査によって，新興国投資リスク判断において，非システマティック・リスクはシステマティック・リスクほど重要でないが，64%の投資者は両方ともに重要であると考える。それはおそらく，投資者が，新興国投資は巨額なリターンを提供する可能性があるが，そのために，より選択的に投資しならなければならないと考え，アクティブ投資戦略を信じることを示すものであろう。したがって，超過収益を獲得するために，個々の投資先企業の会計情報と非財務情報を徹底的に分析することは，新興国投資においても重要ではないであろうか。

図表12-10　リスク指標の相対的重要性

|   | リスク指標 | 最小値 | 最大値 | 平均値 |
|---|---|---|---|---|
| 1 | 財務指標 | 2 | 6 | 4.54 |
| 2 | 非財務指標 | 2 | 6 | 4.00 |
| 3 | ベータ | 2 | 6 | 3.56 |
| 4 | 収益の分散 | 2 | 6 | 3.52 |
| 5 | 収益の共分散 | 2 | 5 | 3.48 |
| 6 | 株価の分散 | 1 | 6 | 3.00 |

　なお，調査の結果は，カントリーリスクと産業別リスクとの相対的重要性については，新興国と先進国に対する投資者の認識が異なることを示している。新興国のカントリーリスクが産業別リスクより大きいと考える投資者がほとんどであるが，それに対して，先進国のカントリーリスクが産業別リスクより大きいことを支持する投資者は僅かである。これは，新興国の投資リスクを判断する際に，国と市場全体に関する情報が，産業別のリスク情報より重要であると言えるであろう。

　そこで，次の調査データは会計のリスク尺度，非財務的リスク指標と市場ベースのリスク尺度の新興国投資リスク判断における重要性を示している。6つのリスク指標の重要性については，国際投資経験のある投資者は一般の投資者と同様に，財務指標を最も重視し，それに続いて非財務指標を重要な情報とする。ここで非財務情報のリスク判断の有用性は，新興国投資においても大きいことを明らかにした。ベータも市場リスクの代理数として重要な指標と考えられる。それは上記の新興国投資におけるシステマティック・リスクを重視する調査結果とも一致する。

③　無形資産による不確実性とリスクに対する認識

　調査結果によれば，投資者は無形資産の重要性を十分に認識している（92%の投資者は，無形資産を重要であると考える）。また，知識創造社会における投資

## 図表12-11 無形資産による不確実性

| | | 回答 | 有効パーセント |
|---|---|---|---|
| 先進国と比べ，新興国において無形資産が企業の価値創出により大きな不確実性をもたらす<br><br>1 ＝ 強く反対<br>4 ＝ どちらとも言えない<br>7 ＝ 強く賛成 | | 2 | 7.7 |
| | | 3 | 23.1 |
| | | 4 | 26.9 |
| | | 5 | 19.2 |
| | | 6 | 19.2 |
| | | 7 | 3.8 |
| | | 合計 | 100.0 |

機会は工業化社会より大きいと考える投資者が多いが，工業化社会における投資リスクと比べ，知的創造社会の投資リスクがより大きいかどうか，知識創造社会の投資機会と投資リスクとの相対的関係については，明確な判断を持つ投資者は少ない。過半数の投資者が「どちらとも言えない」を選択した。この結果から言えることは，無形資産の価値創出の重要性より無形資産投資によるリスクに対する認識は，まだ不十分ではないだろうか。しかし，**図表12-11**で示したように，先進国と比べ，新興国において無形資産が企業の価値創出により大きな不確実性をもたらすという見方に賛成する投資者の方が反対者より多い。それはインタビュー調査の結果と一致する。

ここでは，無形資産ないし知的資産そのものより，その経営と管理が重要であることが示唆されるであろう。知的資産の活用は企業の文化，社会の背景に左右され，重要な価値ドライバーとして企業の価値創出に大きく貢献するとともに，適切に管理されていない場合には，リスクの源泉にもなる。新興国の場合は，市場のインフラや経営環境の安定性などは先進国ほど整備されておらず，新興国企業では現代企業管理の手法の導入も遅れている。しかも，新興国企業の独特な現象，たとえば，家族企業が多く，単独の大株主に左右されやすいなどガバナンスの問題は知的資産の経営と活用にも影響する。同じ知的資産，たとえばEPMの利用は先進国企業で成功する例も見られるが，新興国での活用は企業に巨大な損失をもたらしたケースもある。したがって，知的資産など無

第12章　新興国投資のリスク判断と非財務情報の役割

図表12-12　新興国情報と先進国情報の信頼性の比較

| | 回答 | 有効パーセント |
|---|---|---|
| 企業の開示情報について，新興国の情報の信頼性は先進国と比べ<br><br>1＝先進国の開示情報の信頼性が高い<br>3＝ほぼ同じ<br>5＝新興国の開示情報の信頼性が高い | 1 | 26.9 |
| | 2 | 30.8 |
| | 3 | 19.2 |
| | 4 | 11.5 |
| | 5 | 11.5 |
| | 合計 | 100.0 |

形的なものに関する評価は新興国の風土に即して行うべきであり，知的資産情報もリスク判断の材料として利用されるであろう。

④ 情報の信頼性問題

　最後に，開示情報の信頼性に対して，過半数の投資者が先進国の開示情報の信頼性は新興国より高いと評価し，両者はほぼ同じと考える投資者も19.2％を占める。この結果はインタビュー調査で得られた示唆，すなわち投資者が新興国の情報の信頼性に対して特別な注意を払っていることが広範に浸透していることを示すものであろう。情報の信頼性は，新興国にとって大きな課題となっている。

　ここで興味深いのは，リスク認識の調査結果によれば，情報の非対称性や会計の不正に対して，投資者は国際投資リスクを考える時に，国内投資より注意を払っている点である。新興国の会計情報の質は先進国と同等のレベルに達していないと一般に認識され，また，新興国の開示情報は先進国と比べ信頼性が低いと多くの投資者は考える。しかし，リスク指標の中で，先進国投資と同様に，新興国投資においても会計指標と非財務情報は，ベータなどの標準ファイナンスの指標より重視される。これは，おそらく投資者の情報に対する需要と情報の質とのキャップを示すものであろう。

## 第7節 小　括

　本章は，一般に先進国投資よりリスクが高いと想定される新興国投資におけるリスク判断にあたって，非財務情報が有用かどうかを解明することが主な目的である。

　投資の不確実性と市場の非効率性の両方は，投資の国際化に拍車をかけてきた。これらの機会を利用する際に，情報が特に貴重となる。しかし，情報の非対称性は新興国投資におけるバイアスを導く。企業の特定の情報は，新興国市場投資において不可欠な存在と考えられる。また，近年，先進国において，財務情報の価値関連性が低下しつつあることを多くの研究は明らかにしたが，新興国の場合には，そのように簡単には結論づけられない。会計の国際化の影響と産業構造の変化がともに財務情報の価値関連性に影響を与えるからである。しかし，新興国の財務情報の価値関連性がどのような動きを示すにしても，財務情報は過去の事実の反映に焦点を当てるため，将来指向の情報としては限界がある。新興国における財務情報の信頼性，価値関連性などは先進国と同じレベルに達しているとは考えられず，財務情報が企業の実態を適切に反映することは一層困難であると言ってよい。そこで新興国投資において非財務情報の役割が一層重要になる点が注目されるべきであろう。

　以上の理論分析を裏付けるために，インタビュー調査およびアンケート調査を行った。調査の結果は，まず，新興国投資において，投資者は先進国と比べ，国家と市場のリスクをより注意するが，非システマティック・リスクも重視する。先進国投資と同様に，会計指標と非財務情報はベータなどの標準ファイナンスの指標より重視される。また，アジアでは，一般に無形資産情報が株価の評価に十分に反映されているとは言えない。反映されているにしても，積極的に無形資産の価値を評価していないと見られる。それは，新興国における無形資産の活用によるリスクと不確実性について，投資者はそれが先進国より大きいと考えるからであろう。しかも，新興国の無形資産を評価する時に，企業の

背景を考慮した上で分析すべきであり，無形資産情報の分析も企業の背景に即して行うべきである。新興国においては，情報の不確実性問題は，情報の入手可能性のみならず，情報を生み出す社会的・文化的コンテクストを投資者が理解できるかどうかによるものである。さらに，会計情報と非財務情報は重要なリスク情報として認識されるが，投資者は新興国の情報の信頼性に対していまだ先進国と同様には評価しておらず，それが新興国の情報利用にあたって大きな障壁をなすであろう。

　以上のように，本研究は，新興国市場で投資を行う際における無形資産などの非財務情報の役割を分析しようとした。しかし，いくつかの問題点を更に分析する必要がある。非財務情報は，財務情報のように，貨幣測定によって意思決定に確実性ある情報を提供できず，相対的な主観的情報として，具体的にどのような情報がリスク評価および意思決定に貢献できるかを各国の背景の中で更に研究する必要がある。また，無形資産情報の不確実性，つまり情報の信頼性の欠如は，情報リスクの源泉になり，最終的に意思決定リスクの源泉になるものである。情報の不確実性はいかなる意思決定者の不確実性に影響を与えるかについて，新興国だけでなく，先進国に対する研究においてもまだ解明されていない。新興国と先進国においては，上述の不確実性には差異があるかどうか，また，ある場合には，どのような差異があるか，そして，非財務情報開示の充実化を図るために，情報リスクの削減についての研究も，併せて今日の重要な研究課題としてあげておきたい。

注
（1）　先進国株式市場では，経済やグローバル化の進展で，地域や国の相違は小さくなった。先進国市場を統合されたブロックと見なすべきであるという考えがある。たとえば小林（2012），Kang el al.（2010）などがあげられる。一方，新興国市場では，国や地域の発展の相違によって，それぞれ異なる特性を持っている。
（2）　先進国と新興国の区分は株価指数によって異なるところがある。たとえば，世界中の多くの投資家がベンチマークとして採用している株価指数「MSCI」（モルガン・スタンレー・キャピタル・インターナショナル）の区分でいえば，韓国は新興国である。しかし，

MSCI 社のライバルである FTSE 社の分類では，韓国は先進国に分類されている。
(3) 単なる新興国株をポートフォリオに組み入れることで，リスクの分散ができず，パフォーマンスを改善することができない。たとえば，Fernandes（2005）の論文がある。Fernandes は1988年から2001年までの14年間のデータを使って，米国の大型株と小型株，米国外の株式の3資産から構成されるグローバル・ポートフォリオに対して，新興国株式を追加することにより投資の機会集合が改善するかどうかを前半の7年（市場が分断化している期間）と後半の7年（市場統合が進んだ期間）に分けて分析し，後半の期間では，もはや新興国株式を加えることだけではグローバル・ポートフォリオのパフォーマンスは改善しないと結論づけている。また，Leibowitz and Bova（2009）も参考されたい。
(4) 先進国企業の視点から見ると，新興国でビジネスを行う際に最も重要なキーリスクの1つは政治リスクであり，重要な戦略リスクの一種をなす。新興国は巨大な変化を遂げつつある。政府の政策は特定の会社のためではなく，経済の全体的な発展ニーズに応じて変化するであろう。しかし，新興国企業にとっては最も重要なリスクは政治リスクではなく，市場または競争リスクである。為替リスクと政治リスクはそれに次ぐものである。ここでは内部者と外部者の認識ギャップが顕著である。

　全体的に見れば，この内部者と外部者の間の認識ギャップは内部者と外部者の相対的な関心，両者の新興国市場に対する知識と経験の差を反映する。先進国市場企業は，政治リスク，オペレーション・リスクおよびサプライチェーン・リスクに焦点を合わせる。それに対して，新興国企業は市場または競争リスク，為替リスク，価格設定リスク，租税リスクおよび労働力リスクを重視する。外部者としての投資者は，新興国企業の管理者とはリスクに関する認識ギャップが存在すると考えられる。したがって，バイアスを削減するために，図表12－2に示されるように，内部者と外部者の統計データを合算して記入し，新興国市場における企業リスクの全体像を把握しようとした。
(5) 国際会計基準が必ずしも国内会計基準より質が高いことは実証研究でまだ証明できていない。たとえば，オーストラリア会計基準は国際会計基準より厳格という見方もある。中国市場では中国の会計基準は国際会計基準より価値関連性が高いという実証研究の結果がある。
(6) 具体的方法は第11章を参照されたい。

第 4 部

リスク開示の影響要因とあり方

# 第13章　リスク情報開示の影響要因と理論

　リスク情報の開示が提唱されてから，リスク開示の実態はどのようになっているであろうか。リスク開示の具体的内容はどのようなものであるか。リスク開示の影響要因は何であろうか。これらは研究者や会計職業団体，会計の規制機関に最も興味のある問題を例示するものである。本章では，2001年から2012年6月にわたって，9つの世界トップレベルの雑誌並びにデータベースSSRNに掲載されたリスク開示に関する66本の論文，2つの報告書・日本のリスク開示に関する4つの論文，計71本の文献レビューに基づいて，上述の問題を解明することにしたい[1]。

## 第1節　リスク開示の内容・特徴と現状

### (1) リスク情報とは何か

　各国の規制機関は，財務諸表上で認識できないリスクの情報開示を要求している。また，要求されるリスク情報の内容もますます拡大してきている。たとえば，アメリカSECは1997年にFRR第48号を公表し，売買目的金融商品と非売買目的金融商品の市場リスク・エクスポージャーに関する定量的・定性的な情報を提供することを要求している。2005年以後，SECは全ての企業が年次報告書に新しいセクション（Form10-Kの年次報告書第1Aセクション）を追加し，「自社を投機的会社にする，あるいは危険な会社にする最も重要な要因を議論する」ことを規定している（レギュレーション第305(c)項）。さらに，2010年には，SECは，「どのような企業にも適用できる汎用的なリスク要因の開示を避ける」ことを企業に注意喚起するとともに，コメントレター・プロセスを通じて，最高財務責任者（CFO）に繰り返して企業の特有のリスク要因の開示を呼びかけ

ている（CFO 2010）。ドイツも新しい法律（BilMoG）の導入によって，企業は2009年以来，連結財務諸表を作成するプロセスにおける内部統制並びにリスク管理の特徴を説明しなければならなくなり，GAS 5 はリスク情報の範囲をすべての種類のリスクにまで拡大した。

　しかし，リスクの開示については，IFRSのような国際的な統一的フレームワークはまだ存在していない。具体的開示内容と開示の情報量に対する要求も，国によって異なっている。一部の国では，リスク情報がまだ企業の任意開示に委ねられている。また，現在，各国の開示モデルは，Wallman（1996）の開示フレームワークから少なからず示唆を受けてきた。Wallman（1996）は，財務情報の欠陥を意識し，会計基準の標準要件を満たさないか，または部分的にしか満たさないが，企業の関係者に有用な情報を提供することを主張した。これらの情報には，研究開発，将来指向情報，顧客の満足度情報とともに，リスク指標および知的資産などが提示されている。

　よりリスク指向の開示フレームワークは，Wallman（1996）の後十数年の間に，各国の会計士協会などの団体によって開発され，リスク開示のガイダンスも次々と公表された（たとえば，ICAEW 1998, 1999, 2000a, 2000b, 2011；CICA 2001；CICA 2010, 2012；IFAC 2002など）。これらのガイダンスの共通の目的は，将来指向情報の開示，および公正かつ統合化の視点から企業リスク開示の原則を設定し，リスクやリスク情報を定義づけるとともに，リスク開示のベスト・プラクティスも例示することによって，企業のリスク情報開示を指導することである。

　各国のガイダンスには差異があるものの，一般的に，リスクを有利な結果と不利な結果の両方に晒されることを意味するものとし，特にネガティブな影響に注目することを強調している。たとえば，カナダ勅許会計士協会（The Canadian Institute of Chartered Accountants：CICA）は，リスクを次のように定義している。「リスクはネガティブな結果（「マイナス側面」）とポジティブな結果（「機会」）を看過する可能性に晒される危険性を包括している」；「リスクは結果の変動という不確実性を表している」；また，「MD & A におけるリスク

レポートは，主に損失か，あるいは減収や減益などの負の結果に晒されることに焦点づける傾向にある」(CICA 2012)。

多くの研究者や会計士団体によると，リスクレポートは外部情報利用者に企業の将来業績，特に将来のキャッシュ・フローに関するリスクや不確実性にアクセスする情報を提供すべきである (Dobler 2005；Linsley and Shrives 2006；AICPA, 1987；ICAEW 1999など)。そのためには，リスクレポートには，次の3つの内容が包摂されなければならない。

① 企業の多種多様なリスク要因：企業のあらゆる機会や見込み，またはすべての危険，有害物，脅威を包含する。
② リスクの予測：リスクの発生可能性，企業の業績や将来キャッシュ・フローに及ぼす影響に関する経営者の予測である。
③ リスク許容範囲とリスクマネジメント：リスクによるダメージを軽減し，危機からの迅速な回復を確保するための施策，その実施場所，範囲および特徴などの情報である。

上記の①と②は，企業のリスク・プロフィールを描くものであり，③は，企業が想定可能の下方リスクを回避し，上方リスクを促進する日常の管理活動，また想定不可能のリスクが生じた時にどのように危機に対応するかを示すものである。いずれの情報開示も，企業の外部関係者がリスクの発生可能性と重大性を理解するのに役立つと考えられる。投資者は，企業の将来キャッシュ・フローおよび財務状況等を把握しようとするので，企業がリスクを識別，管理するために，どれほど経済的，組織的資源を割り当てたかという情報に興味を持つ。たとえば，代表取締役会，その他取締役会メンバー，上級管理者がリスクの識別と管理にどのように関与しているか，企業のリスク管理のためにどのような制度を設けているか，リスクとリスクマネジメント戦略の有効性を監視するのに使用される基本的な情報および制御システムの特徴や信頼性は何か等の情報である。優れたリスク開示は，投資者が会社の損益やキャッシュ・フローの質，将来の変動性を評価するのみならず，投資者が企業の弾力性，つまり不意な衝撃や危機への対応力を評価することを可能にする。

## （2）リスク情報の特徴

　リスク開示が有用なリスク情報を提供するためには，一定の質を保持しなければならない。会計基準のフレームワークでは，会計情報の質的特性について，次のように規定されている。会計情報の最も基本的な質は目的適合性と忠実な表現であり，補強的な質的特性は，比較可能性，検証可能性，適時性，理解可能性の4つである（FASB概念フレームワーク）。リスク情報も基本的にこれらの質を有することが望まれている。しかし，リスク情報は財務情報とは異なる特徴も持つ。たとえば，リスク情報は貨幣測定が困難なものがあり，検証可能性も財務情報ほど高くない。特にリスク予測のような経営者の判断に任せるものについては，検証することも困難である。概して，リスク情報開示は，次のような特徴や質を持つことが期待される。

① 完全性と重要性

　投資者その他の利用者にとっては，企業がすべてのリスク情報を提供する必要はない。企業に重要な影響を与えるリスクのみを開示したらよい。情報の完全性は重要性原則に基づき判断される。企業はまず想定可能なリスクのリストを決定して，次のステップとして，これらのリスクが企業の財政状態や業績，およびその変化にどのような影響を及ぼすかを分析し，情報利用者に重要なリスクのみを選択し開示することである。これは事業セグメントごとに考えるべきである（CICA 2008）。

② 将来指向性

　リスク概念は多種多様であるが，各概念の共通点，つまりリスク概念の核心となる部分は「将来指向的」という点である（本書第2章を参照されたい）。リスクが重大であれば，企業の将来キャッシュ・フロー，財政状態，また企業の継続的存在（ゴーイング・コンサーン）を左右する。リスクの定義と本質から見ると，リスク情報はそもそも将来指向の情報である。

③ 戦略的視点

　リスクは,企業戦略の中で理解すべきである。したがって,リスクの報告は,リスク要因に焦点を当てた情報に加えて,企業の戦略や行動に関する情報を考慮する必要がある（Beretta and Bozzolan 2004）。同一業種の企業は,常に近似するリスクに直面しているが,採用するリスク戦略が相違するもので,リスクマネジメント対策も異なるかもしれない。したがって,戦略とマネジメント情報は投資者が同一業種の企業を区分することに役立つ。しかし,競争力を損なうかもしれない機密情報が漏れる恐れがあるので,経営者はリスクマネジメント戦略に関する情報を提供することを躊躇する。事例研究では,ある産業部門の企業は,しばしばフォーマルな開示書類や報告以外の市場やビジネスなどの情報源から,すでにライバル企業の戦略的,経営管理的,および財務情報を把握していることが示されている（CICA 2008, 2012）。

（3）各国におけるリスク情報の開示の現状

　各国の研究者はアメリカ,カナダ,イギリス,ドイツ,イタリア,スペイン,日本,マレーシア,タイなど11ヶ国のリスク開示についてコンテンツ分析を行い,開示されたリスク情報の量と質,また開示の決定要因を明らかにしようとした。以下では,そのいくつかの研究結果を例示することにしよう。たとえば,Linsley and Shrives（2006）は,イギリスの71社のアニュアルレポートを対象として,6,168のリスク情報を含む文書を確認し,「金融リスク」が最も多く開示されているリスクであることを示した。Lajili（2005）は,カナダの300社の上場企業を対象として,リスクマネジメント情報の任意開示実態を分析した。その結果,Linsley（2005）と同様に,金融リスクに関する開示が最も多く,「信用リスク」が2番目に多く開示されているリスクであることが判明した。また,ほとんどのリスク情報が定性的であり,具体性と深度が欠如している。

　また,金（2010）は,2003年から2008年度まで日本の東証一部企業7,072社の有価証券報告書におけるリスク情報を分析し,為替および金利変動など業績に影響を与える「マーケット・リスク」が最も多く開示されており,リスク情報

の形骸化傾向を指摘している。PWC の2012年の調査でも，日本におけるリスクの開示では，紋切型のものや前年度と同様のもの，さらに一見すると他社事例の画一的内容が散見され，会社ごとのリスクの濃淡が見えにくいことが明らかとなった。

　以上，各国の研究結果を要約すると，各国におけるリスク開示実態の共通の特徴がいくつか指摘される。まず，リスク情報の内容では，金融リスクに焦点を当てている。また，各国において，リスク情報の開示量が増大している一方，リスク情報はそれに対応して向上しているとは言い難い。これは将来指向の情報や定量的情報が依然として欠如していることから，情報の形骸化傾向が見られることによるものである。さらに，情報の比較可能性や信頼性の点でも大きな制約を受け，リスク情報の開示のさらなる改善が期待されている。

## 第2節　リスク開示の理論と影響要因：7つの理論

　企業のリスク開示は，様々な要因によってもたらされている。理論上，企業の任意開示に関して7つの理論がある。これらの理論は，経営者がなぜ情報を開示するか，その行動の背後にあるインセンティブや開示活動の経済的効果を説明し，その影響要因を推定している。この7つの理論は，主に次の3つの視点から開示行動をなすことを想定するものである。

### (1) エージェンシー理論とシグナル理論

　企業の開示活動を解釈するエージェンシー理論とシグナル理論とは競合する理論ではなく，無矛盾・両立する関係にある理論である（Morris 1987；古賀 2012）。リスク開示の影響要因を説明するために，この2つの理論はしばしば同時に使用される。

　エージェンシー理論とは，主たる経済主体（プリンシパル）とその主たる経済主体のために活動する代理人（エージェント）との間の契約関係（エージェンシー関係）を取り扱っている。エージェントはプリンシパルの利益を最大化す

るように行動するよう期待されるが，両者の利害はかならずしも一致しない。利害の不一致や情報の非対称性によって，エージェントがプリンシパルの利益ではなく，自己の利益を優先させて行動するというモラル・ハザードが発生し，プリンシパルに対して虚偽の報告をしてしまうということが起こりうる。このような問題が発生することを防ぐために，プリンシパルは，エージェントにプリンシパルの利益に合致した行動を取らせるようなインセンティブを企画するか，エージェントの行動を常に監視するといったことが必要になってくる。しかし，プリンシパルがエージェントの利益を自らの利益に合致させる行動，およびエージェントを監視する行動は，エージェンシー・コストを要する。

　したがって，エージェンシー理論によれば，任意開示は情報の格差を縮小し，プリンシパルの不確実性を低減することによって，エージェンシー・コストを削減するのに役立つ（Chalmers and Godfrey 2004）。また，経営者のリスクに対する態度を監視し，企業のリスク開示がリスク要因とリスクマネジメントの全体を反映することができるようにするために，経営者にインセンティブを与えることによって，経営者はリスク情報の格差を縮小することができる。経営者の情報開示のインセンティブは，企業の特性，たとえば，収益性，レバレッジ，規模および業種によって異なる（Jensen and Meckling 1976；Lang and Lundholm 1993）。

　一方，シグナル理論は，そもそも労働市場での求職者の行動を解釈するために，Spence（1973）によって提唱されたモデルである。実際に，このモデルは労働市場のみならず，情報の非対称性が存在するすべての市場においても適用される。現在，このモデルは，広く経済学や経営学の分野で援用されている。シグナル理論によると，情報の非対称性は，より多くの情報シグナルの送信によって解消可能になる。株式市場において，質の高い企業の経営者は，自らを質の低い企業と区別するために，より多くの情報を任意開示する方針を選好する。ポジティブな情報は，高い質を示すシグナルの開示として理解できるが，なぜ企業はリスクというネガティブな情報も開示するであろうか。この場合，質の悪い企業と質の高い企業とに分けて分析する必要がある。

ここで、質の悪い企業とは収益力が低い企業とし、質の高い企業とは収益力が高い企業とすれば、収益力の高い企業は、ネガティブな情報をカウンター・シグナルとして市場参加者に送信する。つまり、ネガティブな情報は、本来、企業の評価を低下させる可能性を生じる。しかし、他の企業は質の良い企業の開示を模倣することを選好するので、ポジティブな情報シグナルのみでは良い企業と悪い企業とが識別されなくなる。業績が良い企業こそ、より多くのネガティブな情報の開示によって、逆に自社の識別度を高め、悪い企業と区別されることが可能になる。ただし、これはトップレベルの企業のみに適用される点に注意されたい。

それに対して、業績の悪い企業については、Skinner（1994）の推論は次のとおりである。業績の悪い企業は、なぜ業績が悪いかを説明するためにより多くのネガティブなリスク情報を提供する可能性がある。そうすることによって、企業の訴訟リスクとレピュテーション・コストを削減することができるというものである。

### （2）正統性理論、ステークホルダー理論と制度理論：系統的視点

上記の理論は企業がどのように開示方針を決めるかについて、様々な視点を提供しているが、リスク開示の社会的インパクトについて論じなかった。系統的視点は、企業を広い社会の一部として見ることを意味している。つまり、企業は、その存在する社会から影響を受け、また社会に影響を与える。したがって、企業を系統的視点からみると、開示行動も組織、国、個人利害関係者や利害関係者団体との相互関係の中で考えるべきである（Qu and Leung 2006）。Qu（2006）によると、ステークホルダー理論、正統性理論および制度理論の3つの相互関連した理論は、企業の開示行動を説明することができる。

① 正統性理論

正統性とは、一般に自己の価値体系が自己を含む広い社会システムの価値体系と合致した状況をいう。より具体的に言えば、正統性とは、組織体の選好が

社会的に構築された規範，価値，信念，および定義の枠内で望ましい，あるいは妥当ないし適切であるとの一般化された認識または仮定である（Suchman 1995；古賀 2012）。正統性理論では，企業に対する社会の期待を満たす限り，社会は企業が継続的に存在することを許容する。正統性を求めるためには，企業は社会の期待，ステークホルダーの期待を確認しなければならない。金融危機の後，リスク開示の改善が強く求められており，企業はこれらの期待に応じるために，リスク情報の開示を拡充化しなければならなくなった。

② ステークホルダー理論

　正統性理論が企業に対する一般的・社会的期待から分析されるのに対して，ステークホルダー理論は，社会における様々なステークホルダー団体の中で，企業の生存と発展に最も強力なステークホルダーの企業に対する要求に注目する（Mitchell et al. 1997）[2]。最も強力なステークホルダーは，企業の経済的資源，特に資金をコントロールし，経営に強い影響力を持つステークホルダーと考えられる。情報開示は経営者がステークホルダーを管理，あるいは操縦する唯一のツールである（Gray et al. 1996）。外部融資に依存する企業にとって，最も強力なステークホルダーは投資者である。投資者は企業のリスクやリスクマネジメントの状態を把握したいので，リスク開示を要求する。企業はリスク情報の開示によって，投資者の要望を満足させ，彼らの投資意思決定に影響を与える。

③ 制度理論

　制度とは，人間が考案した社会行動を可能にする，また指導・制限する認知―文化的，規範的，規制的要素であり（Scott 2001），公式的（フォーマルな）・明白な制度，たとえば，法律，ルール，ガバナンス・システムなどを含むとともに，暗黙的，非公式的な（インフォーマルな），当然に思われる価値観，期待，禁忌，信念，精神モデルなども含まれる（North 1990）。制度理論によると，相互作用している組織は，共生関係によって互いに関連付けられ，この共生関係は組織が公衆に正統性を示す時に組織の合理的選択を制限する制度的圧力を与

える。より簡単に言えば，制度理論では企業外部の様々な利害関係者団体は，個人であれ，組織であれ，国家であれ，彼らの利害や目標，行動などが企業に影響を及ぼす。企業が存続するためには，この環境に支配的なルールや信念などに妥協しなければならない。企業が，他の組織と同様に，その存在する社会環境においてある制度を採用することを「制度の同型化（institutional isomorphism）」と呼ぶ。この制度を採用するモティベーションとして，次の3つがある。

(a) 強制的同型化（依存している環境からの圧力や社会の中での文化的期待，たとえば，法的規制）
(b) 模倣的同型化（組織がより正統的あるいは，より成功していると認識している類似の組織を後追いしてモデル化すること）[3]
(c) および規範的同型化（主に職業的専門化（professionalization）に起因するもの）

　これらの理論をリスク開示に援用すれば，強制的同型化は，実際にステークホルダー理論と結びついている。つまり，企業は最も強力なステークホルダー，たとえば投資者の要望などの圧力を受け，リスク開示を行うことになる。明確な規制やガイダンスが存在しない場合には，企業は同じ業種のリーディング企業の開示を模倣する。これらの企業の行動がより正統的と考えられるからである。また，情報開示の業務は専門化され，特に企業の内部組織に専門の部門を設置すれば，リスク開示がより豊富になる。それと同時に，監査人なども自らの影響によって，企業の開示を促進する。その意味では，制度理論はステークホルダー理論と正統化理論とを競合させるものではなく，常に一緒に用いられて開示行動を促進するという補完関係を有する。

(3) 帰属理論と政治コスト理論：心理学理論その他

　上述の理論は，合理的人間仮説に基づくものであり，実際に，企業の開示行動は，心理学の理論としても解釈できる。たとえば，帰属理論は，リスク開示行動の説明に援用された社会心理学の理論の1つである。帰属理論（attribution theory）は，ある事象の原因を何に求めるかという帰属過程についての理論である。帰属理論の最初の提唱者ともいえる Heider（1958）は，心理学の立場から日常生活で遭遇する出来事をどう認知し，どう解釈するかを重視した理論を構築したが，帰属の理論はその中心をなすものであった[4]。自己や環境に生起する様々な事象や行動の原因を推論したり（原因帰属），原因推論を通して行う自己や他者の内的特性の推論（特性推論）を帰属という。Heider（1958）によると，人間の行動は一般的に努力や能力および意思などの内的な要素と状況や偶発事象といった環境の力などの外的な要素の2つに帰属させることが可能であり，行動はこれら内的要因と外的要因が相互に関係するものである。

　たとえば，企業の業績が悪い時，経営者は「私の意思決定が間違ったため」あるいは，「私の能力が足りないため」と考える場合もあれば，「景気が悪いため」，あるいは「金融危機が生起したため」，「自然災害が発生したため」と考える場合もある。前者の方は，行動をとった人自身に原因があるとする場合であり，内部に帰属させるという。後者の方は，環境や外部からの影響に原因があるとする場合であり，外部に帰属させるという。内部に帰属させるか，外部に帰属させるかは，どのような状況によって決定されるであろうか。一般には，自己の成功は自身の努力や能力などの内的要因に帰属させる（内部帰属）のに対して，自己の失敗は環境や他者の影響などの外的要因に帰属させる（外部帰属）傾向がある。このことを，「セルフ・サービング・バイアス」と呼ぶ。セルフ・サービング（self-serving）とは，「自己防衛的」，「自己奉仕的」という意味である。

　この理論を開示行動の解釈に援用すれば，経営者は悪い業績は彼らがコントロールできない外部要因に帰属させる一方，良い業績を自己の功績にする傾向がある（Linsley and Shrives 2005）。したがって，業績が悪い企業の方が，外部環境リスク情報をよく開示する。また，リスク情報の開示とともに，リスクマネジメント情報をも開示することによって，経営者が外部環境におけるリスクをコントロールする能力を示す。他方，投資者はポジティブな情報の開示をセルフ・サービングと見なしやすい。しかし，彼らはネガティブ情報をこのよう

に見ていない（Knooce and Mercer 2005)。その意味で，ネガティブ情報の開示は投資者の信頼を得やすい。

　政治的コスト理論は，もう1つの任意開示を説明する理論である。企業は情報利用者の潜在的反応を予測し，開示方針を利用して，企業のイメージを操作し，潜在的政治的コストを削減しようとする。政治コストとは，企業の外部者団体が政治活動によって，企業に課すことができるかもしれないコストである。たとえば，企業が高い利益を得たとすれば，労働組合などの団体はこれを理由に賃上げを要求するであろう。したがって，企業は利益を高く計上しない会計方針を採用するかもしれない（Watts and Zimmerman 1978)。同様に，リスク情報の開示も経営者に利用される。経営者は投資者などの利用者がどのようにリスク情報に反応するかに関する自らのパーセプションに基づいて，リスク開示の形式と内容を操作する。その場合，リスク報告は自社のリスク処理プロセスと考えられる（Dobler 2008)。

### （4）リスク情報開示の影響要因

　以上の理論は，それぞれの視点から，企業のリスク開示行動に対する解釈および予測を行うツールを提供し，企業がリスク情報を開示する様々なインセンティブを提示した。しかし，すべての企業が同一の特徴を持つわけではない。企業の規模，業種，リスク水準，ガバナンス構造によって，インセンティブも異なる。以下は主に上記の理論分析に加えて，実証研究の結果をも踏まえて，企業のリスク開示がどのような要因に影響されているかを論じることにしよう。

① 企業の規模

　一般的に，規模が大きい企業ほど多くの情報を開示する。これは政治的コスト理論，エージェンシー理論，ステークホルダー理論および正統性理論などによって説明できる。大企業は一般的に公衆に注目されやすく，高い社会的責任が期待される。したがって，潜在的政治コストやエージェンシー・コストも高い。リスク情報の開示は，これらの潜在的リスクを削減することができる。同

② 業種

　政治コストの理論によって，規制が厳しい業種は潜在的政治コストが高い。したがって，多くの情報は開示される傾向がある。それに対して，競争が厳しい業種は，企業が財産侵害コスト（proprietary cost）の発生を削減するために，情報の開示を躊躇する。財産侵害コストとは，機密性の高い情報の開示に伴い発生するコストをいい，具体的には競争優位を失うコストなどがこれに該当する。また，支配的企業が存在する業種では，模倣的制度同型化の理論によって，支配的企業がリスク情報を多く開示すれば，他の企業の模倣によって，当該業種の企業の開示レベルも高くなると考えられる。

　しかし，実証研究では統一された結論がない。業種とリスク情報の開示レベルと相関関係がある結果もあり，ない結果もある。たとえば，マレーシアと日本の両国の企業に対する研究は，2つの相反する結論が出されている。これはおそらく研究方法，サンプルあるいは研究期間が相違しているという研究デザインの問題である（張替 2008；Amran et al. 2009；Atan et al. 2010；Konishi 2007）。

③ リスクの水準

　企業のリスク水準もリスク開示に関連している。直感的に，リスク水準が高い企業ほど，リスクの開示が多くなるはずである。しかし，開示の量と質は経営者の裁量によるものであり，経営者は，企業に関する不利な結果を開示したくないインセンティブを持つ一方，開示規制や情報を隠すことによる訴訟リスクは，彼らに情報を開示させるインセンティブを与える。したがって，リスク水準は，開示規制と経営者のインセンティブとともに，リスク情報の開示水準を決定する。実証研究は，様々な指標をリスクの代理変数として利用し，それと開示情報の量の相関関係を検証した。これらの代理変数として，ベータ，レバレッジ・レシオ，ギアリング・レシオ，資産倍率，流動性比率，製品の多様

性，市場の多様性，多国籍市場での上場，海外売上高比率，セグメントの数，R&Dの比率，およびリターンのボラティリティなどがあげられる。日本，タイ，北米では，リスクの水準が高い企業は，より多くの情報を提供する傾向にある（中野 2010；張替 2008；Dobler et al. 2011；Kongprajya 2010；Campbell et al. 2011など）。しかし，イギリスでは，このような結果が見られなかった。

　また，特に理論的推定と異なった結果として，ドイツでは，レバレッジ・レシオがリスク情報と負の相関関係を示した（Dobler et al. 2011）。エージェンシー理論は，レバレッジと開示との正の相関関係を予測している。エージェンシー理論によると，企業が資金の借入れを行う場合，貸手と借手の利害の不一致が監視コスト（エージェンシー・コスト）を増加させる。監視コストを削減することは，経営者が任意開示を拡大するモチベーションになる。では，ドイツはなぜこのような反対の結果を示したのであろうか。この結果について，ドイツはまだ銀行からの融資に依存していることを Dobler は指摘した。そこで，エージェンシー理論を援用して，リスク情報の開示行動を予測することに自然と疑問が生じる。エージェンシー理論は，ごく厳格な前提条件のもとでの理論モデルであり，現実世界の複雑さはこのような単純なモデルのみによって完全には解釈・予測されえない。

　概して，これらの研究から言えるのは，異なるリスク代理変数は異なる国においてリスク開示との相関関係の程度が異なるということである。リスク水準と他の要因とが相互に作用しながら，企業のリスク開示に影響を及ぼすのである。

④ コーポレート・ガバナンス

　コーポレート・ガバナンスはリスクマネジメントのメカニズムの1つとして，所有構造（経営者の所有，大株主の所有，機関投資者および政府の所有），取締役会の構成（独立取締役の比率，CEO の取締役会会長の兼任（duality），内部監査委員会の存在）および経営者報酬の3つの要素から構成される。ガバナンスが完備している企業は，リスク情報の質が高いと考えられる。しかし，各国のコー

ポレート・ガバナンスのスタイルが異なり，どのようなガバナンス構造，あるいはガバナンス構造のどの部分がリスク開示に最も影響を与えるかについて，一般的な答えはない。たとえば，イギリス企業の研究によって，リスク報告は長期的機関投資者の割合と負の相関関係にある。また，役員の数と独立取締役の数はリスク報告と正の相関関係にある(Abrahama and Cox 2007)[6]。しかし，マレーシアでの研究によれば，独立取締役の割合，長期的機関投資者の割合，所有権の集中，取締役会の規模，低い役員株主の比率などは，リスクマネジメント情報の開示と正の相関関係を持つ（Htay and Rashid 2011）。

⑤ その他
　以上のような4つの影響要因以外に，エージェンシー理論とシグナル理論とともに，質の高い監査法人が企業のより良い情報開示につながっていると予測される。また，収益力が高い企業はリスク開示も多い。ただし，これらの要因の影響力を検証した実証研究がまだ少ない。
　上述の実証研究のレビューから，情報開示の各理論は，企業規模とリスク開示の相関関係に関して十分な解釈力と予測力があるが，他の影響要因に対する説明力は十分ではないことが分かる。その原因は，おそらく理論で提示されたインセンティブは単独で作用するのではなく，様々な影響要因とも絡んで，経営者のインセンティブに影響を及ぼし，さらに企業のリスク情報の開示行動を左右することになるからであろう。各国において異なる影響要因が，異なる役割を果たしている。開示活動は様々な複雑な相関関係の結果であるが，単純な理論モデルは，この複雑な開示モデルを完全には予測することができない。しばしば，複数の理論が同時に用いられる時でも，1つの現象しか説明できないことが多い。
　もう1つの問題は，リスク開示，特にネガティブな開示は，一般的開示，中立的，ポジティブ開示とは異なる。開示によって情報の非対称性を削減することはできるが，それと同時に，ネガティブな情報の開示によって，投資者の企業に対する評価を下げ，企業にネガティブな影響を与える可能性がある。非対

称性を削減して市場の流動性を高めることによって，企業にどのようなメリットを与えることができるか，短期的には明確ではない。それに対して，企業の評価を下げることが，たとえば株価の下落など極めて短期的効果はすぐに判明する。その場合には，企業はネガティブ情報を開示しないインセンティブが強い。エージェンシー理論とシグナル理論は情報の非対称性に基づく理論モデルなので，それ以外の要因を考慮しないことも開示行動に対する説明力の欠如の原因になるであろう。

## 第3節　規制とインセンティブ：リスク情報開示に関する2つのモデル

### (1) リスク開示の欠如と規制上可能な対応

会計情報の制約条件の1つは，コストである。リスク情報の開示も，コストベネフィットを考慮した上で決定されていると考えられる。それでは，リスク情報の開示は企業にとって，どのようなメリットがあるであろうか。いくつかの先行研究は，リスク情報の開示の経済的効果を検証した結果，次のような結果が提示されている。①リスク開示は，企業の市場価値に関する投資者の不確実性を低減することができる（Linsmeir 2002）。②また，ネガティブなリスク情報の開示は，市場のリスクと不確実性に対するパーセプションを高め，市場ベースのリスク尺度に反映される（Campbell et al. 2011）。③リスク情報の開示は情報の非対称性を低減させ，資本コストと関連する（Goto 2011）。④情報漏れリスクを事前に開示した企業の株価の下落幅は，事前に開示しなかった企業より低く，より早く下落した株価を回復している（金 2007）。⑤最後に，リスク開示はリスクマネジメントとガバナンスのツールとして用いられる。

しかし，もしリスク開示が企業にとってそれほどベネフィットがあれば，なぜリスク情報の開示，つまり強制開示と任意開示はともにまだ十分ではないのであろうか。経営者がリスクを十分に開示しないかもしれない理由は，主に次の3つである。第1に，リスク情報の入手可能性に関して不確実性があること，

第2に，リスク情報が検証されないか，あるいは検証不可能であることから，リスクの開示は信頼性が乏しいこと。第3に，リスク情報の開示によって企業に不利な影響を及ぼすおそれがあること（Dobler 2008），以上3点である。

これらの問題が解決されなければ，リスク情報開示の改善は困難であろう。上記の3つの問題点に対して，規制当局は次のような対応を行うことができる。第1の情報入手可能性の問題について，規制が完備されたリスクマネジメント・システムの構築を要求することによって，情報の入手可能性を高めることが可能であろう。第2の情報の信頼性問題については，監査や問責など強制メカニズム（enforcement mechanism）などによって，情報の信頼性を促進することができると考えられる。第3の問題に対応するために，リスクレポーティングの強制開示を行うことが有効であろう。

しかし，これらの措置は本当に役立つであろうか。企業の開示行動は開示規制とインセンティブの両方に影響されるとすれば，規制とインセンティブはそれぞれどのような役割を果たしているであろうか。この問題は極めて興味深く，かつ重要である。Dobler（2008）は，裁量的開示モデル（discretionary model）やチープトークモデル（cheap talk model）を採用し，リスク開示に関する文献レビューを行い，リスク報告のインセンティブと規制との関係を分析した。以下は，Dobler（2008）の2つモデルを援用した研究を紹介し，リスク開示に関する規制とインセンティブの役割を明らかにしたい。

### （2）裁量的開示モデルとチープトークモデル

裁量的開示モデルは，強制開示，主にリスク要因やリスクマネジメントの開示を分析するモデルである。裁量開示モデルによって，リスク情報を強制開示しても，経営者は開示の質に対して裁量的行動を取ることが可能である。もし開示すれば，開示しない場合よりも，企業の価値や将来のキャッシュ・フローが場合よりも高くなるのであれば，企業の開示意思決定は，このコストと情報の入手可能性によるものである。多くの裁量的開示研究は，主に開示コストと情報入手の不確実性に焦点を当て，この2つの要因がどのように企業の開示行

動に影響するかを分析した。

　実証研究の結果，リスク情報の任意開示よりも厳格な強制開示によって，資本コストが高まることが示されている（Jorgensen and Kirschenheiter 2003）。これは企業が強制開示に反対する原因になる。また，強制開示は開示の最低限度を決めるので，それ以上の情報の開示は，経営者の裁量行動によるものである。異なるリスク要因とリスクに関する情報の入手可能性も異なる。したがって，経営者は情報が少ないが，重要な不利なリスク要因の開示を回避することができる。リスク情報が十分に入手できても，経営者の裁量で，不利な情報を開示しないこともある。そこで，リスクマネジメントのシステムが十分に完備されることが必ずしも，リスク開示の充実化を導くものとはならない。しかし，完備されたリスクマネジメント・システムの構築が情報の利用者に評価され，リスクマネジメントの情報の開示は企業の価値を高めることができる（Shin 1994）。これは経営者が高質のリスクマネジメント・システムを構築し，また，その情報を開示するインセンティブになるであろう。

　一方，チープトークというのは，コストを要せず，制約のない情報開示のことを意味している。この開示は，必ずしも経営者が所有している私的情報と関連していない。チープトークモデルは，検証されていない任意開示，主にリスク予測情報，つまりリスク要因の企業への影響に関する経営者の予測情報の開示を分析するモデルである。信頼性は，検証不可能な情報の最も大きな問題である。特にリスク予測情報は経営者の主観的判断によるものなので，その信頼性が問われる。単一期間のチープトークモデルによると，リスク予測情報にノイズが含まれ，信頼性は乏しい。たとえば，情報は投資者と潜在的競合者に同時に入手されるので，経営者は投資者に情報を正しく伝えるとともに，潜在的競合者に不利な結果を伝えることによって，彼らが市場に参入することを防ごうとする（Newman and Sansing 1993）。そこで，有利な予測は不利な予測より正確に開示されがちになるであろう。

　多期間のチープトークモデルは単一期間モデルと異なり，経営者の投資者の利益のための行動に依存せず，モラル・ハザードを含む複数矛盾しているイン

センティブを考慮し，また間違ったレポーティングを罰する監督システムによって，セルフ・サービング行動を制約する。投資者がリスク予測情報を受け取って，その信頼性を評価し，将来投資するかどうかを決定する。毎期の期末に，予測情報は実際の結果と比較されるから，経営者は正しい予測情報を伝達することによって，レピュテーションを構築することができる（Stocken 2000）。したがって，このモデルのもとで，信頼性あるリスク予測情報が提供され得る。しかし，これにはいくつかの条件が必要である。まず経営者は短期的志向ではないこと，また，この投資者と経営者との相互作用は十分に長期的であること，さらに，アニュアルレポートは予測情報の正しさをチェックする情報を十分に提供することができること，である。しかし，これらの条件をすべて満たすことは困難であろう。特に，リスク・エクスポージャーが高い時に，最初の2つの条件は満たされにくい。概して，チープトークモデルは，強制開示がされない時に，信頼性あるリスク予測情報の開示がほぼ不可能であることを示している（Dobler 2008）。

　さらに，Doblerによると，監査も問責制度も情報の信頼性問題を完全には解決することができない。監査人をリスク情報のチェックに関与させることは情報の信頼性を高めるのに役立つが，企業から完全に独立することはできず，さらにエージェンシー問題が存在するので，監査人の役割は十分に果たされることはない。しかも，リスク予測の技術などは，十分に成熟しているとは言えず，厳しく責任を問うことは2つの相反する効果をもたらす。1つは，経営者が私的予測情報を開示しなくなることである。もう1つは，これが完全に虚偽情報の提供を防ぐことができないことである。虚偽情報の発見が困難になるからである。したがって，厳しい問責制度も十分に情報の信頼性を保証できない。

　この2つのモデルの分析および文献レビューによって，Doblerは次の結論に到達した。リスクマネジメント・システムの整備は，リスク情報の入手可能性を増加させる。リスク情報の強制開示を要求しても，開示行動に対するインセンティブの影響は消滅しえない。経営者はより多くのリスク情報を入手できるにしても，必ずしもすべての情報を開示するわけではない。これは部分的に

情報の信頼性が保証できないことに原因がある。特に事後のチェックや監査人の関与も情報の信頼性を十分に保証できない場合には，リスク情報の開示に逆の効果をもたらす可能性がある。さらに，強制開示の適用が任意開示より企業の資本コストを増加させることは，経営者に反対される大きな原因の1つであるかもしれない。しかし，リスクを強制開示しても，経営者の裁量行動の余地が残るので，経営者はリスク開示の操作によって，その不利な効果を削減することができる。Dobler のこの研究は，リスク開示制度の策定に大きな示唆を与えるものである。強制開示，特にネガティブ情報に関する強制開示がなければ，最小限の情報の開示と信頼性が保証できない。しかし，強制開示のみでは，情報の信頼性も保証できない。リスク予測技術の改善や，経営者のインセンティブを管理するメカニズムの構築も併せて重要であろう。

## 第4節 小 括

　リスク情報は，また戦略的視点を持つ将来指向的情報である。良いリスク開示は，投資者が会社の損益およびキャッシュ・フローの質と将来の変動性を評価するのみならず，投資者が企業の弾力性，つまり不意な衝撃・危機への対応力を評価することを可能にする。各国の開示規制の整備によって，リスク開示の範囲が拡大している。現在，リスクレポートは基本的にリスク要因，リスク予測およびリスクマネジメント情報を含む。各国において，リスク情報の開示量が増大している一方，リスク情報の質は同程度には高まっていない。リスク情報の開示は，開示制度の整備のみならず，経営者のインセンティブにも影響される。本章では，リスク開示に係る7つの理論，エージェンシー理論，シグナル理論，正統性理論，ステークホルダー理論，制度理論，帰属理論および政治コスト理論，および実証研究の結果に基づいて，リスク開示の影響要因を分析した。また Dobler（2008）の裁量的開示モデルとチープトークモデルを紹介し，規制と経営者のインセンティブの関係がリスク開示にどのように影響するかを解明しようとした。

# 第13章 リスク情報開示の影響要因と理論

## 注

（1）この9つの雑誌とは Accounting horizons, Accounting research, Accounting, organizations and society, The Accounting review, Abacus, Contemporary accounting research, European accounting review, The international journal of accounting, Accounting and business research である。これらの雑誌に掲載されている110本のリスク研究の論文の中で，リスク開示の研究は13本ある。それに加えて，SSRN に掲載されているリスク開示の論文が53本ある。

（2）企業はすべてのステークホルダーの要求に対して平等に対応するわけではない。企業はステークホルダーの3つの属性，すなわち力，正統性および緊急性（強く要求する）によって，優先順位を付ける。最も強力な利害関係者はこの3つの属性を同時に持つものであり，力と正統性の2つの属性を持つ利害関係者は支配的利害関係者である。力と緊急性の属性を持つ利害関係者は危険な利害関係者である。正統性と緊急性の属性を持つ利害関係者は従属的利害関係者である（Mitchell et al. 1997）。

（3）不確実性は模倣を助長する。

（4）それ以後，多くの帰属理論が提唱された。たとえば，Jones et al.（1972）によって，行動の原因が内的帰属されるのかを検討した対応推測理論が発表された。特に Weiner や Jones et al. は帰属理論のフレームワークを作成し，これは社会心理学において主な研究方法として確立された。

（5）日本，アメリカ，ドイツ，イタリア，香港など10ヶ国と地域の研究は企業規模と開示との正の相関関係を示した。例外なのは，イギリスを対象にした研究は企業規模とリスク情報の開示について，相反する結果を示している。一部の研究は両者の正の相関関係を証明したが（Lajili 2005；Elzahar and Hussainey 2012），他の研究はこの正の相関関係を証明されなかった（Lajili 2005；Elzahar and Hussainey 2012）。

（6）コーポレート・ガバナンスの構造がリスク開示と相関関係がないという結果を示した研究がある。たとえば Elzahar and Hussainey（2012）である。

## 第14章　統合的レポーティングにおけるリスク開示のあり方

　Dobler（2008）が指摘したように，開示規制があるとしても，リスク開示の情報性にも過剰に期待しない方がよいであろうか。この十数年間，各国のリスク規制の整備によって，リスク情報の開示は着実に拡充化されてきた。しかし，開示情報の質の改善はまだ十分であるとは考えられない。開示の問題も今や量の問題ではなく，質の問題となっている。一方，近年，財務情報と非財務情報との統合化を図る新たなツールとして，統合レポーティングが注目されつつある。その背景には，経営環境の複雑化とそれに対応する情報の複雑化がある。統合報告のフレームワークがまだ確定されていない状況の中で，リスク情報がどのように統合報告に組み入れられるかは，1つの重要な問題である。本章では，近年の統合レポーティングの台頭を背景として，その中核をなすリスク情報開示の国際比較を通じて，喫緊の課題としての統合レポーティングの構築という視点から，リスク開示のあり方を論及しようとするものである。

### 第1節　リスク開示に対する批判と統合報告の台頭

　リスク情報が情報の利用者の意思決定などに有用な情報を提供することを規制機関は期待しているが，各国の投資者などは，リスク情報の有用性について異なる意見を表明している。アニュアルレポートにおけるリスク情報が有用と考えるアナリストもいれば，リスク情報が一般的すぎて，形骸化されていると考えるアナリストもいる（Abraham 2012）。たとえば，「リスク要因の開示は，模範解答のように形骸化している……皮肉的なのは，リスク要因の開示は我々に読ませようとするものではなく，（われわれのリスク判断が）依存できるものではないことを意味している」（Reuters 2005）。リスク開示に関する研究も，

リスク開示について，主に3つの問題を指摘している。まず，第1に，リスク情報の固定化，形骸化傾向は最も大きな問題の1つである。また，第2の問題はリスクとリスクマネジメント情報の開示量が増大したことによって，アニュアルレポートがより理解しにくくなったことである（経済産業省 2012報告）。しかも，第3の問題は，リスク情報と企業の中期経営計画とはつながりにくいことである（PWC 2012報告）。情報の形骸化と過剰化は最も重要なリスクを曖昧にし，また，リスク戦略との繋がりの低さは情報の有用性を損なうことになる。

現在のリスク開示に対する上述のような批判は，リスク開示のあり方に大きな示唆を与える。情報開示の裁量モデルによって，会計基準や他の開示規制は情報開示の量を規定することができるが，どのように開示するかは，経営者の裁量による。同様な開示内容であっても，開示形式が異なれば，利用者にとって，アクセスの程度が異なる。したがって，リスク情報の開示の質を高めるために，何を開示するかのみならず，どのように開示するかも極めて重要である。つまり，リスク開示の形式は内容とともに肝要である。

他方，情報の拡充化および複雑化に対応するための解決策として，統合的レポーティングが提唱されてきた。近年のビジネス環境には，様々な変化が生じてきた。たとえば，グローバル化，金融やガバナンスなどの危機に対する政策の世界的な動き，情報の透明性と企業の説明責任への機会の高まり，資源の枯渇，人口問題，環境問題などがあげられる。企業の持続可能性を組織の戦略，ガバナンスなど商業的，社会的，環境的な文脈の中で展望する必要がある。こうした背景の中で，企業情報を開示する報告書は長くなりすぎ，情報が加重負担かつ複雑化されてきた。そこで情報の効率的簡潔化が必要となった。統合レポーティングの台頭は，このような「複雑化」対「簡潔化」の構図の中で捉えることができるのである（古賀 2012）。

企業の新たな情報開示制度として，財務情報と非財務情報との統合化を図り，財務情報の有用性の限界を非財務情報によって補完しつつ，全一体としてコスト効率的なレポーティングのあり方がいま注目されようとしている。このような統合レポーティングの中核をなすのは，戦略，事業モデル，価値創造プロセ

第14章 統合的レポーティングにおけるリスク開示のあり方

ス,リスクと機会といった構成要素である。中でもリスク情報の開示は,その最も重要な開示項目の1つをなす。これは,グローバル経済の進展に伴う金融リスクの拡充化,また,近年の無形財の拡充化によるリスクの増大によるものであり,企業の利害関係者が社会問題(環境,人権,健康など)を取り上げ,企業経営に影響を与える社会リスク(social risk)に注目することによるものである。このようなリスク情報の開示は,企業の将来キャッシュフローに影響することによって,投資意思決定に決定的な影響を及ぼすであろう。したがって,統合報告ではリスク情報をどのように開示するかが,1つ重要な課題となる。

## 第2節　統合報告におけるリスク開示の実務実態

2004年から2011年までの7年間,統合報告の発行社数は50社程度から250社近くに大きく増大してきた。一方,株式会社クレアンの調査によると,2012年12月,日本国内では,時価総額上位500社(2012年3月31日現在)のうち,統合報告として発行している企業は40社(2011年は22社)であり(8％),増加傾向が一層強まってきている。また,統合レポーティングの国際組織IIRC(The International Integrated Reporting Council)は,2011年9月にパイロット・プログラムを立上げ,2013年のフレームワーク完成に向けてプログラムが実施されることになっている。2013年2月現在,世界各国の82社が,パイロットプログラムに参加している[1]。また,同プログラムには,投資者から構成される25の投資者ネットワークも形成されており,報告者である企業と,情報利用者である投資者,両者の参加に基づく実務実験とフレームワーク開発へのインプットが意図されている。

統合報告におけるリスク開示の実態を把握するために,2012年に統合報告を開示する日本企業28社およびIIRCパイロット・プログラムに参加しているアメリカ,オランダ,スペイン,イギリス,南アフリカ[2]など6ヶ国の企業31社[3]の統合報告(2012年)を対象にコンテンツ分析を行い,リスク情報の開示量,開示内容,形式や場所,およびリスク・マネジメントの視点を比較・分析した。

第4部　リスク開示の影響要因とあり方

　以下では，統合報告におけるリスク情報の国際比較によって，日本のリスク情報開示の特徴と問題点を明らかにし，統合レポーティングにおけるリスク開示の課題を提示することにしたい。ここで留意すべき点は，本研究のサンプル数が少ないので，各国それぞれのリスク情報開示の全体状況を必ずしも代表することができない点である。したがって，欧米，日本，および南アフリカに分けて比較しよう。また，パイロットプログラムに参加している企業は積極的に開示を行い，ベストプラクティスとして評価されている企業がかなりある。これらの企業の開示は後発企業にとって参考になるので，本節でいち早くこれらの統合報告を対象にした研究結果を示すことは，将来の発展に向けて大きな意義があると考えられる。

　Beretta and Bozzolan(2004)によると，リスク情報の質を判定する場合には，情報の量，深度(depth)，密度(density)および将来的概観性(outlook profile)など4つの基準に従って判断する。情報の深度とは，リスク報告がどの程度企業に対するリスクの影響を開示しているかを判断する基準である。情報の密度は，報告書の中で，リスク情報の割合がどのくらいあるかを意味している。情報の利用者は，時には何百頁の報告書にリスク情報を探さなければならないので，密度が低いリスク開示は質が低いと考えられる。将来的概観性とは，経営者のリスクマネジメント・アプローチに関する情報を提供しているかどうかを検証する基準である。つまり，リスクがどのように識別，測定，またどのように管理し，リスクはどのように変化するかなどの情報の提供は，リスク開示の質を評価するもう1つの重要な基準である。Berettaらのモデルは定量的評価モデルであるが，本研究では，これを参考に，定性的比較分析も加えて，リスク開示の国際差異をより具体的な図表などによって明らかにしたい。

（1）統合報告の分量とリスク開示量

　まず，各国統合報告の長さとリスク開示の量を比較してみる（図表14-1を参照）。統合報告の長さからみると，各国の企業間でかなりのばらつきがある。最も長い報告書は343頁あり，最も短いのは21頁しかない。国別でみると，平

第14章 統合的レポーティングにおけるリスク開示のあり方

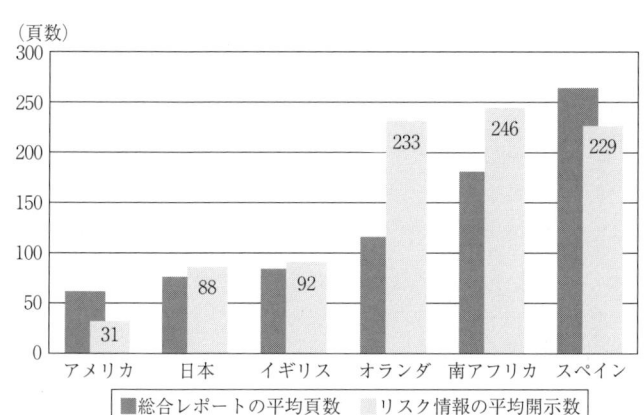

図表14-1 統合レポートの平均頁数とリスク情報の平均開示数

(頁数)
- アメリカ: 61, 31
- 日本: 76, 88
- イギリス: 84, 92
- オランダ: 115, 233
- 南アフリカ: 181, 246
- スペイン: 263, 229

■ 総合レポートの平均頁数　□ リスク情報の平均開示数

図表14-2 リスク情報の平均開示数対平均頁数の比率

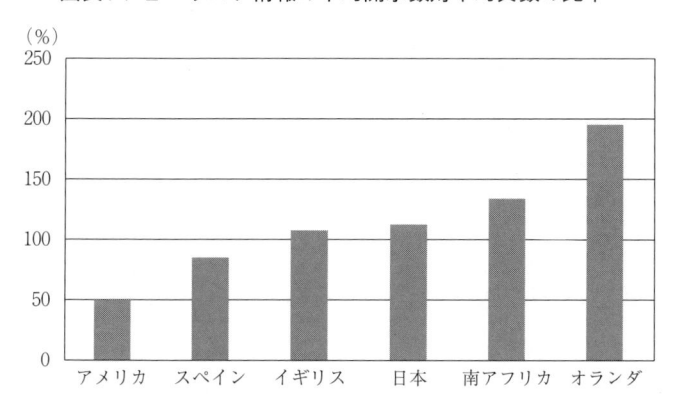

(%)
- アメリカ: 約50
- スペイン: 約85
- イギリス: 約107
- 日本: 約112
- 南アフリカ: 約135
- オランダ: 約195

均頁数が最も多いのはスペインと南アフリカであり，180頁を超えている。日本は6ヶ国の中で2番目に短く，78頁しかない。アメリカは61頁で最も短い。リスク情報の量[4]からみると，統合報告の頁数と対応して，長い報告書には多くのリスク情報が開示されている。しかし，リスク情報の比重からみると，各国の順位に変化がある。**図表14-2**を参照されたい。6ヶ国の中で日本は平均的に統合報告におけるリスク情報の比重は決して低くはない。

303

第4部　リスク開示の影響要因とあり方

## （2）リスク情報の内容

　リスク情報の内容について，日本，欧米および南アフリカという3つのグループに分けて比較すれば，差異は著しい。日本では，経済・社会・自然環境に係るリスクが最も多く開示されている。これは日本では自然災害が頻発しており，これらの災害は，企業の持続的経営に大きな影響を与えているからである。したがって，自然災害や事故から回復する事業継続マネジメントや計画（BCMとBCP）情報の開示も多い。また，他のグループと比較して開示が少ないのは，コンプライアンスリスク，無形資産リスクおよびESGリスク（環境・社会・ガバナンスリスク，および持続発展可能性リスクを含む）[5]である。特にコンプライアンスリスクとESGリスクが極めて少ない。日本に対して，南アフリカは製品安全，安全健康，操業環境などその他オペレーション・リスク[6]の開示が多く，ESGリスクの開示が最も多い。ESGリスクや持続発展可能性リスクはごく最近欧米から提唱されてきた概念であり，南アフリカの開示モデルはGRIやIIRCのフレームワークを参考に作成され，また開示規制が整備されている。そこで，ESGリスクの開示が多いのであろう。

　日本に比べ，欧米は無形資産と財務・コンプライアンスリスクの開示が多い。日本と欧米という2つの先進国グループの無形資産リスク情報をより詳しく分析すると，日本の特徴は，知的財産権と情報のセキュリティリスクに最も注目し，人材やブランドリスクの開示は，欧米の方が著しく多い（図表14-4を参照されたい）。これは様々な無形資産に対する注目度が国によって異なることによるものである。日本では，特許など知的財産権を最も重視するのに対して，欧米の知的資産経営には，ブランドの構築や人材の育成が最も重視されている（姚 2012）。これに対応して，各国が注目する無形資産のリスクにも顕著な差異が示されているのであろう。

第14章 統合的レポーティングにおけるリスク開示のあり方

図表14-3 日本，欧米および南アメリカのリスク情報

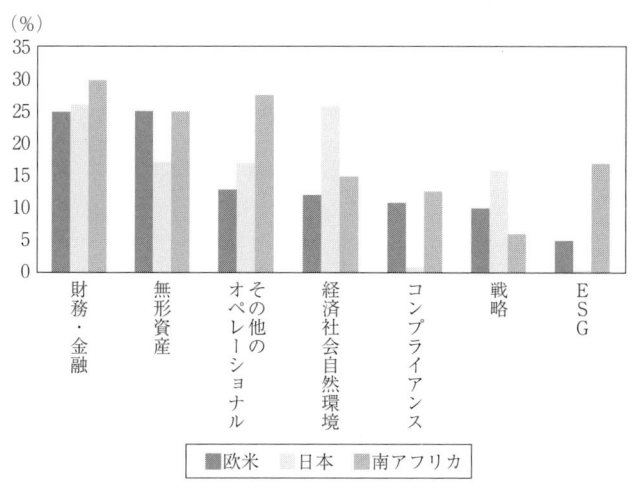

図表14-4 無形資産に係るリスク

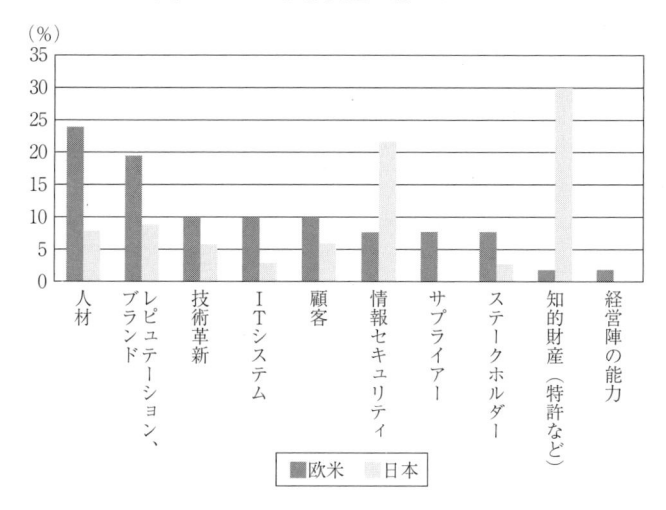

第4部 リスク開示の影響要因とあり方

図表14-5 統合レポートにおけるリスク情報の開示場所

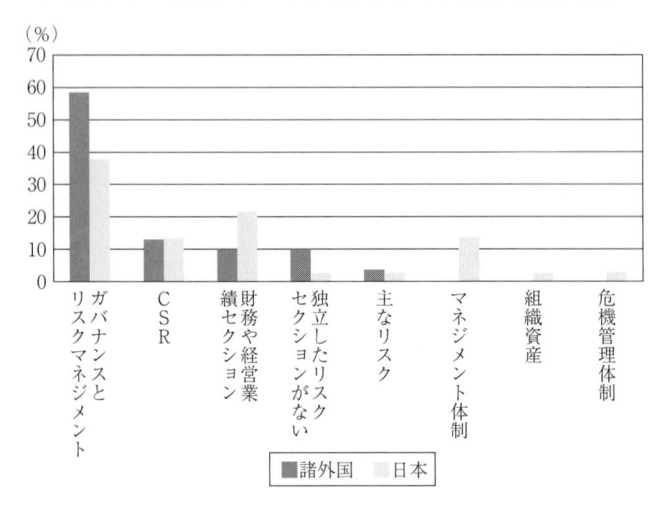

（グラフ：諸外国／日本の比較）
- ガバナンスとリスクマネジメント：諸外国 約58％、日本 約38％
- CSR：諸外国 約13％、日本 約13％
- 財務や経営業績セクション：諸外国 約10％、日本 約22％
- 独立したリスクセクションがない：諸外国 約10％、日本 約2％
- 主なリスク：諸外国 約4％、日本 約3％
- マネジメント体制：諸外国 約0％、日本 約14％
- 組織資産：諸外国 約0％、日本 約2％
- 危機管理体制：諸外国 約0％、日本 約3％

図表14-6 リスク要因とリスク管理情報の開示場所

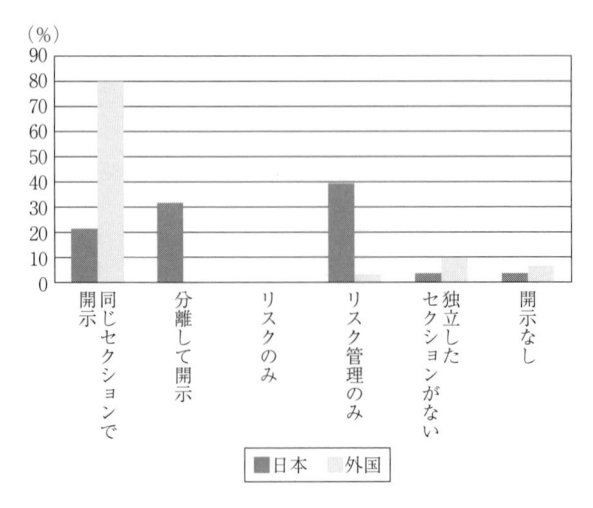

（グラフ：日本／外国の比較）
- 同じセクションで開示：日本 約21％、外国 約80％
- 分離して開示：日本 約32％、外国 約0％
- リスクのみ：日本 約0％、外国 約0％
- リスク管理のみ：日本 約40％、外国 約4％
- 独立したセクションがない：日本 約5％、外国 約10％
- 開示なし：日本 約5％、外国 約7％

### (3) リスク開示の場所

リスク開示の場所については，日本と諸外国とは同様にガバナンスやリスクマネジメントのセクションで開示する企業が多い（**図表14-5**を参照されたい）。

ただし，日本に比べ，諸外国の方はリスク要因とリスクマネジメント情報を同じセクションで開示する傾向がある。分離して開示するケースはほとんど見られない。一方，日本企業は，リスク要因とマネジメント情報を別々に開示するケースが多く，またリスクマネジメント・システムに関する情報のみを開示している企業も多い。一言でいえば，日本のリスク要因情報とリスクマネジメント情報の対応性が乏しいといえよう（**図表14-6**を参照されたい）。

### (4) リスク情報の深度と将来的概観性

リスク情報の深度と将来的概観性について，リスク情報の開示モデルから，各国の差異も明瞭である。リスク開示のモデルは，主に次の4つがある。

① リスクマネジメント・チェーン（**図表14-7**を参照）

リスクマネジメント・チェーンはリスク要因，リスク要因に対する定義と記述，リスクエクスプロジャー，リスクに伴う機会，下方リスクの軽減対策およびリスクの変化などの6つの部分からなっている。欧州の企業の方はリスクの記述のみならず，このチェーンの各部分に関する情報も開示されている。リスクに対する記述とリスク軽減対策を一緒に開示する企業が80％以上である。これに対して，日本企業は，リスクと機会，リスク要因の相関関係，およびリスクの変化を開示する企業はほとんど見られない。その意味では，日本の開示は深度が不十分であり，リスクの例示に留まる特徴が指摘される。

第 4 部　リスク開示の影響要因とあり方

図表14-7　リスクマネジメント・チェーン

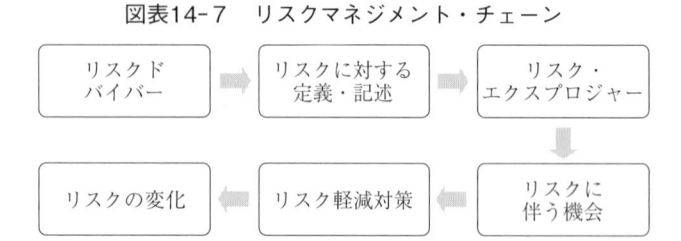

リスクドバイバー → リスクに対する定義・記述 → リスク・エクスプロジャー → リスクに伴う機会 → リスク軽減対策 → リスクの変化

図表14-8　各国のリスク開示の比較

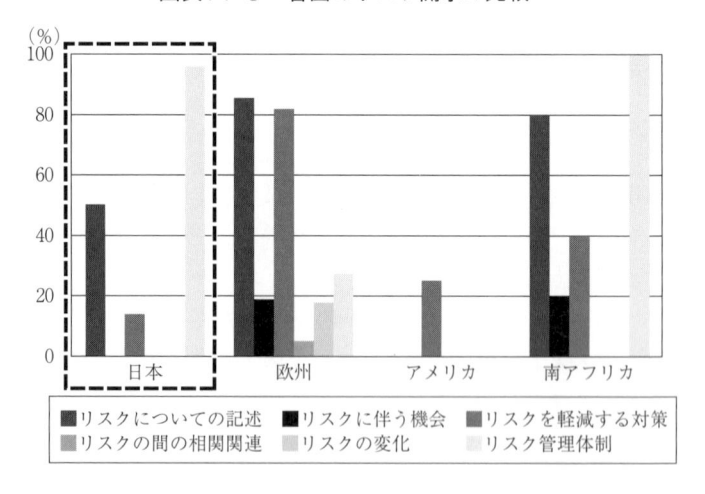

（縦軸：%、横軸：日本／欧州／アメリカ／南アフリカ）

凡例：リスクについての記述／リスクに伴う機会／リスクを軽減する対策／リスクの間の相関連／リスクの変化／リスク管理体制

② リスク・レーダー（欧米）

　本研究のサンプル企業だけを考察すれば，リスク・レーダーを活用してリスクを開示する企業は欧米企業である。このモデルはリスクを内部リスクと外部リスク，安定しているリスクと変化するリスクに区分し，2つの軸で4つの区域を区分する。経営者は，各リスク要因をこの図の4つの区域に位置づけ，それぞれのリスクの特徴に照らしたリスクマネジメント対策をリスク・レーダーと一緒に開示する。**図表14-9**は，Marks and Spencer 社の開示実例である。

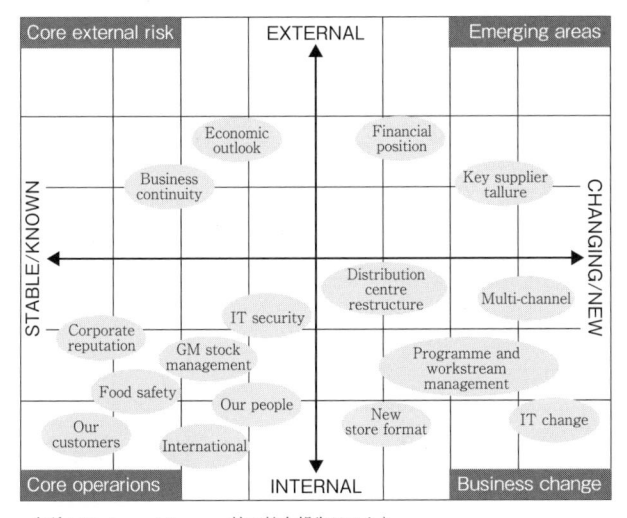

第14章 統合的レポーティングにおけるリスク開示のあり方

**図表14-9 リスク・レーダーモデルの例**

```
                    EXTERNAL
  Core external risk  ↑  Emerging areas

         Economic        Financial
         outlook         position
    Business                    Key supplier
    continuity                  failure
STABLE/KNOWN ←————————————→ CHANGING/NEW
                    Distribution
                    centre         Multi-channel
                    restructure
    Corporate    IT security
    reputation
           GM stock         Programme and
           management       workstream
    Food safety             management
              Our people
    Our              New           IT change
    customers        store format
         International
  Core operations   ↓   Business change
                    INTERNAL
```

出所：Marks and Spencer 社の統合報告2011より。

③ 事業別開示モデル

　事業活動が複雑，また事業分野が多い企業のリスク開示は，一般に事業別に行った方がわかりやすい。カナダ勅許会計士協会2012年ガイダンスは，事業別のリスク情報の開示を推奨している（CICA 2012）。実際に統合報告の中でこのモデルに基づいてリスクを開示する欧米企業が2社ある（**図表14-10を参照**）。

④ リスク・ヒート・マップ

　南アフリカのリスク開示の特徴は，リスク・ヒート・マップの活用である。リスクは，発生可能性と結果の重大性によってヒート・マップに位置づけられる。発生可能性が高く，結果が重大であるリスクは，赤い区域（ヒート）に属する。この領域は，最も注意深い観察を要するリスクである（**図表14-11を参照**）。

第4部　リスク開示の影響要因とあり方

図表14-10　事業別リスク開示モデル

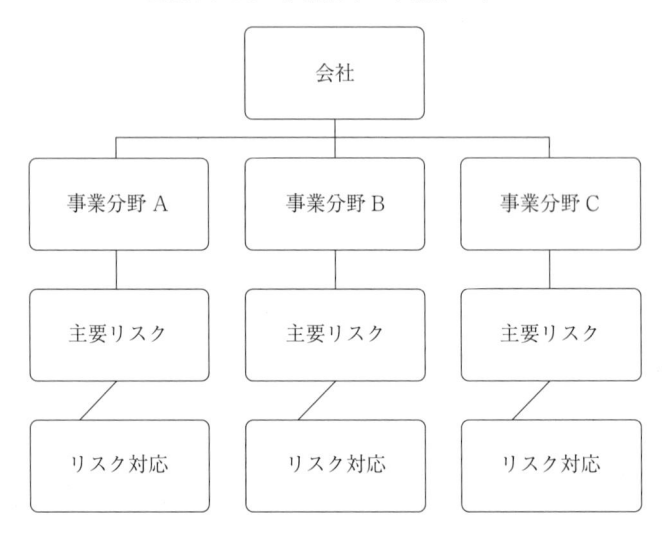

```
            会社
    ┌────────┼────────┐
事業分野A  事業分野B  事業分野C
    │        │        │
  主要リスク 主要リスク 主要リスク
    │        │        │
 リスク対応 リスク対応 リスク対応
```

図表14-11　リスク・ヒート・マップの例示

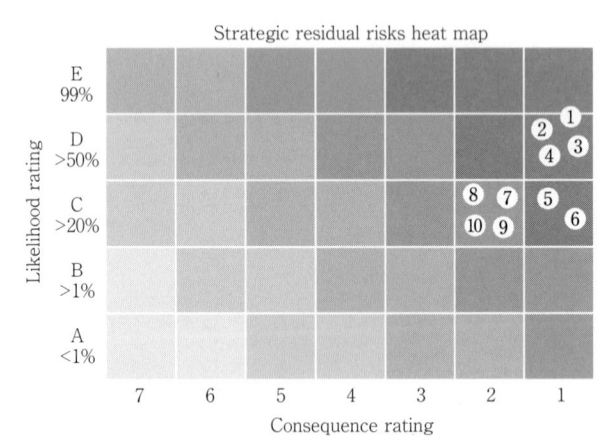

Strategic residual risks heat map

Likelihood rating
- E 99%
- D >50%　　②①　④③
- C >20%　　⑧⑦⑤　⑩⑨⑥
- B >1%
- A <1%

Consequence rating: 7　6　5　4　3　2　1

（出所　Transnet社の統合報告2011より。）
　注　右上の色が濃い部分が赤い区域である。

## (5) リスクマネジメントの開示

リスクマネジメントの開示内容によって，各国のリスクマネジメントの視点を比較すれば，日本と諸外国とは大きく異なる。日本はリスクマネジメントを戦略的計画に統合する視点が欠如している。リスクを事前に予防・抑制し，危機発生時の危機対応に焦点を当てている。これは近年，東日本大震災などの自然災害の頻発，ソニーなどの情報漏れ事故などが公衆の注目を集めたことに原因があるのではなかろうか。したがって，情報セキュリティ，防災，職場保全，またはBCM，BCPなどがリスクマネジメントの中心をなす。他方，欧米と南アフリカは企業経営の長期的視点を持ち，企業の持続的成長，価値創出に焦点を当て，伝統的な運用面およびビジネスリスクのみならず，環境，社会，安全衛生リスクも重視する。リスク開示は，リスクマネジメントを全社的な戦略作りのプロセスに組み込み，企業のレピュテーションと財務の健全性の維持というリスクマネジメントの開示重点となっていることは特徴的であるといえる。

## 第3節　日本の統合レポーティングへの示唆

日本では，リスク情報は有価証券報告書で強制的に開示されている。しかし，統合報告は任意開示であり，その長さや情報の量と形式は完全に経営者の判断に委ねられている。先に述べた開示実態の比較は，日本の統合報告におけるリスク開示が次のような特徴と問題点をかかえることを浮き彫りにした。

第1に，リスク開示の絶対量は，日本は著しく少ない。これは日本の統合報告の頁数が少ないことにも原因があると考えられる。しかし，リスク情報の密度は，日本はそれほど低くない。

第2に，リスク開示の深度からみると，日本の開示は，リスクの企業に対する影響の定量的情報がほとんど提供されていない。主要なリスクの平均開示項目数が13項目で，著しく多い一方，これらの開示はリスク要因のリストに留まり，リスクの発生可能性と相対的重要性は示されていない（**図表14-12**）。リス

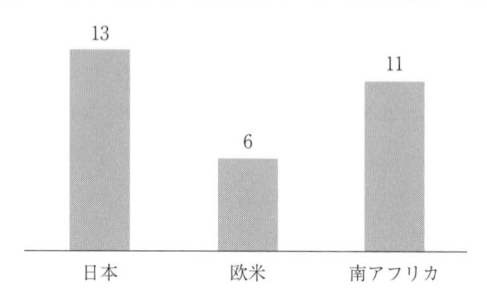

第4部　リスク開示の影響要因とあり方

図表14-12　開示された主要リスクの項目数の平均値

日本　13
欧米　6
南アフリカ　11

ク開示は形骸化する傾向が顕著であり，情報の利用者はこれらの情報に基づいて，最も重要なリスクを認識することは著しく困難ではないだろうか。

　第3に，リスク開示の将来的概観性については，欧米や南アフリカの企業はヒートマップやリスク・レーダーなど内部でリスクを識別するツールをリスク報告に活用し，企業のリスクマネジメントの視点や具体的アプローチを明確に示している。したがって，リスク要因とリスク対策とは，直接な対応関係が分かりやすい。また，リスクマネジメントを企業の全体的戦略図の中で説明する企業が多い。これはリスク情報の戦略的視点の特徴に合致している。それに対して，日本企業のリスク情報の開示方法や開示モデルは画一的であり，リスクマネジメント情報が抽象化され，一般的リスク体制の説明に留まり，リスク要因とリスク対策との対応性が欠如している。しかも，リスクマネジメントと企業の戦略的計画との関係を適切に示していない。これはおそらく投資者がリスク情報はあまり有用ではないと考える原因の1つではないだろうか。以上のような問題は，リスク開示の有用性を高めるための重要な課題をなす。

　現在，統合報告のフレームワークは，まだ開発中である。統合報告の将来の課題の1つは，強制開示か任意開示の問題である。強制開示（たとえば日本の有価証券報告書とアメリカの annual report Form 10-k）には，様々な情報がすでに開示されている場合に，統合報告がどのように位置づけられるかが，リスク情報の開示を決定する。パイロット・プログラムに参加しているアメリカ企業

の統合報告は最も短い，リスクの開示も少ない。しかし，Form10-k に開示しているリスク情報は多い。日本も有価証券報告書に主要な事業リスクが強制的に開示されている。しかし，先行研究によれば，有価証券報告書のリスク開示も，本研究のサンプル企業の統合報告と同様に形骸化する傾向が見える。統合報告が任意開示とすれば，先行する企業は多様なリスク開示モデルとツール（たとえばヒート・マップのようなモデル）を活用し，自社のリスクとリスクマネジメントをより明確に示し，統合報告を情報シグナルとして様々な利害関係者に発送することによって，自社と他社を有効に区分することが期待されるであろう。

統合報告のもう１つの課題は戦略フォーカスと情報の結合性（connectivity）である。非財務情報開示の拡充化に伴い，情報利用者が経営を理解するために本当に重要な情報が判別しにくくなっているという「情報の散乱」と「重要性」の問題が顕在化してきた。これらの問題に対する反省に基づき，企業戦略を軸として財務情報と非財務情報とを統合化した報告書の検討が始まったのである。情報の散乱性と重要性の問題を解決するために，戦略の視点から，ビジネス環境とビジネスモデルから派生する重要な新しい機会とリスクを識別し，企業が依存する資源とそのリスクとの関連性を明らかにし，またその情報を整理・開示することが重要である。したがって，リスクの識別とマネジメントの戦略やビジネスモデルとの結びつきの有無や程度，リスク情報の開示の質を決定する。そこで，統合報告のリスクプロフィールは，企業の戦略図の中で体系的に位置づけられ，描かれる必要がある。

## 第４節　小　　括

統合報告が提唱されている現在，IIRC は2013年中のフレームワーク第１版の確定を目指している。その一環として注目されるのがリスク情報の開示である。そもそも統合報告は，非財務情報の拡充化に伴う情報の簡略化と重要性の問題に対する反省に基づくものであるので，情報の戦略的フォーカスと結合性

が重要な方針となっている。したがって，リスクも企業の戦略的視点から識別・管理すべきであり，その情報の開示は戦略的視点を反映すべきである。現在開示している統合報告の国際比較分析によって，日本の統合報告におけるリスク開示は深度と完全性が乏しい問題性が顕著であり，リスク開示のモデルが画一的であり，形骸化と皮相化の傾向がある。つまり，開示情報はリスクの記述と例示に留まり，リスクマネジメント体制の開示は具体性がなく，リスク要因との対応性は必ずしも十分ではない。また，リスクの発生可能性と影響，またはリスクの変化は，あまり開示されていない。さらに，リスクと戦略との関連性が不明確である。これらの問題の解決は，リスク開示の質の向上と統合報告の質の向上にとって不可欠と考えられる。将来，統合報告が強制化されるか，任意開示にされるかは定かではない。しかし，企業は，まず，より質の高い統合報告を任意開示すればこそ，自社の情報の透明性を高め，資本市場と製品市場では他社と区別することが期待できるであろう。それこそが21世紀のグローバル時代に生きる企業の社会的使命ではなかろうか。

注
（1） http://www.theiirc.org/companies-and-investors/pilot-programme-business-network/
（2） 南アフリカは先進国ではない，また世界で唯一統合報告の強制開示を要求している国である。南アフリカのヨハネスブルグ証券取引所では，2011年に上場企業に対して統合報告の実施が義務付けられた。このような義務付けは，新興国であり様々な経済，社会および環境面の課題を抱える南アフリカの現状に鑑み，企業の透明性を高めることによって，市場全体のガバナンスを向上させるとともに，投資者による企業への信頼，引いては資本市場への信頼を高めることを目的としたものとされる（日本公認会計士協会2012報告）。
（3） IIRC パイロットプログラムに参加する各国企業の中で，会社数が極めて少ない国を除き，また，2012年6月までにインターネットから入手した企業の統合報告の中から英語ではないものを除いて，31社の統合報告を対象に分析を行った。
（4） リスク情報の量は文章を単位で計算されている。
（5） ガバナンスリスク，環境リスクを開示する日本企業があるが，ESG リスク，あるいは持続発展可能性リスクの中で開示する企業がない。

（6）無形資産リスクもオペレーション・リスクであり，無形資産リスクを除いたオペレーション・リスクはその他オペレーション・リスクである。

# 参考文献

Aaker, D. A., and R. Jacobson, 1987, The role of risk in explaining differences in profitability, *Academy of Management Journal* 30, 277-296.

―――, 1990, The risk of marketing: the roles of systematic, uncontrollable and controllable unsystematic, and downside risk, in R. A. B. H. Thomas ed., *Risk, strategy, and management* (JAI Press) 137-159.

Abraham, S., C. Marston, and P. Darby, 2012, *Risk reporting: Clarity, relevance and location* (The Institute of Chartered Accountants of Scotland).

Abraham, S., and P. Cox, 2007, Analysing the determinants of narrative risk information in UK FTSE 100 annual reports, *The British Accounting Review* 39, 227-248.

Agusman, A., G. S. Monroe, D. Gasbarro, and J. K. Zumwalt, 2008, Accounting and capital market measures of risk: Evidence from Asian banks during 1998-2003, *Journal of Banking & Finance* 32, 480-488.

Ahmed, A. S., M. Neel, and E. Wang, 2013, Does Mandatory Adoption of IFRS Improve Accounting Quality? Preliminary Evidence, *Contemporary Accounting Research* (forthcoming), no-no.

Albrecht, W. D., and F. M. Richardson, 1990, Income smoothing by economy sector, *Journal of Business Finance & Accounting* 17, 713-730.

Alessandri, T. M., and R. H. Khan, 2006, Market performance and deviance from industry norms: (Mis)alignment of organizational risk and industry risk, *Journal of Business Research* 59, 1105-1115.

Alexander, D., 2010, Material Misstatement of What? A Comment on Smieliauskas et al., "A Proposal to Replace 'True and Fair View' with 'Acceptable Risk of Material Misstatement' ", *Abacus* 46, 447-454.

Allee, K. D., 2011, *Estimating the Equity Risk Premium with Time-Series Forecasts of Earnings*, SSRN eLibrary: http://ssrn.com/paper=1600754

Amran, A., A. M. R. Bin, and B. C. H. M. Hassan, 2009, Risk reporting-An exploratory study on risk management disclosure in Malaysian annual reports, *Managerial Auditing Journal* 24, 39-57.

Andriessen, D., 2006, On the metaphorical nature of intellectual capital: a textual analysis, *Journal of Intellectual Capital* 7, 93.

Angelidis, T., 2008, *Idiosyncratic Risk in Emerging Markets*, University of Peloponnese, Department of Economics Working Papers.

Atan, R., E. N. S. Maruhun, W. H. W. A. Kadin, and K. Jusoff, 2010, Annual Risk Reporting of Listed Companies in Malaysia, *Journal of Modern Accounting and Auditing* 6, 26-37.

Baird, I. S., and H. Thomas, 1990, What is risk anyway?: Using and measuring risk in strategic management., in R. A. B. H. Thomas ed., *Risk, strategy, and management* (JAI Press) 21-52.

Balachandran, S., and P. Mohanram, 2011, Is the Decline in the Value Relevance of Accounting Driven by Increased Conservatism?, *Review of Accounting Studies* 16, 272-301.

Bali, T., Cakici, N., X. Yan, and Z. Zhang, 2005, Does idiosyncratic risk really matter?, *Journal of Finance* 60, 905-929.

Ball, R., and P. Brown., 1968, An empirical evaluation of accounting income numbers, *Journal of Accounting Research* 6.

Ball, R., S. P. Kothari, and A. Robin, 2000, The effect of international institutional factors on properties of accounting earnings, *Journal of Accounting & Economics* 29, 1-51.

Ball, R., A. Robin, and J. S. Wu, 2000, Accounting Standards, the Institutional Environment and Issuer Incentives: Effect on Accounting Conservatism in China, *Asia Pacific Journal of Accounting and Economics* 7, 71-96.

Ball, R., A. Robin, and J. S. Wu, 2003, Incentives versus standards: Properties of accounting income in four Asian countries, *Journal of Accounting and Economics* 36, 235-270.

Ball, R., G. Sadka, and A. Robin, 2008, Is Financial Reporting Shaped by Equity Markets or by Debt Markets? An International Study of Timeliness and Conservatism, *Review of Accounting Studies*. 13 (213), 168-205.

Ball, R., and L. Shivakumar, 2005, Earnings quality in UK private firms: comparative loss recognition timeliness, *Journal of Accounting and Economics* 39, 83-128.

Baron, J. N., and M. T. Hannan, 1994, The impact of economics on contemporary sociology, *Journal of Economic Literature* 32, 1111-1146.

Barsalou, L. W., 1999, Perceptual symbol systems, *Behavioral and Brain Sciences* 22, 577-660.

Barth, M. E., 2008, Global Financial Reporting: Implications for U.S. Academics, *Accounting Review* 83, 1159-1179.

Barth, M. E., and W. R. Landsman, 2010, How did Financial Reporting Contribute to the Financial Crisis?, *European Accounting Review* 19, no. 3, 399-423.

Barton, J., and G. Waymire, 2004, Investor protection under unregulated financial reporting,

*Journal of Accounting and Economics* 38, 65-116.

Basu, S., 1997, The conservatism principle and the asymmetric timeliness of earnings, *Journal of Accounting and Economics* 24, 3-37.

——, 2005, Discussion of Conditional and Unconditional Conservatism: Concepts and Modeling, *Review of Accounting Studies* 10, 311-321.

——, 2009, Conservatism Research: Historical Development and Future Prospects, *China Journal of Accounting Research* 2.

Beattie, V. A., B. McInnes, and S. Fearnley, 2004, A Methodology for Analysing and Evaluating Narratives in Annual Reports: A Comprehensive Descriptive Profile and Metrics for Disclosure Quality Attributes, *Accounting Forum* 28, 205-236.

Beaver, W., P. Ketder, and M. Holes, 1970, the association between market determined and accounting determined risk measures, *The Accounting Review* 45, 654-682.

Beaver, W. H., and S. G. Ryan, 2005, Conditional and Unconditional Conservatism:Concepts and Modeling, *Review of Accounting Studies* 10, 269-309.

Bebbington, J., C. Larrinaga, and J. M. Moneva, 2007, Corporate social reporting and reputation risk management, *Accounting, Auditing & Accountability Journal* 21, 337-361.

Beck, U., 1992, *Risk Society: Towards a New Modernity* (Sage Publications).

Belkaoui, A. R., 1985, *Public policy and the practice and problems of accounting* (Quorum Books).

Bennett, J. A., and R. W. Sias, 2005, *Why Has Firm-Specific Risk Increased Over Time?*, SSRN eLibrary: http://ssrn.com/paper=633484

Beretta, S., and S. Bozzolan, 2004, A framework for the analysis of firm risk communication, *The International Journal of Accounting* 39, 265-288.

Berger, T., and W. Gleißner, 2006, *Risk Reporting and Risks Reported: A Study on German HDAX-Listed Companies 2000 to 2005*, 5th International Conference on Money, Investment & Risk.

Bernstein, P. L., 1996, *Against the Gods: The Remarkable Story of Risk* (Wiley).

Bettis, R. A., and W. K. Hall, 1982, Diversification Strategy, Accounting Determined Risk, and Accounting Determined Return, *The Academy of Management Journal* 25, 254-264.

Bhat, G., 2008, *Risk Relevance of Fair Value Gains and Losses, and the Impact of Disclosure and Corporate Governance*, available at SSRN: http://ssrn.com/abstract=1094183.

Biddle, G. C., M. L. Ma, and F. M. Song, 2011a, *Accounting Conservatism and Bankruptcy Risk*, SSRN eLibrary: http://ssrn.com/paper=1621272

――――, 2011b, *The Risk Management Role of Accounting Conservatism for Operating Cash Flows*, SSRN eLibrary: http://ssrn.com/paper=1695629

Bildersee, J., 1975, The association between a market-determined measure of risk and alternative measures of risk, *The Accounting Review* (January), 81-98.

Bilson, C., T. J. Brailsford, and V. J. Hooper, 1995, *The Explanatory Power of Political Risk in Emerging Markets*, SSRN eLibrary: http://ssrn.com/paper=808967

Bliss, J. H., 1924, *Management through accounts New York* (The Ronald Press Co.).

Blume, M. E., 1971, On the Assessment of Risk, *The Journal of Finance* 26, 1-10.

Borio, C. E., and K. Tsatsaronis, 2006, *Risk in Financial Reporting: Status, Challenges and Suggested Directions*, SSRN eLibrary: http://ssrn.com/paper=947747

Botosan, C. A., 2004, Discussion of a framework for the analysis of firm risk communication, *The International Journal of Accounting* 39, 289-295.

Bowman, E. H., 1980, A risk/return paradox for strategic management, *Sloan Management Science* (spring), 17-31.

――――, 1982, Risk seeking by troubles firms, *Sloan Management Science* (summer), 33-42.

――――, 1984, Content Analysis of Annual Reports for Corporate Strategy and Risk, *Interfaces* 14, 61-72.

Bowman, R., 1979, The theoretical relationship between systematic risk and financial (accounting) variables, *Journal of Finance* 34, 617-630.

Breiter, H. C., I. Aharon, D. Kahneman, A. Dale, and P. Shizgal, 2001, Functional imaging of neural responses to expectancy and experience of monetary gains and losses, *Neuron* 30, 619-639.

Brimble, M., and A. Hodgson, 2007, Assessing the risk relevance of accounting variables in diverse economic conditions, *Managerial Finance* 33, 553-573.

Bushman, R. M., and J. D. Piotroski, 2006, Financial reporting incentives for conservative accounting: The influence of legal and political institutions, *Journal of Accounting and Economics* 42, 107-148.

Cabedo, J. D., and J. M. Tirado, 2004, The disclosure of risk in financial statements, *Accounting Forum* 28, 181-200.

Cajias, M., and S. Bienert, 2011, *Does Sustainability Pay Off for European Listed Real Estate Companies? The Dynamics Between Risk and Provision of Responsible Information*, available at SSRN: http://ssrn.com/abstract=1736104.

Campbell, J. L., H. Chen, D. S. Dhaliwal, H.-m. Lu, and L. B. Steele, 2011, *The Information*

*Content of Mandatory Risk Factor Disclosures in Corporate Filings*, SSRN eLibrary: http://ssrn.com/paper=1694279

Campbell, J. Y., M. Lettau, B. Malkiel, and Y. Xu, 2001, Have individual stocks become more volatile? An empirical exploration of idiosyncratic risk, *Journal of Finance* 56, 1-43.

Capstaff, J., 1991, Accounting information and investment risk perception in the UK, *Journal of International Financial Management and Accounting* 3, 189-200.

Carapeto, M., 2005, Bankruptcy Bargaining with Outside Options and Strategic Delay, *Journal of Corporate Finance*, 736-746.

Carpenter, V., and E. Feroz, 1992, GAAP as a symbol of legitimacy: New York State's decision to adopt generally accepted accounting principles, *Accounting, Organizations and Society* 17, 613-643.

Chandra, U., 2011, Income Conservatism in the U.S. Technology Sector, *Accounting Horizons* 25, 285-314.

Chang, E. C. C., and S. Dong, 2005, *Idiosyncratic Volatility, Fundamentals, and Institutional Herding: Evidence from the Japanese Stock Market*, SSRN eLibrary.

Chapelle, A., Y. Crama, G. Hubner, and J.-P. Peters, 2005, *Measuring and Managing Operational Risk in the Financial Sector: An Integrated Framework*, SSRN eLibrary.

Chiang, K. C. H., and A. W. Kung, 2003, *Idiosyncratic Risk and Returns in International Equity Markets*, SSRN eLibrary.

Chorafas, D. N., 2011, *Risk accounting and risk management for accountants* (CIMA publishing).

CICA, 2008, *Building a better MD&A : risk disclosure* (Charted Accountant of Canada).

———, 2009, *Management's Discussion & Analysis - Guidance on Preparation and Disclosure* (MD&A Guidance).

———, 2012, Guidance on Improved MD&A RISK REPORTING: A Review of Advanced Practices in the Management's Discussion and Analysis of Annual Reports.

Claessens, S., D. Klingebiel, and L. Laeven, 2001, *Financial Restructuring in Banking and Corporate Sector Crises: What Policies to Pursue?*, NBER Working Papers 8386, National Bureau of Economic Research, Inc.

Clare, A., Priestley, R. Thomas, S. , 1997, The Robustness of the APT to Alternative Estimators, *Journal of Business Finance & Accounting* 24.

Clark, E., and A. Judge, 2003, Risk Management Disclosure Practices of UK Non-Financial Firms After FRS 13, *Finance Letters* 1.

Cohen, D. A., 2008, Does Information Risk Really Matter? An Analysis of the Determinants and Economic Consequences of Financial Reporting Quality, *Asia Pacific Journal of Accounting and Economics*, Vol. 15, No. 2, pp. 69-90, August 2008.

Cohen, K. J., and E. J. Elton, 1967, Inter-temporal portfolio analysis based on simulation of joint returns, *Management Science* 14(1), 5-18.

Collins, D., E. Maydew, and I. Weiss, 1997, Changes in the value-relevance of earnings and book values over the past forty years, *Journal of Accounting & Economics* 24, 39.

Conti, C., and A. Mauri, 2008, Corporate Financial Risk Management: Governance and Disclosure Post IFRS 7, *The Icfai University Journal of Financial Risk Management* 5, 20-27.

Cooper, I., and E. Kaplanis, 2004, Home bias in equity portfolios, inflation hedging, and international capital market equilibrium, *Review of Financial Studies* 7, 45-60.

Core, J. E., W. R. Guay, and R. S. Verdi, 2007, Is Accruals Quality a Priced Risk Factor?, SSRN eLibrary: http://ssrn.com/paper=911587

Covrig, V. M., M. L. DeFond, and M. Hung, 2007, Home Bias, Foreign Mutual Fund Holdings, and the Voluntary Adoption of *International Accounting* Standards, *Journal of Accounting Research* 45, 41-70.

Cruces, J. J., M. Buscaglia, and J. Alonso, 2002, *The Term Structure of Country Risk and Valuation in Emerging Markets*, SSRN eLibrary: http://ssrn.com/paper=327301

Cuganesan, S., 2005a, *Accounting, Contracts and Trust in Inter-Organizational Alliances*, available at SSRN: http://ssrn.com/abstract=913162.

———, 2005b, Intellectual capital-in-action and value creation, *Journal of Intellectual Capital* 6, 357-373.

Dahlquist, M., and R. Bansal, 2002, *Expropriation Risk and Return in Global Equity Markets*, SSRN eLibrary: http://ssrn.com/paper=298180

Dechow, P., W. Ge, and C. Schrand, 2010, Understanding earnings quality: A review of the proxies, their determinants and their consequences, *Journal of Accounting and Economics* 50, 344-401.

De Loach, J. W., 2000, *Enterprise-wide risk management: Strategies for linking risk and opportunities* (Prentice-Hall).

Deumes, R., 2008, Corporate Risk Reporting: A Content Analysis of Narrative Risk Disclosures in Prospectuses, *Journal of Business Communication* 45, 120-157.

Diacon, S., 2004, Investment risk perceptions: Do consumers and advisers agree?, *International Journal of Bank Marketing* 22, 180-198.

Dickhaut, J., S. Basu, K. McCabe, and G. Waymire, 2008, *Neuroaccounting*, unpublished working paper.

DiMaggio, P. J., and W. W. Powell, 1983, The iron cage revisited: institutional isomorphism and collective rationality in organizational fields, *American Sociological Review* 48, 146-160.

Dobler, M., 2005, *How Informative is Risk Reporting? - A Review of Disclosure Models*, SSRN eLibrary.

———, 2008, Incentives for risk reporting - A discretionary disclosure and cheap talk approach, *The International Journal of Accounting* 43, 184-206.

Dobler, M., K. Lajili, and D. Zeghal, 2011, Attributes of Corporate Risk Disclosure: An International Investigation in the Manufacturing Sector, *Journal of Interrnational Accounting Research* 10.

Doran, K. L., and E. L. Quinn, 2009, Climate Change Risk Disclosure: A Sector by Sector Analysis of SEC 10-K Filings from 1995-2008, *North Carolina Journal of International Law and Commercial Regulation* 34.

Doupnik, T. S., and H. Perera, 2009, *International Accounting* (McGraw Hill Higher Education).

Duncan, R. B., 1972, Characteristics of Organizational Environments and Perceived Environmental Uncertainty, *Administrative Science Quarterly* 17, 313-327.

Durnev, A., B. Col, and A. Molchanov, 2011, *Foreign Risk - Domestic Problem: Trade, Politics, and Capital Allocation*, SSRN eLibrary: http://ssrn.com/paper=1921309

Durst, S., 2011, Reporting on Intangibles-Related Risks: An Exploratory Study of Intangibles Risk Disclosure in Annual Reports of Banking Companies From the UK, US, Germany and Italy, https://fp7.portals.mbs.ac.uk/Portals/59/docs/MC%20deliverables/WP2%20S%20Durst%20working%20paper1_IntangibleRiskDisclosure.pdf

Eakins, S. G., Stansell, S. R., & Below, S. D., 1996, The determinants of institutional demand for common stock: Tests of the CAPM vs. individual stock attributes, *International Review of Financial Analysis* 5(3), 237-257.

Eilifsen, A., W. R. Knechel, and P. Wallage, 2001, Application of the Business Risk Audit Model: A Field Study, *Accounting Horizons* 15, 193-207.

Elzahar, H., and K. Hussainey, 2012, Determinants of narrative risk disclosures in UK interim reports, *The Journal of Risk Finance Incorporating Balance Sheet* 13, 133-147.

Emm, E. E., G. D. Gay, and C.-M. Lin, 2007, Choices and Best Practice in Corporate Risk Management Disclosure, *Journal of Applied Corporate Finance*, available at SSRN: http://ssrn.com/abstract=178168 19, 82-93.

Erb, C. B., C. R. Harvey, and T. E. Viskanta, 1996a, *The Influence of Political, Economic and Financial Risk on Expected Fixed Income Returns*, SSRN eLibrary: http://ssrn.com/paper=825926

―――, 1996b, *Political Risk, Economic Risk and Financial Risk*, SSRN eLibrary: http://ssrn.com/paper=7437

Ernst&Young, 2007,「新興成長市場におけるリスク管理：自動車業界に関する洞察と調査結果」, http://www.ey.com/Publication/vwLUAssets/Risk_management_in_emerging_markets-J/$FILE/Automotive-newsletter01-J.pdf.

Estrada, J., 2000, *The Cost of Equity in Emerging Markets: A Downside Risk Approach*, SSRN eLibrary: http://ssrn.com/paper=170748

―――, 2003, *The Cost of Equity of Internet Stocks: A Downside Risk Approach*, SSRN eLibrary: http://ssrn.com/paper=271044

Estrada, J., and A. P. S. Serra, 2005, Risk and Return in Emerging Markets: Family Matters, *Journal of Multinational Financial Management* 15.

Fama, E., and K. French, 1992, The cross-section of expected stock returns, *Journal of Finance* 47.

Fang, X., 2012, *Informativeness of Value-at-Risk Disclosure in the Banking Industry*, available at SSRN: http://ssrn.com/abstract=1982936.

Farrelly, G. E., K. R. Ferris, and W. R. Reichenstein, 1985, Perceived Risk, Market Risk, and Accounting Determined Risk Measures, *Accounting Review* 60, 278.

Farrelly, G. E., and W. R. Reichenstein, 1984, Risk perceptions of institutional investors, *Journal of Portfolio Management* 10, 5-12.

Feltham, G. A., and J. A. Ohlson, 1996, Uncertainty Resolution and the Theory of Depreciation Measurement, *Journal of Accounting Research* 34, 209-234.

Fernandes, N., 2005, What Level of Portfolio Disaggregation in Emerging Market Investments?, *Journal of Portfolio Management* 31.

Fernandez, P., 2009, Market Risk Premium Used in 2008 by Professors: A Survey with 1,400 Answers.

Ferris, K., K. Hiramatsu, and K. Kimoto, 1989, Accounting Information and Investment Risk Perception in Japan, *Journal of International Financial Management & Accounting* 1, 232-243.

Fiegenbaum, A., 1990, Prospect theory and the risk-return association, *Journal of Economic Behavior and Organization* 14, 187-203.

Fiegenbaum, A., and H. Thomas, 1988, Attitudes toward risk and the risk-return paradox: Prospect theory explanations, *Academy of Management Journal* 31, 85-106.

―――, 1990, Stakeholder risk and bowman's risk/return paradox: what risk measure is relevant for strategists, in R. A. B. H. Thomas ed., *Risk, strategy, and management* (JAI Press) 21-52.

Fischhoff, B., 1995, Risk Perception and Communication Unplugged: Twenty Years of Process, *Risk Analysis: An International Journal* 15, 137-145.

FRC, 2009, *Louder than words* (Financial Reporting Council report).

Galagedera, D. U., and R. D. Brooks, 2005, *Is Systematic Downside Beta Risk Really Priced? Evidence in Emerging Market Data*, SSRN eLibrary: http://ssrn.com/paper=790106

Gao, W., 2008, Readability in Risk Disclosure: An Analysis of Chinese Overseas Listing Companies, University of Nottingham (A dissertation presented in part consideration for the degree of MA in Risk Management).

Garcia Lara, J. M., and A. Mora, 2004, Balance sheet versus earnings conservatism in Europe, *European Accounting Review* 13, 261-292.

Gassen, J., R. U. Fuelbier, and T. Sellhorn, 2006, *International Differences in Conditional Conservatism: The Role of Unconditional Conservatism and Income Smoothing*, SSRN eLibrary: http://ssrn.com/paper=894254

Gavetti, G. L., Daniel 2000, Looking forward and looking backward: cognitive and experiential search, *Administrative Science Quarterly* 45.

Gibson, M. S., 1998, *The Implications of Risk Management Information Systems for the Organization of Financial Firms*, SSRN: http://ssrn.com/paper=146910

Giner, B., and W. P. Rees, 2001, The asymmetric recognition of good and bad news in France, Germany and the U.K., *Journal of Business Finance & Accounting* 4, 1285-1331.

Giuliani, M., 2013, Not all sunshine and roses: discovering intellectual liabilities "in action", *Journal of Intellectual Capital* 14, 127-144.

Godwin, A., 2010, The Lehman Minibonds Crisis in Hong Kong: Lessons for Plain Language Risk Disclosure, *UNSW Law Journal, U of Melbourne Legal Studies Research Paper* No. 472, available at SSRN: http://ssrn.com/abstract=1618123 32.

Gollier, C., 2001, *The economics of risk and time* (MIT Press: Cambridge, MA).

Goto, M., H. Kim, and N. Kitagawa, 2011, The Effect of Non-financial Risk Information on the

Evaluation on Implied Cost of Capitals, Paper presented at the American Accounting Association Annual Meeting (in Denver).

Goyal, A., and P. Santa-Clara, 2003, Idiosyncratic Risk Matters!, *The Journal of Finance* 58, 975-1007.

Gray, P., P.-S. Koh, and Y. H. Tong, 2008, Accruals Quality, Information Risk and Cost of Capital: Evidence from Australia, *Journal of Business Finance & Accounting*, Vol. 36, Issue 1-2, pp. 51-72, January/March 2009.

Gray, R., D. Owen, and C. Adams, 1996, *Accounting and accountability: changes and challenges in corporate social and environmental reporting* (Prentice-Hall).

Gray, S. J., 1988, Towards a Theory of Cultural Influence on the Development of Accounting Systems Internationally, *Abacus* 24, 1-15.

Grinblatt, M., and M. Keloharju, 2001, What makes investors trade?, *Journal of Finance* 56, 589-616.

Grinold, R. C., 1993, Is Beta Dead Again?, *Financial Analysts Journal* 49, 28-34.

Grody, A. D., P. J. Hughes, and S. Toms, 2009, *Risk Accounting - A Next Generation Risk Management System for Financial Institutions*, SSRN eLibrary, http://ssrn.com/paper=1395912

Habib , A., 2005, *Information Risk and the Cost of Capital: Review of the Empirical Literature*, SSRN eLibrary: http://ssrn.com/paper=722781

Hall, R. E., 2001, The stock market and capital accumulation, *American Economic Review* 91.

Haller, A., 2003, Accounting in Germany, in A. H. a. B. R. P. Walton ed., *International Accounting* (2nd ed.) Thomson Learning.

Hamao, Y., J. Mei, and Y. Xu, 2003, *Idiosyncratic Risk and the Creative Destruction in Japan*, SSRN eLibrary: http://ssrn.com/paper=423941

Hansen, L. P., J. C. Heaton, and N. L. Measuring, 2005, Intangible risk, *Capital in the New Economy*, National Bureau of Economic Research, Inc., 111-152.

Harlow, W. V., 1991, Asset Allocation in a Downside-Risk Framework, *Financial Analysts Journal* 47, 28-40.

Harvey, M. G., and R. F. Lusch, 1999, Balancing the intellectual capital books: intangible liabilities, *European Management Journal* 17, 85-92.

Heilar, C., A. Lonie, D. Power, and D. Sinclair, 2001, *Attitudes of UK managers to risk and uncertainty* (The Institute of Chartered Accountants of Scotland).

Helbok, G., and C. Wagner, 2003, *Corporate Financial Disclosure on Operational Risk in the*

参考文献

*Banking Industry*. http://uni-garz.at/baf/awg/AWG17_Helbok-Wagner.pdf

Helbok, G., and C. Wagner, 2006, *Determinants of Operational Risk Reporting in the Banking Industry*, SSRN eLibrary: http://ssrn.com/paper=425720

Hellman, N., 2008, Accounting Conservatism under IFRS, *Accounting in Europe* 5 (2).

Hernández-Madrigal, M., M.-I. Blanco-Dopico, and B. Aibar-Guzmán, 2012, The influence of mandatory requirements on risk disclosure practices in Spain, *International Journal of Disclosure & Governance* 9, 78-99.

Hirshleifer, D. A., K. Hou, and S. H. Teoh, 2010, *The Accrual Anomaly: Risk or Mispricing?*, SSRN eLibrary.

Hirshleifer, J., 2001, *The dark side of the force: Economic foundations of conflict theory* (Cambridge University Press).

Hodder, L., L. Koonce, and M. L. McAnally, 2001, SEC market risk disclosures: Implications for judgment and decision making, *Accounting Horizons* 15, 49-70.

Hofstede, G., 1980, *Culture's Consequences* (Sage Publications).

———, 1991, *Cultures and organizations: Software of the mind* (McGraw-Hill).

Holland, J., 2006, Fund Management, Intellectual Capital, Intangibles and Private Disclosure, *Managerial Finance* 32, 277-316.

Holtgrave, D. R., and E. U. Weber, 1993, Dimensions of Risk Perception for Financial and Health Risks, *Risk Analysis* 13, 553-558.

Holthausen, R., and R. L. Watts, 2001, The relevance of the value-relevance literature for financial accounting standard-setting, *Journal of Accounting and Economics* 31 3-75.

Homölle, S., 2009, Risk Reporting and Bank Runs, *Schmalenbach Business Review*, Vol. 61, pp. 2-39.

Hoogervorst, H., 2012, The Concept of Prudence: dead or alive? , Paper presented at the FEE Conference on Corporate Reporting of the Future, Brussels, Belgium, Tuesday 18 September 2012.

Höring, D., and H. Gründl, 2011, Investigating Risk Disclosure Practices in the European Insurance Industry, *The Geneva Papers*, doi:10.1057/gpp.2011.13, available at SSRN: http://ssrn.com/abstract=1803114.

Htay, S. N. N., and H. M. A. Rashid, 2011, Corporate Governance and Risk Management Information Disclosure in Malaysian Listed Banks: Panel Data Analysis, *International Review of Business Research Papers* 7, 159-176.

Huff, A. S., 1990, *Mapping Strategic Thought* (Wiley).

Hughes, P. J., and M. R. Sankar, 1996, *The Impact of Litigation Risk on Discretionary Disclosure*, available at SSRN: http://ssrn.com/abstract=2878.

IASB, 2010, Conceptual framework for financial reporting.

ICAEW, 1998, Performance Measurement in the Digital Age: Adding value to corporate reporting.

―――, 2011, Reporting business risks: meeting expectations.

Irvine, P. J., and J. Pontiff, 2008, Idiosyncratic Return Volatility, Cash Flows, and Product Market Competition, *The Review of Financial Studies*, 22 (3), 1149-1177.

Ismail, R., A. Rahman, and R. Abdul, 2011, Institutional Investors and Board of Directors'Monitoring Role on Risk Management Disclosure Level in Malaysia, *The IUP Journal of Corporate Governance* X, 37-61.

Jäckel, C., and K. Muehlhaeuser, 2011, *The Equity Risk Premium Across European Markets: An Analysis Using the Implied Cost of Capital*, SSRN eLibrary.

Jaggi, B., and P. Y. Lowy, 2000, Impact of Culture, Market Forces, and Legal System on Financial Disclosures, *The International Journal of Accounting* 35, 495-519.

Javier, E., 2002, Systematic risk in emerging markets: the D-CAPM, *Emerging Markets Review* 3, 365-379.

Jegers, M., 1991, Prospect theory and the risk-return relation: Some Belgian evidence., *Academy of Management Journal* 34, 215-225.

Jensen, M. C., and W. H. Meckling, 1976, Theory of the firm: managerial behavior, agency costs and ownership structure, *Journal of Financial Economics* 3, 305-360.

Johnson, B. B., 2005, Testing and Expanding a Model of Cognitive Processing of Risk Information, *Risk Analysis* 25, 631-650.

Johnson, S., 2010, SEC Pushes Companies for More Risk Information, *CFO Magazine*.

Jorgensen, B. N., and M. Kirschenheiter, 2003, Discretionary Risk Disclosures, *The Accounting Review* 78 (2), 449-469.

Jorion, P., 2002, How Informative Are Value-at-Risk Disclosures?, *The Accounting Review* 77, 911-931.

Kang, T., L. F. N. Lee, T. Y. Jeffrey, and J. Tay, Siok Wan, 2004, The Impact of Culture on Accounting Choices: Can Cultural Conservatism Explain Accounting Conservatism?, *Research Collection School of Accountancy* (Open Access). Paper 275.

Kaplan, S., Garrick, B.J., 1981, On The Quantitative Definition of Risk, *Risk Analysis* 1, 11-27.

Kaplan, S., and L. Zingales, 1997, Do financing constraints explain why investment is correlated with cash-flows?, *Quarterly Journal of Economics* 112.

Keller, C., M. Siegrist, and H. Gutscher, 2006, The Role of the Affect and Availability Heuristics in Risk Communication, *Risk Analysis* 26, 631-639.

Kim, J.-B., V, and L. Zhang, 2012, *Does Accounting Conservatism Reduce Stock Price Crash Risk? Firm-Level Evidence*, SSRN eLibrary: http://ssrn.com/paper=1521345

Kim, W., T. Sung, and S.-J. Wei, 2008, *How Does Corporate Governance Risk at Home Affect Investment Choices Abroad?*, SSRN eLibrary: http://ssrn.com/paper=1082700

Knutson, B., G. W. Fong, S. M. Bennett, C. M. Adams, and D. Hommer, 2003, A region of mesial prefrontal cortex tracks monetarily rewarding outcomes: characterization with rapid event-related fMRI., *NeuroImage* 18.

Kongprajya, C., 2010, The study of corporate risk disclosure in the case of Thai listed companies, The University of Nottingham.

Konishi, N. and M.A. Ali, 2007, Risk Reporting of Japanese Companies and its Association with Corporate Characteristics, International Journal of Accounting, *Auditing and Performance Evaluation* 4, 263-285.

Koonce, L., M. L. McAnally, and M. Mercer, 2005, How Do Investors Judge the Risk of Financial Items?, Th*e Accounting Review* 80, 221-241.

Koonce, L., M. L. McAnally, and L. D. Davis Hodder, 2000, *Behavioral Implications of the SEC Market Risk Disclosures*, SSRN eLibrary: http://ssrn.com/paper=213474

Koonce, L., M. L. McAnally, and M. Mercer, 2001, *How Do Investors Judge the Risk of Derivative and Non-Derivative Financial Items?*, SSRN eLibrary: http://ssrn.com/paper=271990

Kothari, S. P., 2000, The role of financial reporting in reducing financial risks in the market, in E. Rosengren and J. Jordan ed., *Building an Infrastructure for Financial Stability* (Federal Reserve Bank of Boston), 89-102.

Kraal, D. L., and P. W. S. Yapa, 2012, A Study on Industry Superannuation in Australia: Risk Disclosure and Pre-Global Financial Crisis, *Asian Journal of Finance & Accounting* 4.

Kravet, T. D., and V. Muslu, 2011, *Informativeness of Risk Disclosures in Corporate Annual Reports*, available at SSRN: http://ssrn.com/abstract=1736228 or http://dx.doi.org/10.2139/ssrn.1736228.

Kytle, B., and J. G. Ruggie, 2005, Corporate social responsibility as risk management, working paper of Corporate Social Responsibility Initiative, No.10 (John F. Kennedy School of Government, Harvard University).

Lajili, K. and D. Zéghal, 2005, A content analysis of risk management disclosure in Canadian annual reports, *Canadian Journal of Administrative Sciences* 22, 125-142.

Lam, J., 2003, *Enterprise risk management: from incentives to controls* (John Wiley & Sons.).

Lang, M., and R. Lundholm, 1993, Cross-sectional determinants of analyst ratings of corporate disclosures, *Journal of Accounting Research* 31, 246-271.

Langevoort, D. C., 1997, Toward More Effective Risk Disclosure for Technology- Enhanced Investing, Washington University Law Quarterly symposium on "Markets and Information Gathering in an Electronic Age: Securities Regulation in the 21st Century," 15 (4).

La Porta, R., F. Lopez-de-Silanes, and A. Shleifer, 2003, *What Works in Securities Laws?*, mimeo, Harvard University.

La Porta, R., F. Lopez-De-Silanes, and A. Shleifer, Vishny, R., 1998, Law and Finance, *Journal of Political Economy* 106, 1113-1155.

Laux, C., and C. Leuz, 2010, Did Fair-Value Accounting Contribute to the Financial Crisis?, *Journal of Economic Perspectives* 24, 93-118.

Laveren, E., Durinck, E., De Ceuster, M., & Lybaert, N. , 1997, Can Accounting Variables Explain and Beta? , Working Paper, Antwerpen.

Leibowitz, M. L., and A. Bova, 2009, Diversification Performance and Stress-Betas, *The Journal of Portfolio Management* 35, 41-47.

Leitner-Hanetseder, S., 2011, *Quality and Determinants of Risk Reporting - Evidence from Germany and Austria*, SSRN eLibrary: http://ssrn.com/paper=1735586

Lev, B., and S. Kunitzsky, 1974, On the association between smoothing measures and the risk of common stocks. , *The Accounting Review* (April), 259-270.

Lev, B., and P. Zarowin, 1999, The Boundaries of Financial Reporting and How to Extend Them, *Journal of Accounting Research* 37, 353-385.

Li, R. M., F. Yang, and B. Yeung, 2004, Firm-Specific Variation and Openness in Emerging Markets, *Review of Economics and Statistics* 86, 658-669.

Linsley, P. M., and M. Lawrence, 2007, Risk Reporting by the Largest UK Companies: Readability and Lack of Obfuscation - Research Note, *Accounting, Auditing and Accountability Journal* 20, 620-627.

Linsley, P. M., and P. J. Shrives, 2000, Risk management and reporting risk in the UK, *The Journal of Risk Finance* 3, 115-129.

———, 2005, Examining risk reporting in UK public companies, *The Journal of Risk Finance* 6, 292-305.

―, 2006, Risk reporting: A study of risk disclosures in the annual reports of UK companies, *The British Accounting Review* 38, 387-404.

Linsmeier, T. J., D. B. Thornton, M. Venkatachalam, and M. Welker, 2002, The Effect of Mandated Market Risk Disclosures on Trading Volume Sensitivity to Interest Rate, Exchange Rate, and Commodity Price Movements, *The Accounting Review* 77, 343-377.

Lipe, M. G., 1998, Individual investors' risk judgments and investment decisions: The impact of accounting and market data, *Accounting, Organizations and Society* 23, 625-640.

Littleton, A. C., 1941, A Genealogy for 'Cost or Market', *Accounting Review* 16, 161.

Lui, D., S. Markov, and A. N. E. Tamayo, 2007, What Makes a Stock Risky? Evidence from Sell-Side Analysts' Risk Ratings, *Journal of Accounting Research* 45, 629-665.

Lungu, C. I., C. Caraiani, C. Dascălu, and G. R. GUSE, Dec. 2009/Jan. 2010, Social and Environmental Determinants of Risk and Uncertainties Reporting, *Issues in Social and Environmental Accounting* 3, 100-116.

MacGregor, D. G., and P. Slovic, 1999, Perception of Financial Risk: A Survey Study of Advisors and Planners, *Journal of Financial Planning* 12, 68-86.

Magnan, M., and G. Markarian, 2011, Accounting, Governance and the Crisis: Is Risk the Missing Link?, *European Accounting Review* 20, 215-231.

Malkiel, B. G., and Y. Xu, 2001, Idiosyncratic risk and security returns, Working paper, University of Texas at Dallas.

Mao, J. C. T., 1970, Models of Capital Budgeting, E-V Vs E-S, *The Journal of Financial and Quantitative Analysis* 1, 657-675.

March, J. G., 1988, Variable risk preferences and adaptive aspirations, *Journal of Economic Behavior & Organization* 9, 5-24.

Marshall, A. P., and P. Weetman, 2007, Modelling Transparency in Disclosure: The Case of Foreign Exchange Risk Management, *Journal of Business Finance & Accounting*, Vol. 36, Issue 1-2, pp. 51-72, January/March 2009 34, 705-739.

Masayuki, M., 2012, Financial Constraints in Intangible Investments: Evidence from Japanese firms, RIETI Discussion Paper Series 12-E-045.

Mauri, A., and C. Conti, 2007, *Corporate Financial Risk Management: Governance and Disclosure after IFRS 7*, SSRN eLibrary.

McDonald, J. G., and R. E. Stehle, 1975, How do institutional investors perceive risk?, *Journal of Portfolio Management Science* 2, 11-16.

Mear, R., and M. Firth, 1988, Risk Perceptions of Financial Analysts and the Use of Market and Accounting Data, *Accounting & Business Research* 18, 335-340.

Meijer, M. G. H., 2011, *Risk disclosures in annual reports of Dutch listed companies during the years 2005-2008*, University of Twente.

Messina, J., A. S. Frank, and E. S. Stephen, 2001, *An evaluation of value at risk and the information ratio (for investors concerned with downside risk), Managing Downside Risk in Financial Markets* (Butterworth-Heinemann) 74-92.

Miihkinen, A., 2010a, The Information Content of Mandatory Risk Disclosures? Evidence from the Finnish Stock Market 2006-2009, SSRN eLibrary: http://ssrn.com/paper=1725583

———, 2010b, The Usefulness of Firm Risk Disclosures under Different Firm Riskiness, Investor Interest, and Market Conditions? Evidence from Finland, SSRN eLibrary: http://ssrn.com/paper=1725582.

———, 2012, What Drives Quality of Firm Risk Disclosure? The Impact of a National Disclosure Standard and Reporting Incentives under IFRS, *The International Journal of Accounting*, 42 (4), 437-468.

Miller, K. D., and M. J. Leiblein, 1996, Corporate Risk-Return Relations: Returns Variability versus Downside Risk, *The Academy of Management Journal* 39, 91-122.

Millo, Y., and D. MacKenzie, 2007, *Building a Boundary Object: The Evolution of Financial Risk Management*, available at SSRN: http://ssrn.com/abstract=1031745.

Mishra, D. R., and T. J. O'Brien, 2004, *Risk and Ex Ante Cost of Equity Estimates of Emerging Market Firms*, SSRN eLibrary: http://ssrn.com/paper=570721

Mitchell, R. K., B. R. Agle, and D. J. Wood, 1997, Towards a theory of stakeholder identification and salience: defining the principle of who and what really counts, *Academy of Management Journal* 22, 853-866.

Mock, T. J., and Vertinsky, 1985, *Risk Assessment in Accounting and Auditing (A research report)*, The Canadian Certified General Accountings' Research Foundation.

Modigliani, F., and G. A. Pogue, 1974, An introduction to risk and return: Concepts and evidence, *Financial Analysts Journal*.

Montier, J., 2002, Behavioural Finance: Insights into Irrational Minds and Markets (Wiley).

Morris, R. D., 1987, Signalling, Agency Theory and Accounting Policy Choice, *Accounting & Business Research* 18, 47-56.

Nath, H. K., 2008, *Country Risk Analysis: A Survey of the Quantitative Methods*, SSRN eLibrary.

Nelson, M. W., and K. Rupar, 2011, Numerical Formats within Risk Disclosures and the Moderating Effect of Investors' Disclosure Management Concerns Johnson School Research Paper Series No. 30-2011, available at SSRN: http://ssrn.com/abstract=1860348.

Neri, L., 2010, *The Informative Capacity of Risk Disclosure: Evidence from Italian Stock Market*, SSRN eLibrary: http://ssrn.com/paper=1651504

Newman, P., and R. Sansing, 1993, Disclosure policies with multiple users, *Journal of Accounting Research* 31, 92–112.

North, D., 1990, Institutions, *Institutional Change, and Economic Performance* (Cambridge University Press).

Novak, J., and D. Petr, 2009, Empirical Risk Factors in Realized Stock Returns, Working Papers IES 2009/29.

Ohlson, J., and L. Van Lent, 2006, Introduction to the Special Section on Conservatism in Accounting, *European Accounting Review* 15 (4), 507-509.

Ojo, M., 2010, *The Impact of Capital and Disclosure Requirements on Risks and Risk Taking Incentives*, available at SSRN: http://ssrn.com/abstract=1547023.

Olibe, K. O., F. A. Michello, and J. Thorne, 2008, Systematic risk and international diversification: An empirical perspective, *International Review of Financial Analysis* 17, 681-698.

Oliveira, J. S., and L. L. Rodrigues, 2011, Risk reporting practices among non-financial companies: evidence from Portugal, *Managerial Auditing Journal* 26, 817-839.

Olsen, R., and G. Troughton, 2000, Are risk premiums caused by ambiguity?, *Financial Analysts Journal* 56, 24-31.

Ortiz, M. A. A., 2006, Intellectual Capital (Intangible Assets) Valuation Considering the Context, *Journal of Business & Economics Research* 4, 35-41.

Palenchar, M. J., and R. L. Heath, 2007, Strategic risk communication: Adding value to society, *Public Relations Review* 33, 120-129.

Palmer, R. J., and T. V. Schwarz, 1995, Improving the FASB's Requirements for Off-Balance-Sheet Market Risk Disclosures, *Journal of Accounting, Auditing & Finance* 10, 521-540.

Parker, G., 1995, Dimensions of Risk Management: Definition and Implications for Financial Services, in *W.H. Beaver and G. Parker eds, Risk Management: Problems & Solutions* (Standford University Financial Services Research Institute).

Paul, A., and A. Filip, 2012, *Accounting Conservatism in Europe and the Impact of Mandatory IFRS Adoption: Do Country, Institutional and Legal Differences Survive?*, SSRN eLibrary: http://ssrn.com/paper=1979748

Peavy, J.W., 1984, Modern Financial Theory, Corporate Strategy, and Public Policy: Another

Perspective, *ACAD MANAGE REV* 9, 152-157.

Penman, S., and X. Zhang, 2002, Accounting conservatism, the quality of earnings, and stock returns, *The Accounting Review* 77, 237.

Penman, S. H., 2001, On Comparing Cash Flow and Accrual Accounting Models for Use in Equity Valuation: A Response to Lundholm and O'Keefe, *Contemporary Accounting Research* 18, 681-692.

Perignon, C., and D. R. Smith, 2009, *The Level and Quality of Value-at-Risk Disclosure by Commercial Banks*, SSRN eLibrary: http://ssrn.com/paper=952595

Piot, C., P. Dumontier, and R. Janin, 2011, *IFRS Consequences on Accounting Conservatism within Europe: The Role of Big 4 Auditors*, SSRN eLibrary: http://ssrn.com/paper=1754504

Prinz, J. J., 2002, *Furnishing the Mind: Concepts and their Perceptual Basis* (MIT Press).

Qiang, X., 2007, The Effects of Contracting, Litigation, Regulation, and Tax Costs on Conditional and Unconditional Conservatism: Cross - Sectional Evidence at the Firm Level, *The Accounting Review* 82, 759-796.

Qu, W. and P. Leung, 2006, Cultural impact on Chinese corporate disclosure — a corporate governance perspective, *Managerial Auditing Journal* 21, 241-264.

Qu, W., 2011, *A Study of Voluntary Disclosure by Listed Firms in China* (Deakin University).

Rachev, S., S. Ortobelli, S. Stoyanov, F. J. Fabozzi, and A. Biglova, 2008, Desirable Properties of an Ideal Risk Measure in Portfolio Theory, *International Journal of Theoretical & Applied Finance* 11, 19-54.

Radner, R., and L. Shepp, 1996, Risk vs. profit potential:A model for corporate strategy, *Journal of Economic Dynamics and Control* 20.

Rajab, B., and M. Handley-Schachler, 2009, Corporate risk disclosure by UK firms: trends and determinants, World Review of Entrepreneurship, *Management and Sustainable Development* 5, 224-243.

Rajgopal, S., and M. Venkatachalam, 2008, *Financial Reporting Quality and Idiosyncratic Return Volatility Over the Last Four Decades*, SSRN eLibrary: http://ssrn.com/paper=650081

———, 2011, Financial Reporting Quality and Idiosyncratic Return Volatility, *Journal of Accounting & Economics* 51, 1-20.

Ricciardi, V., 2004, *A Risk Perception Primer: A Narrative Research Review of the Risk Perception Literature in Behavioral Accounting and Behavioral Finance*, SSRN eLibrary:

http://ssrn.com/paper=566802

――――, 2007, *A Literature Review of Risk Perception Studies in Behavioral Finance: The Emerging Issues*, SSRN eLibrary: http://ssrn.com/paper=988342

Riedl, E. J., and G. Serafeim, 2009, Information Risk and Fair Value: An Examination of Equity Betas and Bid-Ask Spreads, Harvard Business School Working paper.

Rosenberg, B., and W. McEabben., 1973, Tbe prediction of systematic and specific risk in common stocks., *Journal of Financial and Quantitative Analysis* (March), 317-333.

Roychowdhury, S., and R. L. Watts, 2007, Asymmetric timeliness of earnings, market-to-book and conservatism in financial reporting, *Journal of Accounting and Economics* 44, 2-31.

Ruch, G. W., and G. K. Taylor, 2011, *Accounting Conservatism and its Effects on Financial Reporting Quality: A Review of the Literature*, SSRN eLibrary: http://ssrn.com/paper=1931732

Ruefli, T. W., 1990, Mean-Variance Approaches to Risk-Return Relationships in Strategy: Paradox Lost, *Management Science* 36, 368-380.

Ryan, S. G., 1997, A Survey of Research Relating Accounting Numbers to Systematic Equity Risk, with Implications for Risk Disclosure Policy and Future Research, *Accounting Horizons* 11, 82-95.

――――, 2006, Identifying Conditional Conservatism, *European Accounting Review* 15, 511-525.

Schipper, K., 2003, Principles-Based Accounting Standards, *Accounting Horizons* 17, 61-72.

Schwartz, S. H., 1992, Universals in the content and structure of values: Theoretical advances and empirical tests in 20 countries, *Advances in Experimental Social Psychology* 25.

――――, 1994, Beyond individualism/collectivism: New cultural dimensions of values, in U. e. i. Kim ed., *Individualism and collectivism: Theory, method, and applications* (Sage) 85-119.

Schwarzkopf, D., 2006, Stakeholder Perspectives and Business Risk Perception, *Journal of Business Ethics* 64, 327-342.

Scott, W. R., 2001, *Institutions and Organizations Thousand Oaks* (Sage).

Selva, M., 1995, The association between accounting determined risk measures and analysts risk perceptions in a medium-sized stock market, *Journal of International Financial Management & Accounting* 6, 207-229.

Shefrin, H., 2001, Behavioral Corporate Finance, *Journal of Applied Corporate Finance* 14.

Shevlin, T., 2004, Discussion of "A framework for the analysis of firm risk communication", *The International Journal of Accounting* 39, 297-302.

Shin, H. S., 1994, News management and the value of firms, *Rand Journal of Economics* 25, 58–71.

Simpson, J. L., 1997, *A Regression Model of Country Risk and Risk Scoring*, SSRN eLibrary: http://ssrn.com/paper=280748

Sinclair-Desgagné, B., and E. Gozlan, 2003, A theory of environmental risk disclosure, *Journal of Environmental Economics and Management* 45.

Sjöberg, L., 2000, Factors in risk perception, *Risk Analysis* 20.

Skaife, H. A., D. W. Collins, W. Kinney, and R. LaFond, 2008, The Effect of SOX Internal Control Deficiencies on Firm Risk and Cost of Equity, *Journal of Accounting Research*, 2008.

Skinner, D. J., 2008, Accounting for intangibles - a critical review of policy recommendations, *Accounting & Business Research (Wolters Kluwer UK)* 38, 191-204.

Slovic, P., 2000, *The Perception of Risk* (Earthscan Publications).

Smith, J. M. and K. F. Skousen, 1987, *Intermediate Accounting* (South-western).

Solomon, J. F., A. Solomon, S. D. Norton, and N. L. Joseph, 2000, A Conceptual Framework for Corporate risk disclosure emerging from the agenda for corporate governance reform, *The British Accounting Review* 32, 447-478.

Sortino, F. A., and L. N. Price, 1994, Performance measurement in a downside risk framework, *The Journal of Investing* 3(3), 59-64.

Sortino, F. A., and S. Satchell, 2001, *Managing downside risk in financial markets: Theory, practice and implementation* (Buttworth Heinemann).

Stadtmann, G., and M. F. Wissmann, 2005, *SOX Around the World - Corporate Transparency and Risk Management Disclosure of Foreign Issuers in the United States*, SSRN eLibrary: http://ssrn.com/paper=858884

Stam, C. D., 2009, Intellectual liabilities: lessons from The Decline and Fall of the Roman Empire, *VINE* 39, 92-104.

Staszkiewicz, P. W., 2011, *Multi Entry Framework for Financial and Risk Reporting*, SSRN eLibrary: http://ssrn.com/paper=1965687

Stocken, P. C., 2000, Credibility of voluntary disclosure, *Rand Journal of Economics* 31, 359–374.

Stulz, R. M., 1996, Rethinking Risk Management, *Journal of Applied Corporate Finance* 9, 8-25.

Sundmacher, M., 2006, *Consistency of Risk Reporting in Financial Services Firms*, SSRN eLibrary: http://ssrn.com/paper=963245

Sundmacher, M., and G. Ford, 1995, *Operational Risk Disclosures in Financial Institutions*, SSRN eLibrary: http://ssrn.com/paper=963244

Tang, V. W., 2011, Isolating the Effect of Disclosure on Information Risk, *Journal of Accounting and Economics* 52, 81-99.

Taylor, E. Z., J. Blaskovich, and C. J. Davis, 2010, *IT Risk Disclosure, Governance and Compliance: Complementary or Conflicting Agendas?*, available at SSRN: http://ssrn.com/abstract=1537235.

Tobin, J., 1958, Liquidity preferences as behavior towards risk, *Review of Economic Studies*, 25 (2), 65-86.

Turnbull, S. M., 1977, Market Value and Systematic Risk, *Journal of Finance* 32, 1125-1142.

Unerman, J., 2008, Strategic reputation risk management and corporate social responsibility reporting, *Accounting, Auditing & Accountability Journal* 21, 362-364.

Unser, M., 2000, Lower partial moments as measures of perceived risk: An experimental study, *Journal of Economic Psychology* 21, 253-280.

Van Daelen, M., 2008, *Risk Management Solutions in Business Law: Prospectus Disclosure Requirements*, available at SSRN: http://ssrn.com/abstract=1287624

Veld, C., and Y. V. Veld-Merkoulova, 2008, The risk perceptions of individual investors, *Journal of Economic Psychology* 29, 226-252.

Viedma Marti, J. M., 2003, In search of an intellectual capital general theory, *Electronic Journal on Knowledge Management* 1, 213-226.

Viscusi, W. K., 1997, Alarmist Decisions with Divergent Risk Information, *The Economic Journal*, Vol. 107, Issue 445, pp. 1657-1670.

Wallman, M. H., 1996, The Future of Accounting and Financial Reporting part II, The colorized approach, *Accounting Horizons* 10.

Walsh, J., 1995, Managerial and organizational cognition: Notes from a trip down memory lane, *Organization Science* 6, 280-321.

Wang, R. Hógartaigh, and T. v. Zijl, 2009, Measures of accounting conservatism: A construct validity perspective, *Journal of Accounting Literature* 28, 165.

Wang, R. Z., C. Hogartaigh, and T. Van Zijl, 2009, *A Signaling Theory of Accounting Conservatism*, SSRN eLibrary: http://ssrn.com/paper=1415305

Watts, R., 2003a, Conservatism in accounting part I: Explanations and implications, *Accounting Horizons* 17, 207.

———, 2003b, Conservatism in accounting part II: Evidence and research opportunities,

*Accounting Horizons* 17, 287.

Watts, R. L., 2006, What has the invisible hand achieved?, *Accounting and Business Research* 36, 51-61.

Watts, R. L., and L. Zuo, 2011, *Accounting Conservatism and Firm Value: Evidence from the Global Financial Crisis*, SSRN eLibrary: http://ssrn.com/paper=1952722

Waymire, G., 2009, Exchange guidance is the fundamental demand for accounting, *The Accounting Review* 84.

Waymire, G. B., and S. Basu, 2007, Accounting is an evolved economic institution, *Foundations and Trends in Accounting* 2, 1-174.

———, 2008a, Accounting is an Evolved Economic Institution, *Foundations and Trends in Accounting* 2, 1-174.

———, 2008b, Economic Crisis and Accounting Evolution, *ECONOMIC ANNALS LVII*, 1-59.

Weber, E. U., and R. A. Milliman, 1997, Perceived Risk Attitudes: Relating Risk Perception to Risky Choice, *Management Science* 43, 123-144.

Whittington, G., 2008, Fair Value and the IASB/FASB Conceptual Framework Project: An Alternative View, *Abacus*, Vol. 44, No. 2, 44, 139-168.

Woods, M., K. Dowd, and C. Humphrey, 2008a, *Market Risk Reporting by the World's Top Banks: Evidence on the Diversity of Reporting Practice and the Implications for Accounting Harmonisation*, SSRN eLibrary: http://ssrn.com/paper=1308512

———, 2008b, The Value of Risk Reporting: A Critical Analysis of Value at Risk Disclosures in the Banking Sector, *International Journal of Financial Services Management* 8, 45-64.

Wright, M., A. Lockett, and S. Pruthi, 2002, Internationalization of Western Venture Capitalists into Emerging Markets: Risk Assessment and Information in India, *Small Business Economics* 19, 13-29.

Xu, Y., and B. G. Malkiel, 2003, Investigating the behavior of idiosyncratic volatility, *Journal of Business Communication* 76.

Xu, Y., and B. G. G. Malkiel, 2004, Idiosyncratic Risk and Security Returns, Paper presented at the AFA 2001 New Orleans Meetings.

Yilmaz, A. K., and T. Flouris, 2010, Managing corporate sustainability: Risk management process based perspective, *African Journal of Business Management* Vol.4 (2) 4, 162-171.

Zambon, S., and G. M., 2007, *Visualising Intangibles: Measuring and Reporting in the Knowledge Economy* (Ashgate Publishing, Ltd.).

アイザック・トドハンター（2002）『確率論史』（安藤洋美：訳）現代数学社。
ジェームス・モンティア（2005）『行動ファイナンスの実践：投資家心理が動かす金融市場を読む』（真壁昭夫：監訳 栗田昌孝／川西諭：訳）ダイヤモンド社。
岡部光明（2005）「日本企業：進化する行動と構造」，『総合政策学の視点から：総合政策学ワーキングペーパーシリーズ』No.84。
越智信仁（2010）「IFRS 導入と公正価値評価への対応」，『国際会計研究学会年報』。
刈屋武昭（2005）「無形資産の理解の枠組みと情報開示問題」RIETI discussion paper series。
金鉉玉（2007）「リスク情報の事前開示が投資家の意思決定に与える影響・情報流出リスクの顕在化ケースを用いて」『一橋商学論叢』第2号，102-113。
窪田真之（2009）「投資家から見た不況下の望ましいリスク情報の開示」，『企業会計』第61号，49-55。
経済産業省（2012）「平成23年度総合調査—持続的な企業価値創造に資する非財務的情報開示のあり方に関する調査報告書」http://www.meti.go.jp/meti_lib/report/2012fy/E002177.pdf
古賀智敏（2012a）『知的資産の会計：マネジメントと測定・開示』（改訂増補版）千倉書房。
―――（2012b）「非財務情報開示の理論的枠組み」，『会計』第182巻，1-14。
古賀智敏，河﨑照行編著（2003）『リスクマネジメントと会計』同文舘出版。
小林弘明（2012）「本邦年金の世界株式ポートフォリオの再構築」『日本証券アナリスト協会』45-62。
斎藤静樹（2012）「戦後日本の会計制度 Accounting Standard Reforms in Postwar Japan」http://w-arc.jp/OP20101227(Prof.%20Saito)Japanese.pdf。
酒井泰弘（2010）『リスクの経済思想』ミネルヴァ書房。
髙田知実（2007）「財務会計における保守主義の定量化：その有効性の実証研究」神戸大学博士論文。
中野貴之（2010）「財務諸表外情報の開示実態：事業などのリスクおよび MD＆A の分析」，山崎秀彦編著『財務諸表外情報の開示と保証：ナラティブ・リポーティングの保証』同文舘出版，133-150。
張替一彰（2008）「有価証券報告書事業リスク情報を活用したリスク IR の定量評価」『証券アナリストジャーナル』第46巻，32-44。
広田すみれ，増田真也，坂上貴之編著（2006）『心理学が描くリスクの世界：行動的意思決定入門』（改訂版）慶應義塾大学出版会。
姚俊（2012）「知的資産経営の現状と課題：知的資産経営は新しいボトルに入れた古いワイ

ンか」『日本知的資産経営学会誌』創刊準備号。

[著者略歴]

**姚俊**（ようしゅん）

中国上海外国語大学国際経済貿易管理学部卒業（経済学）。神戸大学大学院経営学研究科博士前・後期課程（会計システム専攻）修了。博士（経営学）。独立行政法人日本学術振興会特別研究員（2009～2010年）を経て、立命館大学経営学部助教（2011年～現在）。独立行政法人経済産業研究所（REITI）「企業情報開示システムの最適設計」研究プロジェクト（2010年）、あらた監査法人「持続的企業価値創造プロジェクト」（2011年）に参加。日本会計研究学会、国際会計研究学会、ヨーロッパ会計学会会員。日本知的資産経営学会理事（2011年～現在）。

[著書]

*Japan GAAP Guide* (2nd edition, co-author, 2011, CCH Asia Pte Limited)。

[発表論文]

"Roadmap to Future Mandatory Application of IFRS in Japan from the Perspective of Financial Statement Preparers" (co-author, forthcoming) *Journal of Modern Accounting and Auditing*, USA.
「知的資産経営の現状と課題－知的資産経営は新しいボトルに入れた古いワインか」（単著）日本知的資産経営学会創刊準備号、2012年。
「企業の持続的発展と非財務情報の開示のあり方－知的資産情報を中心として」（共著）『産業経理』第71巻第1号、2011年。
「証券アナリストによる非財務情報の活用」（共著）「次世代会計・監査研究会」研究報告書（3）『あらた基礎研論集』、2011年。
「国際会計基準の導入と情報開示システムの展開—コーポレート・ガバナンスの視点から」（単著）『産業経理』第70巻第3号、2010年、他。

---

## グローバル化時代における
## リスク会計の探求

2013年3月27日　初版第1刷発行

著　者　姚　俊

発行者　千倉成示

発行所　株式会社 千倉書房
　　　　〒104-0031 東京都中央区京橋2-4-12
　　　　TEL 03-3273-3931 ／ FAX 03-3273-7668
　　　　http://www.chikura.co.jp/

印刷・製本　藤原印刷株式会社

カバーデザイン　江口浩一

©Yao Jun, 2013 Printed in Japan
ISBN 978-4-8051-1010-2　C3034

---

JCOPY 〈(社)出版者著作権管理機構 委託出版物〉

本書の無断複写は著作権法上での例外を除き禁じられています。複写される場合は、そのつど事前に、(社)出版者著作権管理機構（電話 03-3513-6969、FAX 03-3513-6979、e-mail: info@jcopy.or.jp）の許諾を得てください。